# 公式 TOEIC®
# Listening & Reading
# Part 7
## 速読演習

一般財団法人 国際ビジネスコミュニケーション協会

# はじめに

『公式 TOEIC® Listening & Reading Part 7　速読演習』は、TOEIC® Listening & Reading Test（以下、TOEIC® L&R）の読解問題である Part 7 を全て解き終えるための速読スキルを身に付けることを目的にした教材です。本書掲載の Part 7 の文書と問題は全て過去の実際のテストに出題されたものを使用していますので、本物の問題を使って、文書や設問への取り組み方のポイントを押さえながら解答するためのコツが学べます。また、Part 7 の文書は実践的な内容を反映しているので、生活やビジネス全般に役立つリーディング力も磨くことができます。

## 本書の特長

● 「**Chapter 1**：速読のための基礎トレーニング」
「**Chapter 2**：文書タイプ別　速読演習」
「**Chapter 3**：実践テスト」（テスト本番と同形式の Part 7 問題　全 54 問）
という 3 章構成で、**英語を前に戻らずに読み進める力、Part 7 の問題に効率的に解答する力、実際のテストで Part 7 の全問を時間内に解き終えるスピード感覚**を養う練習ができます。

● Chapter 1 では、速読のためのポイントを確認し、速読力向上に役立つ次の 3 種類のトレーニング法を学びます。
＜スラッシュ読みとイメージ化＞＜虫食い読み＞＜日本語先読み＞
● Chapter 2 では、9 つのユニットで、E メールや広告といった文書種類別および文書数別に、文書の特徴と設問解答におけるポイントを 18 セットの問題を通じて学びます。
● Chapter 3 では、テスト本番と同じ形式で ETS が制作した Part 7 の全 54 問に取り組み、時間配分などの確認ができます。

● Chapter 2 と 3 で挑戦する **ETS 制作の Part 7 の設問は合計で 116 問**です。
● 本書での学習の中には、スラッシュ読みの音声や本書独自に設定した理想のスピード（p.12 参照）で通し読みした音声を聞きながら文書を読む、といった速読トレーニングも含まれます。音声を利用することで、英語の語順に慣れ、語句を瞬時に理解する力を磨いて、効率的にリーディング力アップにつなげることができます。（音声ダウンロード手順は右ページ参照）
● 各 Chapter の手順に従って学習を完了すると、繰り返し読んだ分も含めて、読み終えた**英文書の累計語数（単語数）は 30,000 語を超え**ます。この学習を糧にすれば、実生活で英文サイトを読むことなどにも役立ちます。
● 別冊付録の『Part 7 厳選フレーズ 200』は、公式問題の Part 7 から抽出した、Part 7 を読むために役立つフレーズのリストです。持ち運びしやすいので、外出先での学習にも活用できます。

本書が、TOEIC® L&R の受験準備、そして皆さまの日常の英語学習のお役に立つことを願っております。

# 音声ダウンロードの手順

※ 株式会社 Globee が提供するサービス abceed への会員登録（無料）が必要です。

1. パソコンまたはスマートフォンで音声ダウンロード用のサイトにアクセスします。
   右の QR コードまたはブラウザから下記にアクセスしてください。

   **https://app.abceed.com/audio/iibc-officialprep**

2. 表示されたページから、abceed の新規会員登録を行います。
   既に会員の場合は、ログイン情報を入力して上記 1. のサイトへアクセスします。

3. 上記 1. のサイトにアクセス後、本書の表紙画像をクリックします。
   クリックすると、教材詳細画面へ移動します。

4. スマートフォンの場合は、アプリ「abceed」の案内が出ますので、アプリからご利用ください。
   パソコンの場合は、教材詳細画面の「音声」のアイコンからご利用ください。
   ※ 音声は何度でもダウンロードや再生ができます。

   -------------------------------------------------------------------------------------------------------

   ダウンロードについてのお問い合わせは下記にご連絡ください。

   Eメール：support@globeejphelp.zendesk.com

   （お問い合わせ窓口営業日：祝日を除く月～金曜日）

---

- ダウンロード対応の音声は、Chapter 1～2 の各学習ステップで使用する音声および Chapter 3 の読み上げ音声、全 69 ファイルです。（296 ページに音声ファイル一覧表を掲載）

- Chapter 1～2 の音声は、本書の手順に合わせて利用してください。

- Chapter 3 の実践テストの音声は復習用に収録しています。問題に解答して正解と解説を確認した後で文書の読み上げ音声を聞き、文書を読む際のスピード感と、立ち止まらずに英文を理解していく感覚をつかみましょう。

- 音声は米国発音で録音されています。

# Contents

## Chapter 1 | 速読のための基礎トレーニング

## Chapter 2 | 文書タイプ別　速読演習

# Chapter 3 | 実践テスト

# 本書の使い方

本書は、1章で速読の基礎を学び、2章で文書タイプ別に速読の特訓をし、3章で本番形式テストに取り組み受験準備をするという3章構成になっています。この「本書の使い方」を読んでから学習を進めましょう。

## Chapter 1

## 速読のための基礎トレーニング

Chapter 1 では、リーディングスピードを向上させるポイントを学び、3種類のトレーニングに挑戦します。

**速読のための基礎トレーニング**

TOEIC® L&R の Part 7 の問題に全問解答できるスピードで文書を読むために大切なポイントを理解し、3つの方法に挑戦します。

**Training 1** スラッシュ読みとイメージ化
**Training 2** 虫食い読み
**Training 3** 日本語先読み

---

**赤シート** ※ 本書籍に挟まれています。

Chapter 2 と別冊付録の学習で利用します。

・Unit 1~7 の STEP 3 のスラッシュ読みで、スラッシュの場所と和訳を隠す際に利用してください。
・Unit 1~9 の STEP 4 の右下「文書の語注」で、日本語を隠して語彙学習に役立ててください。
・別冊付録で、見出し語（英文フレーズ）の日本語を隠して語彙学習に役立ててください。

# Chapter 2

# 文書タイプ別　速読演習

Chapter 2 では、文書タイプ別に分かれたユニットで、文書の特徴と読み取りのポイントを学び、スラッシュ読みによる速読練習で解答スピードを向上させます。

## ① 文書の特徴

文書タイプごとの特徴と読解のポイントを確認しましょう。

前半では **文書 A** について、
後半では **文書 B** について学習します。

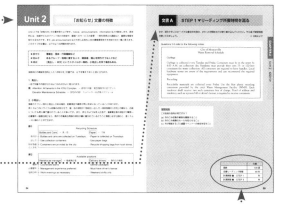

## ② STEP 1　リーディング所要時間を測る

トレーニング開始前に、自分のリーディングスピードを把握します。まずは自分なりのスピードで文書を読んでみて、目標スピードとどのくらい違うか確かめましょう。さらに「確認問題」で内容の理解度をチェックしましょう。

※目標リーディング時間は本書でトレーニングを行うために独自に設定したもので、1分当たり150語のスピードを元に、項目や段落の区切りなどのポーズも考慮して算出しています。本番の TOEIC® L&R では、解答時間の配分についての指定はありません。
※挿入文を含む文書では、挿入文が入った場合の語数と目標時間を記載しています。

▼表記の説明
❶、❷などの番号：文書中の段落番号を示しています。
**1**、**2**などの番号：複数文書の問題で、パッセージ番号を示しています。

## ③ STEP 2　文書のポイントをつかむ

今度は、同じ文書でポイントとなりそうな部分に注目する練習をします。これは短い時間で文書の概要を把握するのに役立ちます。

同様に、設問文についても、何が問われているか素早くキーワードをつかんで頭に入れるトレーニングをします。

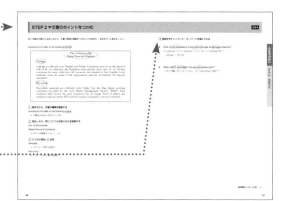

## ④ STEP 3　スラッシュ読みで文書全体を理解する

STEP 1と2で使用した文書の英文をスラッシュで区切
ったチャンク（意味のかたまり）ごとに捉えていく練習
をします。うまく意味を捉えられない場合は、和訳を確
認しましょう。
※ 和訳は付属の 赤シート で隠すこともできます。

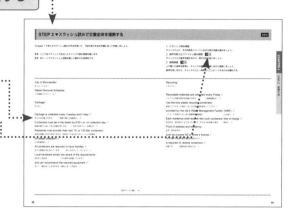

スラッシュ読みの後は、該当の音声ファイルでチャンク
ごとの音声を聞いて意味のかたまりで捉える感覚をさら
に磨きます。
※ 音声アイコンの中の数字は音声ファイル番号です。

Unit 8「2文書の問題」と Unit 9「3文書の問題」では、
スラッシュ読み練習は STEP 5 で行い、チャンクごとの
音声はありません。Unit 7 までの学習を応用して、自分
で英文を区切り、意味のかたまりを捉えてみましょう。

## ⑤ STEP 4　設問の正解を探す

実際のテストと同様に、文書の設問に解答します。

解答後、不正解だったものや自信のなかった問題を中心
に解説をよく読み、間違った理由などを確認しましょう。

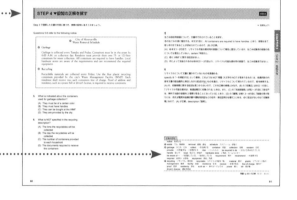

語注は 赤シート で日本語を隠し、意味を言えるかどうか
チェックします。分からなかった語句は、覚えるまで繰
り返し学習しましょう。

## ⑥ STEP 5　リーディングスピードを上げる練習をする

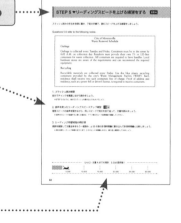

仕上げとして、該当の音声ファイルで理想のスピードの
音声を聞きながら、同じスピードで文書を読んでみま
しょう。

STEP 1のページに戻り、もう一度文書を読んで所要時
間を計測し、STEP 5 の欄に記入します。トレーニング
前とスピードを比較してみましょう。

これまでに読んだ文書の累計語数が確認できます。
Chapter 1～2 の指示に従って学習し、Chapter 3（実
践テスト）の最終問題まで終えると、読んだ累計語数は
30,000 語を超えます。30,000 語到達を目指し、最後
まで継続しましょう。

※語数は Word 文書のカウント基準に従って算出しています。
　文挿入問題の [1]～[4] の番号は語数に含めていません。
　累計語数は同じ文書を繰り返し読んだ分も含んでいます。

# Chapter 3

# 実践テスト

Chapter 3 では、TOEIC® L&R の Part 7 の問題 1 回分（54 問）のテストに挑戦します。

## ① 実践テスト

実践テストの問題ページです。
・本番を受験するつもりで、落ち着いた環境で取り組みましょう。
・時計やタイマーなどを用意し、目標時間内に全問解答できるように挑戦してください。

## ② 実践テストの解答・解説

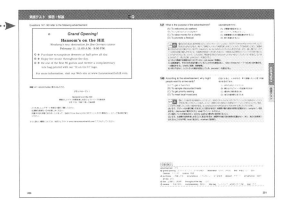

解説をよく読んで、間違った問題や解答に自信がなかった問題を復習しましょう。時間内に十分に理解できなかった文書は、Chapter 2 で学んだようにスラッシュ区切りを入れるなどして、スムーズに理解できるまで読み直しましょう。

一度解くだけで終わらせず、一定の期間を置いて再度挑戦してみましょう。

🔊00
最後の仕上げとして、理想のスピードの音声を聞きながら同じスピードで文書を読みましょう。この練習で英語の語順や表現に慣れ、意味を瞬時に理解する力を養いましょう。

## 解答用紙（マークシート）

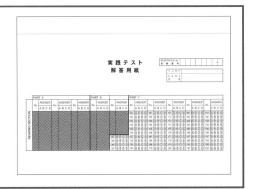

本書の p.297 には、Chapter 3 の実践テスト用の解答用紙（マークシート）が付いています。

切り取って、時間を意識しながら解答を塗りつぶす練習をしましょう。

繰り返しテストを解きたい場合は、このマークシートをコピーして使用してください。

# 『Part 7 厳選フレーズ 200』

Part 7 を読むのに役立つフレーズを公式問題から選んで集めたものです。持ち運びしやすいサイズなので、本書から切り離し、外出先や隙間時間での語彙学習にご活用ください。

**見出し語（フレーズ）**

有用性の高いフレーズをピックアップしています。

**例文**

見出し語フレーズの使われ方が分かりやすい例文を公式問題から選んでいます。

**関連情報**

見出し語フレーズの同義語や対義語、関連語の情報などを掲載しています。

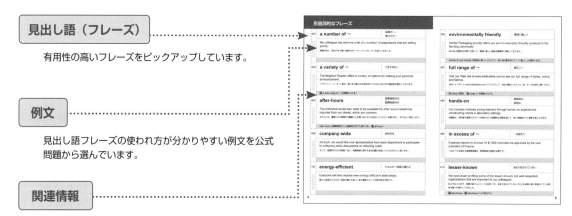

## TOEIC® Listening & Reading Test について

本書の内容は TOEIC® Listening & Reading Test の Part 7「読解問題」に関するものです。
TOEIC® Listening & Reading Test の詳細については下記をご参照ください。

IIBC 公式サイト https://www.iibc-global.org

本書では学習上の必要に応じて英文に書き込んだり印を付けたりしますが、TOEIC® Listening & Reading Test の本番では、問題用紙には何も書き込まないよう指示があります。

# CHAPTER 1

# 速読のための
# 基礎トレーニング

ここではまず、Part 7 の問題を全て解き終えるための文書速読に必要なポイントを確認し、効率よく読んで理解するために役立つ基礎トレーニングを行いましょう。

# TOEIC® L&R Part 7 の特徴と理想の読解スピード

TOEIC® Listening & Reading Test の Part 7「読解問題」は、リーディングセクションの最終パートで、問題数は、15 セット・54 問（Q. 147-200）です。Part 7 は 1 セットに含まれる文書の数によって、以下のようなタイプに分かれています。

- ◆ 1 つの文書：1 セットにつき文書は 1 つ。設問は 2 〜 4 問。全部で 10 セット。
- ◆ 複数の文書：1 セットにつき文書は 2 または 3 つ。設問は 5 問。全部で 5 セット。

文書の種類は E メール、手紙、オンラインチャット、お知らせ、連絡メモ、プレスリリース、広告、案内、取扱説明書、レビューコメント、ウェブページ、記事など、多種多様です。「複数の文書」では、1 セットの中にスケジュール表、注文書、請求明細書など、表形式の文書が含まれることもあり、組み合わせはさまざまです。

リーディングセクションでは、Part 5, 6, 7 の 3 パートを合わせて、75 分間で 100 問に解答する必要があります。特に Part 7 は、15 セットのある程度長い文書（1 つまたは複数）を読んで 54 問に解答しなければならないので、時間に余裕を持って解くには、速読して素早く内容を理解するスキルが非常に重要になります。

リーディングセクションの Part 5 〜 7 を解答する時間配分は自由ですので、さまざまな考え方がありますが、本書での速読トレーニングのために、Part 7 の文書を読む理想のスピードを考えてみましょう。

仮にリーディングセクションのテスト時間 75 分の時間配分を、Part 5 の 30 問を 10 分（1 問平均 20 秒）、Part 6 の 16 問を 8 分（1 問平均 30 秒）程度で終えるとした場合、Part 7 に使える残り時間は 1 時間弱（57 分）です。Part 7 の文書全てを合計した語数は約 3,000 語ですので、1 分当たり約 150 語のスピードで読むことができれば、文書を読む時間は 20 分かかる計算になり、解答の見直しに 3 分取っておくとしても、Part 7 の 54 問を 34 分（54 分−20 分）で解ければよいことになります。これは 1 問当たり 37 秒程度に相当し、余裕を持った解答時間が取れることになります。

ネイティブスピーカーは普通に何かを読むだけなら、1 分当たり 300 語程度のスピードで読んでいると言われますが、問題を解くために読む場合は、そのスピードはある程度落ちます。従って、非ネイティブスピーカーである私たちが本書で Part 7 の文書を読む練習を行うために差し当たって目指すスピードとして、1 分当たり 150 語程度は無理のない速さだと思われます。

Chapter 1 では、上記の理想のリーディングスピードに近づくために有効なトレーニングをご紹介します。まずは、自分のリーディングスピードと目標とするリーディングスピードの感覚を知ることからスタートしましょう。

※ここで説明しているリーディングと解答の目標スピードは、本書で速読学習を行うために設定したものであり、本番の TOEIC® L&R では、リーディングセクションの Part 5 〜 7 の解答時間合計 75 分間の時間配分についての指定はありません。

# 自分のリーディングスピードを知る

読みやすいスピードで文書全体を一度だけ読み、かかった時間を右下の表に書き込んでください。その後で確認問題を解いてみましょう。

> **文書①**
> **Notice：お知らせ**

*Announcing our next special workshop!*

### "Decorative Birdhouse"
**Saturday, May 15**

Join one of our crafting experts at 2:00 P.M. in aisle 10 to create a decorative birdhouse for your garden. The workshop is free to all customers who make a purchase of art supplies, fabric, or any other craft items. Sign up at the customer checkout registers anytime before the workshop begins. All materials to create the birdhouse will be provided.

What you will do:
1. Paint the wood pieces of the birdhouse in colors of your choice.
2. Assemble the birdhouse components with a special glue.
3. Add a variety of stickers, beads, and buttons for a unique look.

| 語数 | 110 語 |
|---|---|
| 計測時間： | 秒 |

**確認問題**

この文書は誰に向けて書かれたものですか？

(a) 店の従業員
(b) 買い物客
(c) 工芸スクールの学生

確認問題の正解　（b）

# 速読のポイント：意味のかたまりごとの理解とイメージ化

Part 7 を全問解答するには、実は、前ページのような文書は 45 秒程度で読んで概要をつかめるようなスピードを目指したいところです。そのためにはどうすればよいのでしょうか？

「リーディング」とは、読んだ内容を記憶したまま、次々と現れる文の文字を頭の中で音声化し、それを意味に変換して理解し、さらには文書に書かれていない状況や意図を推測しながら読んでいくという極めて能動的な作業です。これらの過程において、「記憶」と「処理」を同時に行うことを可能にするのが脳の短期記憶システム「ワーキングメモリ」です。この短期記憶では一度に処理できる容量や時間が限られています。文字を読んだ場合は 2 秒程度の連続音声しか記憶できず、語数で言えば 4 〜 7 語くらいが限度です。よって、「速く読むことがワーキングメモリの負荷を減らし、深い理解と内容記憶を可能にする」のです。前述のように、英語ネイティブスピーカーの読む速度は一般に 300 語 / 分（wpm）前後と言われています。以下に、私たち学習者がネイティブスピーカーに近いスピードを目指すためのヒントをご紹介します。

## 1 文字の音声化をスピードアップ

ネイティブスピーカーと同様に、学習者も英文を理解する際は頭の中で（声には出さずに）文字を音声化しています。ただ、学習者はこの音声化のスピードが遅く、一度に音声化する単位も短くなります。よって、英文理解のスピードを上げるには、まず頭の中で音声化するスピードを上げる必要があります。そのためには、音読練習によって文字から音への変換を高速化、自動化したり、一度に音声化する単位を 1 単語から数語の意味のかたまりへと広げることが効果的です。本書では、この意味のかたまりを「チャンク」と呼びます。

## 2 和訳しないで英語の論理で理解する

和訳という処理をすれば、上述のワーキングメモリに余計な処理負担が掛かり、内容の記憶を阻害します。また日本語は英語と語順が異なるので、次の 3 の「返り読み」につながり、読解スピードの低下を助長します。

## 3 前から読み進め、返り読みをしない

英語の語順は日本語と逆の場合が多いため、日本語としてすっきり理解するには英文を右往左往する必要があります。特に気を付けたいのが英文構造でよく見られる、「名詞を後ろから修飾したり、前述のことを補足する表現」です。to 不定詞、関係詞、although や because などが導く従属節、in order to などの前置詞句は、英文の論理のまま新たなチャンクの情報を後ろに付け足していくイメージで読みましょう。

## 4 チャンク単位でイメージする

英語のまま理解するのはよいのですが、言葉のまま記憶すると短期記憶はすぐにいっぱいになってしまい、理解や推測などの処理に支障をきたします。そこで英文を数語単位のチャンクごとにイメージ化（頭の中で画像化）すると、ワーキングメモリを効率的に使うことができ、内容を記憶しやすくなります。playing in the park というチャンクなら「公園で遊ぶ様子」を思い浮かべます。

では、次に具体的なトレーニング方法についてご紹介しましょう。本書では、Chapter 1 で右ページの Training 1 〜 3 の詳しいやり方をご紹介し、Chapter 2 で Training 1 の「スラッシュ読み」を中心に演習を行います。Training 2 と Training 3 は本書で学習した後、好きな素材を見つけて取り組んでみましょう。なお Training 4 の

「音読」は、Chapter 1 では取り上げていませんが、Chapter 2 のトレーニング過程の中に盛り込まれています。

## Training 1　スラッシュ読みとイメージ化

英文にチャンク（意味のかたまり）ごとにスラッシュ（/）を入れ、その単位で順々に理解していくトレーニングです。その際、チャンクごとに内容をイメージしながら前から後ろへ読み進めます。スピードを意識し、テンポよく読んでいきましょう。

スラッシュでの区切り方は、句や節が基本となります。すなわち、主語のまとまり、前置詞句、副詞句、to 不定詞句、接続詞節、関係詞節、that 節などがチャンクの単位です。カンマも区切る箇所の目安になります。これらはネイティブスピーカーが話す際にポーズを入れる切れ目でもあるので、リスニング理解にも役立ちます。以下は初級者レベルの短めの間隔でスラッシュを入れた場合の例です。最初のスラッシュは関係詞節、次は前置詞句、最後は接続詞節の前にあります。上級者になれば、This is the ticket you must show は一息で読み、理解できるようになるでしょう。

　例：This is the ticket / you must show / at the entrance / before you enter.

## Training 2　虫食い読み

未知の語句があっても止まらずに英文を読み進め、一部の詳細が不明でも前後から類推して理解するための練習です。本書のトレーニングでは、虫食い箇所は多くの場合、名詞、名詞を関係詞で補足している箇所、名詞を修飾する形容詞などです。例えば、次のような文において、バーで隠された部分の単語が分からなかったとしても、professionalism を修飾する語だろうと当たりだけつけて読み進めても概要は十分理解できます。

　例：Your team handled the problem with ▮▮▮▮▮▮▮* professionalism.

未知の語句を気にし過ぎず、文や段落全体を見て、概要を把握するつもりで読み進めてください。そうすれば、虫食い箇所があっても確認問題に解答できます。「木を見て森を見ず」ではなく「つねに森を見ながら読む」ということです。読むスピードが遅いと「木」しか見えてきませんので、速く読むことを忘れないことも大切です。ちなみに、上の例文で * の隠された箇所の語は spotless「非の打ちどころのない」という語です。

自分で英文を見つけてトレーニングするときは、未知の語句を虫食い箇所のつもりで読み飛ばし、文脈から全体を把握する練習をしましょう。

## Training 3　日本語先読み

自分が詳しいトピックや既知の情報について書かれた英文は読みやすく、速く読めることは、皆さんも経験で知っていると思います。そこで、「自分は速く読めない」と思い込んでいる方に「日本語先読みトレーニング」をお薦めします。このトレーニングでは、先に日本語訳で内容をざっと頭に入れた後で英文を読むことで、既に内容がイメージ化されているため、英文理解のスピードと精度が非常に高まります。問題集などで、いつも未知の難しい英文から読み始めて自信を失うことは、「試合」で負け続けるようなもので、スピードだけでなくモチベーションも下がってしまいます。そんな時は、このトレーニングモードで、英文をスピーディーに読むネイティブ感覚を体得しましょう。直後にその英文の音声も聞いてみると、リスニングでもスピード感を体験できて効果は絶大です。

## Training 4　音読

上述したように、音読練習によって文字から音への変換を高速化、自動化することがリーディングスピードの向上には欠かせません。ただし、せっかく音読をしても自己流の発音では効果はあまり期待できません。音読練習の際は、ネイティブの見本音声を「チャンク」ごとに真似てリピートしましょう。チャンクで捉える力を養うことができます。さらに、チャンク内で起こる脱落、連結、同化などの英語特有の音声変化やチャンク全体のリズムやイントネーションが身に付き、ネイティブの音声化スピードも体験できます。練習を繰り返すことで、リスニング理解の向上にもつながります。

まず、13 ページの文書①（お知らせ）を使って、英文をチャンクで捉えるトレーニングをしましょう。

Task 1：下記の英文をチャンク（スラッシュ区切り）ごとに読み、右側のイラストのようにイメージ化しましょう。
Task 2：理解度確認問題を解きましょう。その後、解説を参照してください。
Task 3：下記の英文を見ながら、チャンクごとの音声を聞き、ポーズの間にその部分を音読しましょう。🔊01
Task 4：13 ページの文書を見ながら、理想のリーディングスピードで読み上げた音声を聞きましょう。🔊02

=======================================================================

Announcing / our next special workshop! //
お知らせします / 当店の次回の特別ワークショップを！//

"Decorative Birdhouse"
飾り付きの巣箱

Saturday, May 15
土曜日、5 月 15 日

いつ、どこで？*

Join one of our crafting experts / at 2:00 P.M. in aisle 10 /
当店の工芸専門家の一人に合流してください / 午後 2 時に、通路 10 番で /

何のための？*

to create a decorative birdhouse / for your garden. //
飾り付きの巣箱を作るために　　　　/ あなたの庭用の。//

どんな顧客？*

The workshop / is free to all customers /
ワークショップは　 / 全ての顧客に無料です /

who make a purchase /
購入を行う /

of art supplies, fabric, / or any other craft items. //
画材、布地の、　　　 / あるいはその他のどんな工芸用品でも。//

Sign up / at the customer checkout registers /
手続きしてください / 支払いレジにて /

anytime before the workshop begins. //
ワークショップが始まる前のいつでも。//

* これらの吹き出しの部分は、前のチャンクの意味をつかんだ後、次に何が来そうか予測しながら読んでいくためのものです。
　自分の頭の中でこのように問い掛けながら、能動的に読み進めましょう。

All materials / to create the birdhouse /

全ての材料は　　/ 巣箱を作るための /


will be provided. //

提供されます。//


What you will do: /

あなたがすることは /

1. / Paint the wood pieces / of the birdhouse / in colors of your choice. //

1. / 木片を塗る　　　　　　　/ 巣箱の　　　　　　/ あなたの好みの色で。//


2. / Assemble the birdhouse components / with a special glue. //

2. / 巣箱の部品を組み立てる　　　　　　/ 特別な接着剤で。//


3. / Add a variety of stickers, / beads, and buttons / for a unique look. //

3. / さまざまなシールを加える、　　/ ビーズとボタンを　　/ 個性的な見た目のために。//

===============================================================================

**理解度確認問題**

1. ワークショップに参加するには、どんな条件がありますか？

   (a) リサイクル品を持ってくる
   (b) 店で工芸用品を購入する
   (c) 手芸部に登録する

2. ワークショップで体験できることは何ですか？

   (a) 巣箱のビデオ撮影
   (b) 巣箱の製作
   (c) 巣箱の設置


▼理解度確認問題の正解と解説

1. The workshop is free to all customers who make a purchase of art supplies, fabric, or any other craft items. より、工芸用品を購入した全ての客が無料参加の対象になると分かるので、正解は (b)「店で工芸用品を購入する」です。

2. 前半に to create a decorative birdhouse「飾り付きの巣箱を作るために」とあり、具体的な作業内容は、後半でPaint the wood pieces of the birdhouse「巣箱の木片を塗る」やAssemble the birdhouse components「巣箱の部品を組み立てる」と述べています。正解は (b)「巣箱の製作」です。

もう一つの文書②（お知らせ）で、同じトレーニングに挑戦しましょう。

まずこの文書②全体をざっと読んでから、下のスラッシュ読み練習をしましょう。

> 文書②
> **Notice：お知らせ**

### *Books Galore is moving around the corner!*

As a result of our success, Books Galore is moving to a larger space. Our new address, 2300 Burlington Drive, is right around the corner from our original location—only a two-minute walk away! We will have more space to accommodate morning story hours, guest author appearances, and other activities. Please join us at our re-opening celebration on September 7 from 7:00 PM to 9:00 PM. We will be serving refreshments and we'll have games and giveaways for everyone who stops by to explore our newly expanded store.

**Task 1**：下記の英文をチャンク（スラッシュ区切り）ごとに読み、右側のイラストのようにイメージ化しましょう。

**Task 2**：理解度確認問題を解きましょう。その後、解説を参照してください。

**Task 3**：下記の英文を見ながら、チャンクごとの音声を聞き、ポーズの間にその部分を音読しましょう。🔊03

**Task 4**：上記の英文を見ながら、理想のリーディングスピードで読み上げた音声を聞きましょう。🔊04

==================================================================================

Books Galore / is moving around the corner! //

Galore 書店が　　　/ すぐそこに移転します !//

どうしたの？

As a result of our success, /

事業成功の結果として、/

どの住所へ？

Books Galore / is moving to a larger space. //

Galore 書店は　　/ より広い場所に移転します。//

Our new address, / 2300 Burlington Drive, /

当店の新住所、　　　　　/ バーリントン・ドライブ 2300 番地、/

is right around the corner / from our original location /

はすぐ近くです　　　　　　　/ 元の場所から /

—only a two-minute walk away! //

——歩いてたった 2 分の距離！//

We will have more space /
当店はより広いスペースができます /

to accommodate / morning story hours, /
行うための　　　　　　／ 朝の朗読会を、/

guest author appearances, / and other activities. //
ゲスト作家の来店を、　　　　　　／ そしてその他のイベントを。//

Please join us / at our re-opening celebration /
ご参加ください　　／ 当店の新装開店を祝うイベントに /

on September 7 / from 7:00 PM to 9:00 PM. //
9月7日に　　　　／ 午後7時から9時まで。//

We will be serving refreshments /
当店は軽食を提供します /

and we'll have games and giveaways /
ゲームや景品もあります /

for everyone / who stops by /
みなさんに　　／ 立ち寄る /

to explore our newly expanded store. //
新しく拡張された店舗をご覧になるために。//

=============================================================================

### 理解度確認問題

1. 書店は移転によって何が変わりますか？

    (a) 駅から近くなる
    (b) 広くなる
    (c) 営業時間が長くなる

2. 移転先の店舗内にできるものは何ですか？

    (a) イベントのためのスペース
    (b) カフェ
    (c) 子供専用コーナー

▼理解度確認問題の正解と解説

1. is moving to a larger space とあります。正解は (b)「広くなる」です。

2. We will have more space to accommodate ... と各種イベントを開催できる場所ができることを伝えています。正解は (a)「イベントのためのスペース」です。

15 ページの説明にある通り、未知の語句があっても止まらずに英文を読み進めることが、速読には大切です。次の文書③（案内）でそのためのトレーニングをしましょう。

**Task 1**：一部の語句が隠された文書を読んで、文書の概要を把握しましょう。

**Task 2**：右ページの確認問題を解きましょう。見えない部分の情報は気にせず、今ある情報の中から判断してください。解いた後、解説を参照しましょう。

> **文書③**
> **Information：案内**

---

### Tofah Fruit Farms

❶ Standard delivery of gift boxes from Tofah Fruit Farms takes from five to seven days. This may seem long, but it is because we do not pick your fruit until we have received your order. We have no warehouse or ▨▨▨▨▨▨▨▨ ▨▨▨▨▨▨▨▨ while losing all its delicious flavor.

❷ Throughout the growing season, our grove manager is out in the field inspecting ▨▨▨▨▨▨ systems, checking for ▨▨▨▨ damage, and tasting the fruit on the trees. When ripe, the fruit is handpicked, put into bins, and transported to our packing house, ▨▨▨▨▨▨▨▨▨▨, ▨▨▨▨▨▨▨▨▨▨, and packed. It is then loaded into ▨▨▨▨▨▨▨▨ trucks and delivered to the postal distribution center nearest to your home or business. This process guarantees both the freshness and tastiness of our products.

❸ As a special offer to our Monthly Fruit Club members, we will gift wrap orders intended for ▨▨▨▨▨▨ or friends at no extra cost.

❹ Note that from May 1 to October 31, Tofah Fruit Farms delivers throughout the United States. Express shipping is available on Mondays, Tuesdays, and Wednesdays only. Note also that we do not have ▨▨▨▨ shipping rates, as rates are based on the total weight of your order and your delivery address. Feel free to call us at 509-555-0138 for an ▨▨▨▨▨ of your shipping charges.

---

確認問題

1. Tofah 果樹園の特徴は何ですか？

 (a) 最新の設備を備える
 (b) 配達が迅速である
 (c) 新鮮な果物を提供する

2. 会員だけの特典は何ですか？

 (a) 速達配送
 (b) 無料ギフト包装
 (c) 特別割引

▼確認問題の正解と解説

1. 文書全体から答えを探します。❶2 〜 3 行目に we do not pick your fruit until we have received your order「注文を受けるまであなた（お客）の果物を摘み取らない」とあります。続く文では、We have no warehouse or ▨▨▨▨▨ ▨▨▨▨▨▨▨▨▨▨▨▨▨▨▨ while losing all its delicious flavor. とあります。虫食い箇所が含まれますが「倉庫はない……その間においしさを損なう」という趣旨は読み取れます。よって、果樹園は新鮮な果物を届ける工夫をしていることが分かるので、正解は (c)「新鮮な果物を提供する」です。

2. 会員の特典を尋ねています。❸に、As a special offer to our Monthly Fruit Club members, we will gift wrap orders intended for ▨▨▨▨▨ or friends at no extra cost. とあります。虫食い箇所が含まれますが、or で結ばれている friends と同等の対象であることが想像でき、文の大意は分かります。正解は (b)「無料ギフト包装」です。

▼虫食い箇所の語句

❶ cold storage、where fruit will await distribution
❷ 2 行目 irrigation、pest、4 行目 where it is rinsed、sorted for quality、5 行目 climate-controlled
❸ relatives
❹ 3 行目 fixed、5 行目 estimate

いかがでしたか。このように、仮に不明な語があっても確認問題に解答できることが分かります。虫食い箇所（自分にとって未知の語句）の数や内容にもよりますが、多くの場合は、前後や全体の文脈から類推すれば、その文や文書全体の趣旨を理解することができます。未知の語句を気にし過ぎず、文や段落全体を見て、本筋（概要）を把握しながら読み進めることが大切です。その際、読むスピードが遅いと、ついつい脇道（細部）の情報に気を取られがちになるので、前だけを見てスーッと読んでいくのがコツです。

**Task 3**：虫食いになっていた箇所を含む全文を読み、文書全体の意味が分かるか確かめましょう。

**Task 4**：理想のリーディングスピードで読み上げた音声を聞きながら読みましょう。 🔊05

**Task 5**：訳を読んで、全体の意味を確認しましょう。

**Task 6**：もう一度全文を読み、訳を読んでも分からなかった語句は丸で囲み、辞書で調べてみましょう。

> 文書③
> Information：案内

---

### Tofah Fruit Farms

Standard delivery of gift boxes from Tofah Fruit Farms takes from five to seven days. This may seem long, but it is because we do not pick your fruit until we have received your order. We have no warehouse or cold storage where fruit will await distribution while losing all its delicious flavor.

Throughout the growing season, our grove manager is out in the field inspecting irrigation systems, checking for pest damage, and tasting the fruit on the trees. When ripe, the fruit is handpicked, put into bins, and transported to our packing house, where it is rinsed, sorted for quality, and packed. It is then loaded into climate-controlled trucks and delivered to the postal distribution center nearest to your home or business. This process guarantees both the freshness and tastiness of our products.

As a special offer to our Monthly Fruit Club members, we will gift wrap orders intended for relatives or friends at no extra cost.

Note that from May 1 to October 31, Tofah Fruit Farms delivers throughout the United States. Express shipping is available on Mondays, Tuesdays, and Wednesdays only. Note also that we do not have fixed shipping rates, as rates are based on the total weight of your order and your delivery address. Feel free to call us at 509-555-0138 for an estimate of your shipping charges.

---

===

Tofah 果樹園

Tofah 果樹園の贈答用ボックスの通常配送は、5日から7日かかります。これは長いように思われるかもしれませんが、その理由は、ご注文をお受けするまでお客さまの果物を摘み取らないためです。当園には、果物が配送待ちになっている間にそのおいしさを全て損なってしまうような倉庫や冷蔵保管スペースはございません。

生育期間中を通して、当果樹園の管理人が園地に出て、かんがい装置の点検、虫害の確認、木になっている果物の試食を行っています。熟したら、果物は手摘みされて容器に入れられ、当園の包装出荷工場へと運ばれた後、そこで流水で洗浄され、品質の選別が行われて、包装されます。その後、果物は温度調節機能付きのトラックに積み込まれ、お客さまのご自宅またはお勤め先の最寄りの郵便配送センターへと配達されます。この一連の過程が、当園の生産物の鮮度および風味の両方を保証します。

当園の「月例果物クラブ」会員の方々への特典として、追加料金なしで、ご親族またはご友人向けのご注文品の贈答用包装をさせていただきます。

5月1日から10月31日まで、Tofah 果樹園はアメリカ合衆国全土へ配送していることにご注目ください。速達配送は月曜日、火曜日、水曜日のみご利用いただけます。また、料金はご注文品の総重量および配達先のご住所に基づくため、当園には定額の配送料金はないこともご承知おきください。配送料の見積もりにつきましては、お気軽に当園、509-555-0138 までお電話ください。

=================================================================================

もう一つの文書④（報告書）で、同じトレーニングに挑戦してみましょう。

未知の語句があっても止まらずに英文を読み進める練習をしましょう。

Task 1：一部の語句が隠された文書を読んで、文書の概要を把握しましょう。

Task 2：右ページの確認問題を解きましょう。見えない部分の情報は気にせず、今ある情報の中から判断してください。解いた後、解説を参照しましょう。

> 文書④
> Report：報告書

---

# Gandall Fashions

**Weekly Status Report for March 12–17**
**Prepared by: Sam Hodgkins, Project Manager**

This week's accomplishments:

**❶** · Contacted five manufacturing companies in Gujarat, India, with experience making handbags. Provided them with drawings of our new bag design and asked questions about minimum order quantity, ▮▮▮▮▮▮▮▮▮▮ costs, and ▮▮▮▮▮▮ time.

**❷** · Based on initial responses, Kadsan Industries seems to be the manufacturer that is best suited to our needs. It is not as large as some of the other companies, but it is willing to hire additional staff ▮▮▮▮▮▮▮▮▮. Also, Dulari Roy, ▮▮▮▮▮▮ ▮▮▮▮▮, phoned me right away. She was very professional, ▮▮▮▮▮, and gave me ▮▮▮▮▮▮▮ responses ▮▮▮▮▮▮▮▮. I can see us developing a good business relationship with her.

**❸** · The four other companies contacted were either unable to ▮▮▮▮▮▮ our schedule or could not meet our ▮▮▮▮▮▮▮▮▮▮. Therefore they will no longer ▮▮ ▮▮▮▮▮▮.

Plans for the week of March 20–24:

**❹** · Continue discussions with Kadsan Industries about project needs and ▮▮▮▮▮▮▮.

· Have the design team ▮▮▮▮▮ final measurements, fabrics, and colors and then ▮▮▮▮ the steps of the production process. ▮▮▮▮▮ this information to Kadsan Industries so that a sample can be made.

確認問題

1. Gandall ファッション社について分かることは何ですか？

   (a) インドに移転する
   (b) 新製品を開発する
   (c) 他社と合併する

2. Roy さんについて何が述べられていますか？

   (a) Hodgkins さんと直接会ったことがある
   (b) デザインチームの一員である
   (c) 一緒に仕事をしやすそうである

▼確認問題の正解と解説

1. 文書全体から確認しましょう。❶の冒頭に Contacted five manufacturing companies .... とあり、さらに Provided them with drawings of our new bag design and .... と続いています。社内報告書らしく簡潔で、主語が省略されていますが、we (=Gandall Fashions) が主語であり、同社が新作のバッグを開発するに当たって、製造会社候補に連絡を取ったことが伺えます。よって、正解は (b)「新製品を開発する」です。(a) については、インドは同社が製造会社を探している場所。(c) については、同社は製造会社を選定中なのであって、合併の情報は書かれていません。

2. ❷3 行目に Dulari Roy という名前に言及があり、4 〜 5 行目で Roy さんについて She was very professional, ▨▨▨▨▨▨, and gave me ▨▨▨▨▨▨ responses ▨▨▨▨▨▨. と述べています。虫食い箇所がありますが、この段落の最後で I can see us developing a good business relationship with her. と Roy さんと良好な仕事上の協力関係を築けそうな見通しを伝えているので、「professional の後ろの部分は、Roy さんの長所を列挙しているのだろう」と推測することができます。よって、正解は (c)「一緒に仕事をしやすそうである」です。(a) (b) が正しいと判断できる情報は今の状態の文書からは読み取れません。

▼虫食い箇所の語句

❶ production and shipping、turnaround
❷ 3 行目 to complete our order、3 〜 4 行目 an account manager、4 行目 personable、
   5 行目 straightforward、to all my questions
❸ 1 行目 accommodate、2 行目 pricing requirements、2 〜 3 行目 be considered
❹ 1 行目 payment terms、2 行目 document、3 行目 outline、Submit

このような専門性の高そうなビジネス文書に未知の語句があったとしても、全体の流れや文脈、前後の分かる部分から伝えたいことを読み取り、常識や背景知識、文法知識を使って推測すれば、正解にたどり着くことができます。

自分でいろいろな英文を読む際にも、未知の語句が出てきたら、辞書で調べる前に、同じようにまずは推測で処理して先に読み進める習慣をつけましょう。

24ページの文書④の全文です。

24ページの文書④の全文です。

**Task 3**：虫食いになっていた箇所を含む全文を読み、文書全体の意味が分かるか確かめましょう。

**Task 4**：理想のリーディングスピードで読み上げた音声を聞きながら読みましょう。 🔊06

**Task 5**：訳を読んで、全体の意味を確認しましょう。

**Task 6**：もう一度全文を読み、訳を読んでも分からなかった語句は丸で囲み、辞書で調べてみましょう。

> 文書④
> Report：報告書

# Gandall Fashions

**Weekly Status Report for March 12–17**
**Prepared by: Sam Hodgkins, Project Manager**

This week's accomplishments:

- Contacted five manufacturing companies in Gujarat, India, with experience making handbags. Provided them with drawings of our new bag design and asked questions about minimum order quantity, production and shipping costs, and turnaround time.
- Based on initial responses, Kadsan Industries seems to be the manufacturer that is best suited to our needs. It is not as large as some of the other companies, but it is willing to hire additional staff to complete our order. Also, Dulari Roy, an account manager, phoned me right away. She was very professional, personable, and gave me straightforward responses to all my questions. I can see us developing a good business relationship with her.
- The four other companies contacted were either unable to accommodate our schedule or could not meet our pricing requirements. Therefore they will no longer be considered.

Plans for the week of March 20–24:

- Continue discussions with Kadsan Industries about project needs and payment terms.
- Have the design team document final measurements, fabrics, and colors and then outline the steps of the production process. Submit this information to Kadsan Industries so that a sample can be made.

▼文書の訳

==============================================================================

Gandall ファッション社

3月12日〜17日の週間状況報告書
作成者：Sam Hodgkins、プロジェクトマネージャー

今週の完了事項：
・インドのグジャラートにある、ハンドバッグの製造経験を持つ製造会社5社に連絡。当社の新しいバッグのデザインの図面を彼らに渡し、最低発注数量、製造費および輸送費、受注から納品までの所要期間について問い合わせた。
・最初の反応に基づけば、Kadsan 工業社が当社ニーズに最も即した製造会社であるように思われる。同社は他の数社ほど大手ではないが、当社の発注を完遂するために追加人材を雇用する意思がある。また、顧客担当の Dulari Roy 氏は即刻、私に電話をくれた。彼女は非常にプロフェッショナルかつ感じがよく、私の全ての質問に対して率直な回答をくれた。当社は彼女と良好な仕事上の協力関係を構築できると考えられる。
・連絡を取った残りの4社は、当社のスケジュールに対応することができない、もしくは当社の価格面での要求を満たすことができない、のいずれかであった。そのため、もはや検討対象ではない。

3月20日〜24日の週の計画：
・プロジェクトのニーズおよび支払条件に関して、Kadsan 工業社と話し合いを継続する。
・デザインチームに最終的な寸法、布地、色を文書化してもらい、その後、製造工程の諸段階の概要を説明してもらう。製品見本を製作できるよう、この情報を Kadsan 工業社に渡す。

==============================================================================

15 ページの説明にある通り、既知情報を活かして推測しながら読み進めることは文書の理解に大いに役立ちます。文章全体の内容がだいたい分かっていれば、語彙や文法なども理解しやすくなります。本書での学習においても、先に日本語訳で概略を把握した上で英文を読むことで、長い英文を読む際の苦手意識や抵抗感を払拭しましょう。

**Task 1**：右ページの日本語をざっと素早く読んで内容を頭に入れましょう（1 回読んだ後は日本語は見ないこと）。

**Task 2**：日本語を読んで理解したことを踏まえて英文を読み、重要だと思う語句に線を引きましょう。

**Task 3**：英文を見ながら、理想のリーディングスピードの読み上げ音声を聞きましょう。　🔊07

　　　　※名詞、動詞、形容詞などの「内容語」は重要なことが多く、一方、冠詞、前置詞、代名詞などの「機能語」は英語のセンテンスの形を整えるのに必要ですが、多くの場合さほど重要なメッセージを持っていません。「内容語」は強く読まれることが多く、「機能語」はさっと読まれる傾向であることが分かるはずです。英文を読む際もこの感覚を持って、重要な部分はしっかり読み、補足的な部分はさっと読みましょう。Task 2 で線を引いた語句が強めに読まれているかどうかもチェックしましょう。

**追加練習**：プラスアルファの練習として、🔊07 の音声を使ってシャドーイング（音声を止めずに影のようにすぐ後に付いてまねをして読む練習）をする方法もあります。これを行うと、音声のつながり方なども含めたネイティブのリズム感や文章の流れ具合を体感でき、結果的にリーディングスピードもさらに上がっていきます。TOEIC® L&R での実力向上に加え、英語力全体のレベルアップを目指す方は、ぜひ挑戦してみてください。

クウェート市（8 月 12 日）—— 6 月に、20 名の高校生が建築設計に関する入門課程に参加した。同教育課程は、教育省と Al-Talal 大学建築学科の協業によるものだ。

　受講資格を得るには、生徒は、指導教官 1 名による推薦を受け、「優」または「秀」の総合成績を有し、自らの関心を示す申込書を提出する必要がある。

　多数の参加者が、通常の授業時間後に集まることを選択した。彼らは招待講演者によるプレゼンテーションに出席し、建築学史上重要な建物を見学した。加えて、彼らはチームで協力し合い、Al-Talal 大学の建築専攻の学生から指導を受けながら多種多様な建築設計を考案した。同教育課程の修了時には、参加者は自身の経験に関する感想を提供した。

　「本教育課程は生徒たちに、自らの関心分野への見識以上のものを与えました」と Al-Talal 大学の Salwa Mansour は述べた。「おそらく、さらに重要なこととして、当大学の諸講座から、彼らは論理的推論、批判的思考、効果的な意思伝達といった、必須の生活技能を教わったのです」。

　同教育課程の責任者である Ibrahim Elgamil 博士は、実験的な試みとして始まったものが来年以降、受講基準を満たした高校 1 年生に毎年提供されるようになる予定だと語った。

---

KUWAIT CITY (12 August)—In June, twenty high school students participated in an introductory course on architectural design. The programme was a collaboration between the Ministry of Education and the Department of Architecture at Al-Talal University.

In order to qualify, students had to be recommended by one of their instructors, had to have an overall grade of either "very good" or "excellent," and had to file an application indicating their interest.

Many participants chose to meet after regular school hours. They attended presentations by guest lecturers and visited architectural landmarks. In addition, they worked in teams to create various architectural designs with coaching from Al-Talal architecture majors. Upon completion of the programme, participants provided feedback on their experience.

"The programme gave the students more than just insight into their field," said Al-Talal's Salwa Mansour. "Perhaps more importantly, our university's classes taught them essential life skills, such as logical reasoning, critical thinking, and effective communication."

Dr. Ibrahim Elgamil, the programme director, said that what began as an experiment will, as of next year, be offered annually to qualifying tenth graders.

28 ページと同様に、別の英文で日本語先読みトレーニングをしてみましょう。

**Task 1**：右ページの日本語をざっと素早く読んで内容を頭に入れましょう（1 回読んだ後は日本語を見ないこと）。

**Task 2**：日本語を読んで理解したことを踏まえて英文を読み、重要だと思う語句に線を引きましょう。

**Task 3**：英文を見ながら、理想のリーディングスピードの読み上げ音声を聞きましょう。　🔊08

　　　　※名詞、動詞、形容詞などの「内容語」は重要なことが多く、一方、冠詞、前置詞、代名詞などの「機能語」は英語のセンテンスの形を整えるのに必要ですが、多くの場合さほど重要なメッセージを持っていません。「内容語」は強く読まれることが多く、「機能語」はさっと読まれる傾向であることが分かるはずです。英文を読む際もこの感覚を持って、重要な部分はしっかり読み、補足的な部分はさっと読みましょう。Task 2 で線を引いた語句が強めに読まれているかどうかもチェックしましょう。

**追加練習**：プラスアルファの練習として、🔊08 の音声を使ってシャドーイング（音声を止めずに影のようにすぐ後に付いてまねをして読む練習）をする方法もあります。これを行うと、音声のつながり方なども含めたネイティブのリズム感や文章の流れ具合を体感でき、結果的にリーディングスピードもさらに上がっていきます。TOEIC® L&R での実力向上に加え、英語力全体のレベルアップを目指す方は、ぜひ挑戦してみてください。

==

Stanwick and Sons 社

当社は、Stanwick and Sons 社による配達のご利用体験を格別なものにしたいと願っております。下記に述べるお約束を果たすことにより、当社は、配達工程の全段階で手際よく、かつお客さまが完全に満足されるよう対処することを保証いたします。

新しいオフィス用家具をお客さまのご自宅または職場に搬入する際、担当の配達従事者は以下の事項を行うことを誓約いたします。

- ☐ お部屋を保護するために、床・壁保護材を使用する
- ☐ 配達工程の最初から最後まで、靴カバーおよび手袋を着用する
- ☐ 配達商品の考えられる配置・据え付け位置を検討する
- ☐ 既存の物品を搬出してそれらをリサイクルもしくは処分することにより、新規ご購入品のためのスペースを空ける（ご依頼に応じて）
- ☐ お客さまの商品をご希望の位置に据え付ける（当社では、いかなる電気関連部品も、移動、接続、切断はできませんので、ご承知おきください。）
- ☐ 全ての配達梱包材を持ち帰る
- ☐ お客さまの新しい家具を点検し、その機能を説明する

当社は優れた顧客サービスをご提供できるよう努めております。www.stanwickandsons.com/survey にあるウェブ上のアンケート調査にご協力いただくことで、私どもの作業ぶりをお知らせください。当社はお客さまのご意見を非常に大切にしております。

Stanwick and Sons 社でのお買い上げありがとうございます。

==================================================================================

# Stanwick and Sons

We want your Stanwick and Sons delivery experience to be exceptional. By meeting the commitments outlined below, we can ensure that all stages of the delivery process are handled professionally and to your complete satisfaction.

<u>When bringing your new office furnishings into your home or office, your delivery professional pledges to do the following</u>:

- ☐ Use floor and wall pads to protect your space
- ☐ Wear shoe covers and gloves throughout the delivery process
- ☐ Discuss the potential layout or setup of items being delivered
- ☐ Make room for your new purchase by hauling away existing items and recycling them or disposing of them (at your request)
- ☐ Set and place your merchandise where you want it (Note that we cannot move, connect, or disconnect any electrical components.)
- ☐ Remove all delivery packaging
- ☐ Inspect your new furniture and demonstrate its features

We aim to provide excellent customer service. Please let us know how we are doing by taking our Web survey at www.stanwickandsons.com/survey. We greatly value the opinions of our customers.

Thank you for shopping with Stanwick and Sons.

# 速読のためのポイント（まとめ）

Chapter 1で学んだ速読のポイントを整理してみましょう。

## ■なぜ英文の意味がなかなか理解できず、読む時間が足りないのか？

前述の通り、英文を読む際には頭の中で自動的に音声化が行われていますが、発音などを気にし過ぎてメモリに負荷が掛かると、理解に時間がかかり、内容記憶もおろそかになります。それを防ぐには以下の手法が有効です。

⇒できるだけ意味の流れに集中して読む。その際、和訳を思い浮かべるのではなく、英文のままイメージ化できる意味のかたまり（チャンク）を意識して読む。

⇒音読練習で文字の音声化を高速化・自動化する。

## ■効率的に素早く読み、概要を正しくつかむために日頃から気を付けるべきことは？

▶ **Point 1**：日本語に翻訳せず、できるだけ英文のまま理解する。

▶ **Point 2**：返り読み（前に戻る、同じ箇所を繰り返し読む）をしない。

▶ **Point 3**：分からない語句があっても、そこで立ち止まらない。

▶ **Point 4**：とにかくたくさん英文を読む。そして速く読むことを常に意識する。

▶**練習法1**：チャンクごとに内容をイメージ化して記憶しながら、前に戻らず、英語の語順どおりに読み進める。できれば直後に音声も聞く。

⇒ **Training 1** スラッシュ読みとイメージ化

▶**練習法2**：未知の語句があっても、前後の語句や文から類推したり既存の知識を駆使したりして英文の概要をつかみ、アクティブにどんどん読み進める。

⇒ **Training 2** 虫食い読み

▶**練習法3**：ネイティブのようなスムーズな英文理解と読解スピードを体感するために、先に日本語訳を読んで文書の概要を頭に入れてから英文を読む。できれば直後に音声も聞く。

⇒ **Training 3** 日本語先読み

▶**練習法4**：お手本音声をまねたチャンクごとの音読によって、英語特有の音声変化やリズムも含めた英文の「かたまり」の感覚をさらにしっかり体得する。

⇒ **Training 4** 音読

# CHAPTER 2

文書タイプ別 速読演習

# Unit 1

# 広告・案内

advertisements, invitations, etc.

# Unit 1 「広告・案内」文書の特徴

Unit 1〜7 では、Part 7 の文書を文書種類別に学びます。Unit 1 では「広告・案内」の文書を取り上げます。advertisement、invitation、brochure などが該当します。これらは不特定多数の読み手を対象とし、新商品・サービスの宣伝やイベントの集客などを目的とする文書です。このタイプの文書には、以下のような特徴があります。

| | |
|---|---|
| ■ 書き手 | 特定の事業主や団体 |
| ■ 読み手 | 不特定多数の客や関心を持ちそうな個人・団体 |
| ■ 構成 | 【タイトル（見出し）→ 本文】というスタイルが一般的。タイトルはない場合もある。 |
| ■ 本文 | 新商品・サービスやイベントなどの紹介。日時、場所、料金、期限、割引、特典などの情報が含まれる。<br>最後に詳細情報の問い合わせ先として、ウェブサイトの URL、E メールアドレス、電話番号などが示されることが多い。 |
| ■ 文体 | 誇張的な表現や、主語を省略するなどの簡潔な表現が使われている場合もある。 |

「広告・案内」文書では、特に次のような点を確認しましょう。

## 1. タイトルや書き出し

タイトルや本文の書き出しには宣伝したい商品・サービスや案内したい事柄について書かれており、非常に重要です。店名や企業名などは、業種（飲食業、清掃業など）や事業内容を理解する手掛かりとなります。太字の表記などがあれば、特に注目しましょう。

**例 1**

> Blue Wind Dry Cleaners
>
> xxxxxxxxxxxxxxxxxxxxxxxxxxxxxxxxxxxxxxxx
> xxxxxxxxxxxxxxxxxxxxxxxxxxxx
> First-time customers get 20 percent off!
> ★Valid only during the month of May★
> Visit www.xxx.com for more information.

## 2. 『5W1H』

商品や店の広告なら、誰（どこの店）が、いつ（サービス提供の期間）、何（商品・割引サービスなど）を、どんな人に（割引を受けられる対象）、などを意識しながら読みます。

イベントの案内なら、何が、いつ、どこで、誰のために（どんな対象向けに）行われるか、などを意識しましょう。

## 3. 注記事項

この種の文書には、例 1 の終わりの 3 行「初めてのお客さまは 20% 引き」、「5 月の間のみ有効」、「詳しい情報は www.……にアクセスしてください」のように、本文の終わりや欄外などに注記が書かれている場合があります。このような注記には、条件や連絡先などの重要な情報がよく示されます。設問に関わることもあるので注目しましょう。

**例 2** その他の注記の例：

　　Visit www.xxx.com for further information.　← 詳細確認先

　　Please e-mail eventoffice@xxx.org to sign up or with any questions.

　　↑申し込みが必要なことと問い合わせ先を案内している。

まず、読みやすいスピードで文書全体を読み、かかった時間を右下の表に書き込んでください。その後で確認問題を解いてみましょう。
⇒ 正解は p.37

Questions 1-2 refer to the following advertisement.

Food court vendors at Quinzon Shopping Plaza have come together to preserve the environment! Each weekday this month, from 12:00 noon to 2:00 P.M., we will be holding a dine-in event: diners receive a 25 percent discount if they eat their meal in our food court using our reusable tableware instead of taking it away in a disposable container. Let's eat together and save Earth!

**確認問題**

この広告の目的は何ですか？

(a) ショッピングプラザ内の新店舗を紹介すること
(b) 施設内で開催されるイベントを宣伝すること
(c) フードコートの改装を知らせること

|  | 文書 |
|---|---|
| 語数 | 65 語 |
| 目標リーディング時間 | 26 秒 |
| 計測時間 ❶：STEP 1 | 秒 |
| 計測時間 ❷：STEP 5 | 秒 |

## STEP 2 ▼文書のポイントをつかむ

赤い丸囲みの部分に注目しながら、文書と設問の概要をつかむことを目的に、全体をざっと読みましょう。

Questions 1-2 refer to the following advertisement.

Food court vendors at Quinzon Shopping Plaza have come together to preserve the environment! Each weekday this month, from 12:00 noon to 2:00 P.M., we will be holding a dine-in event: diners receive a 25 percent discount if they eat their meal in our food court using our reusable tableware instead of taking it away in a disposable container. Let's eat together and save Earth!

### 1 指示文から、文書の種類を確認する

Questions 1-2 refer to the following advertisement.

⇒ 文書は advertisement「広告」だな。

### 2 本文の書き出しから、発信者と目的を把握する

Food court vendors at Quinzon Shopping Plaza have come together to preserve the environment!

⇒ ショッピングプラザ (商業施設) の広告？

⇒ to preserve the environment だから、目的は環境保護？

### 3 何 (イベント、催し) があるのか把握する

we will be holding a dine-in event: diners receive a 25 percent discount ...

⇒ 食べ物関係のイベントがあるのかな？

⇒ 何か割引が受けられるんだな。

## 4 設問文をチェックして、キーワードを頭に入れる

**1.** What is the purpose of the event?

⇒ event の purpose とは？

purpose「目的」。

**2.** How can customers receive a discount?

⇒ customers が discount を得るには？

customer「顧客」。

# STEP 3 ▼スラッシュ読みで文書全体を理解する

Chapter 1 で学んだスラッシュ読みの手法を用いて、下記の英文を右の手順に従って学習しましょう。

▶▶ ここではスラッシュで区切ったチャンク（意味のかたまり）で読む感覚を養います。
▶▶ 赤シートでスラッシュと訳語を隠して読むのも効果的です。

========================================================================

Food court vendors / at Quinzon Shopping Plaza / have come together /
フードコート内の店舗が　／ Quinzon ショッピングプラザの　　／ 一丸となりました ／

to preserve the environment! //
環境を守るために！ //

Each weekday / this month, /
各平日　　　　　／ 今月の、／

from 12:00 noon to 2:00 P.M., /
正午から午後 2 時まで、/

we will be holding a dine-in event: /
イートインイベントを開催します： /

diners receive a 25 percent discount /
食事客は 25 パーセントの割引が受けられます /

if they eat their meal / in our food court /
食事をする場合は　　　　　／ 当フードコート内で ／

using our reusable tableware / instead of taking it away /
私たちの再使用可能な食器類を使用して　／ それ（食事）を持ち帰る代わりに ／

in a disposable container. //
使い捨て容器で。 //

Let's eat together / and save Earth! //
一緒に食事をしましょう ／ そして地球を救いましょう! //

========================================================================

## 1. スラッシュ読み練習

チャンクごとに、その内容をイメージしながら英文を読み進めましょう。

## 2. 音声を使ったスラッシュ読み練習　🔊09

チャンクごとの音声を聞きながら、英文を目で追いましょう。

## 3. 音読練習　🔊09

上で聞いた音声を参考に、チャンクの感覚を意識しながら音読しましょう。

音声を流しながら、チャンクごとに一時停止してリピートするのもお薦めです。

※ スラッシュの区切りは一例です。区切り方の目安は、p.15 を参照してください。

Step 3 で理解した文書の内容に基づき、実際の設問に答えてみましょう。

Questions 1-2 refer to the following advertisement.

❶ Food court vendors at Quinzon Shopping Plaza have come together to preserve the environment! Each weekday this month, from 12:00 noon to 2:00 P.M., we will be holding a dine-in event: diners receive a 25 percent discount if they eat their meal in our food court using our reusable tableware instead of taking it away in a disposable container. Let's eat together and save Earth!

1.  What is the purpose of the event?

    (A) To clean up the food court
    (B) To help diners eat healthier meals
    (C) To introduce a new menu
    (D) To support the environment

2.  How can customers receive a discount?

    (A) By using disposable products
    (B) By showing a 25-percent-off coupon
    (C) By requesting a reusable plate and utensils
    (D) By donating to a charity

⇒ 全訳は p.51

**1**

イベントの目的に着目する。

❶1～2行目に、「Quinzon ショッピングプラザのフードコート内の店舗が、環境を守るために一丸となった！」とあり、続く2～6行目でこのイベントの詳細を伝えている。また、最終文で、「一緒に食事をして、地球を救おう！」と呼び掛けていることからも環境保護がイベントの目的と分かる。preserve the environment を support「～を支援する」を使って表現している (D) が正解。

(A) 清掃については述べられていない。clean up ～「～を清掃する」。

(B) どのような食事かは述べられていない。help ～ do「～が…するのを手助けする」、healthy「健康的な」。

(C) 新しいメニューについての言及はない。introduce「～を紹介する」。

**2**

顧客が割引を得られる方法を探す。

❶2～4行目で、イベントの開催日時が示された後、コロン（：）以降で、食事客が割引を受けることのできる条件が示されている。コロン以降には、「食事客の皆さんは、使い捨て容器で持ち帰る代わりに、私たちの再使用可能な食器類を使用して当フードコート内で食事をすると、25パーセントの割引が受けられる」とあるので、この文のtableware「食器類」を plate and utensils「皿と用品」と言い換えている (C) が正解。request「～を希望する、～を要請する」。utensils は台所などの用品・器具を表し、ここでは、スプーンやフォークなどを指している。

(A) コロン以降より、使い捨て容器で持ち帰った場合、割引は適用されないことが分かる。product「製品」。

(B) 25パーセントの割引率については述べられているが、coupon「クーポン」への言及はない。

(D) 慈善団体への寄付についての言及はない。donate to ～「～に寄付する」、charity「慈善団体」。

---

**文書の語注**

advertisement　広告
❶ food court　フードコート　　vendor　販売店、販売業者
shopping plaza　ショッピングプラザ　★複数の店舗が集まったショッピング総合施設　　come together　一つにまとまる
preserve　～を保護する、～を存続させる　　environment　環境　　weekday　平日　　hold　～を開催する
dine-in　イートインの、店内飲食の　　diner　食事客　　receive　～を受ける　　discount　割引
reusable　再使用可能な　　tableware　食卓用食器類　　instead of *doing*　～する代わりに
take away ～　～（飲食物）を持ち帰る　★英国の表現。米国では take out ～を用いる。　　disposable　使い捨ての
container　容器　　save　～を救う

# STEP 5 ▼リーディングスピードを上げる練習をする 文書A

スラッシュ読みの手法を念頭に置き、下記の手順で、読むスピードを上げる練習をしましょう。

Questions 1-2 refer to the following advertisement.

> Food court vendors at Quinzon Shopping Plaza have come together to preserve the environment! Each weekday this month, from 12:00 noon to 2:00 P.M., we will be holding a dine-in event: diners receive a 25 percent discount if they eat their meal in our food court using our reusable tableware instead of taking it away in a disposable container. Let's eat together and save Earth!

## 1. スラッシュ読み練習

チャンクを意識しながら読みましょう。

　※STEP 3のように、自分でスラッシュを書き込んでもよいでしょう。

## 2. 音声を使ったリーディングスピードアップ練習 🔊10

理想スピードの音声を聞きながら、同じスピードで英文を目で追って、文書を読みましょう。

　※ 音声のスピードが速過ぎると感じる場合は、アプリ等のスピード変換機能で調整してください。

## 3. リーディング所要時間の再計測

速読を意識して文書全体をもう一度読み、p.35 の表の計測時間❷に書き込んで計測時間❶と比較しましょう。

　※ 表の目標リーディング時間に近づくまで、2 のスピードを意識しながら、繰り返し練習をしてみましょう。

Unit 1 - 文書 A までの累計：**1,500 語突破！**

| | 5,000 | 10,000 | 15,000 | 20,000 | 25,000 | 30,000 |

まず、読みやすいスピードで文書全体を読み、かかった時間を右下の表に書き込んでください。その後で確認問題を解いてみましょう。　⇒ 正解は p.45

Questions 3-4 refer to the following invitation.

The Darfield Business Association (DBA) invites you to attend a community business briefing.

**Wellston Conference Center**
**670 River Road**
**February 11, 8:00–10:00 A.M.**

Darfield Mayor Jeremy Prater will speak about the challenges that businesses in Darfield are facing. Following these remarks, we will discuss strategies to ensure the success of our business community. We hope to highlight the relationships between different parts of our local economy, including retail, transportation, and professional services. Coffee, tea, and a hot breakfast will be provided.

There is no charge, and membership in the DBA is not required.
Please e-mail ngartner@dba.org by February 6 to register for the event.

**確認問題**

この案内状の目的は何ですか？

(a) 会社の事業内容を紹介すること
(b) 新規事業への資金を募ること
(c) イベントへの参加を勧めること

|  | 文書 |
| --- | --- |
| 語数 | 105 語 |
| 目標リーディング時間 | 45 秒 |
| 計測時間 ❶：STEP 1 | 秒 |
| 計測時間 ❷：STEP 5 | 秒 |

# STEP 2 ▼文書のポイントをつかむ

赤い丸囲みの部分に注目しながら、文書と設問の概要をつかむことを目的に、全体をざっと読みましょう。

Questions 3-4 refer to the following invitation.

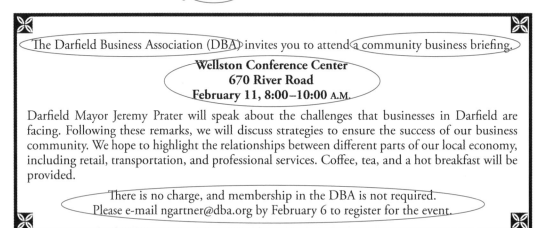

> The Darfield Business Association (DBA) invites you to attend a community business briefing.
>
> **Wellston Conference Center**
> **670 River Road**
> **February 11, 8:00–10:00 A.M.**
>
> Darfield Mayor Jeremy Prater will speak about the challenges that businesses in Darfield are facing. Following these remarks, we will discuss strategies to ensure the success of our business community. We hope to highlight the relationships between different parts of our local economy, including retail, transportation, and professional services. Coffee, tea, and a hot breakfast will be provided.
>
> There is no charge, and membership in the DBA is not required.
> Please e-mail ngartner@dba.org by February 6 to register for the event.

## 1 指示文から、文書の種類を確認する

Questions 3-4 refer to the following <u>invitation</u>.

⇒ 文書は invitation「案内状」だな。

## 2 文書冒頭（見出し）から、案内状の発信者とイベント内容をつかむ

The Darfield Business Association (DBA) invites you to attend a community business briefing.

⇒ DBA という団体による、ビジネス関連の集まり？

## 3 太字部分の情報をチェックする

Wellston Conference Center

February 11, 8:00 − 10:00 A.M.

⇒ イベントの場所と日時があるな。

## 4 注記をチェックする

There is no charge, ...

Please e-mail ngartner@dba.org ...

⇒ 注記事項（費用や連絡先など？）があるな。

## 5 設問文をチェックして、キーワードを頭に入れる

3. What is indicated about the event?

   ⇒ イベントについて indicate されていること？

   indicate「〜を示す」。

4. What should people do if they are interested in attending the event?

   ⇒ 人々は何をするの？イベントに attend するために？

確認問題（p.43）の正解　（c）

# STEP 3 ▼スラッシュ読みで文書全体を理解する

Chapter 1で学んだスラッシュ読みの手法を用いて、下記の英文を右の手順に従って学習しましょう。

▶▶ ここではスラッシュで区切ったチャンクで読む感覚を養います。
▶▶ 赤シートでスラッシュと訳語を隠して読むのも効果的です。

================================================================

The Darfield Business Association/(DBA)/invites you/
ダーフィールド商業組合　　　　　　　/（DBA）が、/あなたを招待します/

to attend a community business briefing. //
地域の事業報告会に参加するよう。 //

Wellston Conference Center/
Wellston 会議場 /

670 River Road/
River 通り 670 番地 /

February 11,/8:00－10:00 A.M./
2月11日、　　　/午前8時～10時/

Darfield Mayor Jeremy Prater will speak/about the challenges/
ダーフィールド市長の Jeremy Prater が講演する予定です /課題について /

that businesses in Darfield are facing. //
ダーフィールド市内の事業が直面している。 //

Following these remarks,/we will discuss strategies/
これらの所見の後、　　　　　　　/私たちは戦略について議論します /

to ensure the success/of our business community. //
成功を確かなものとするための /私たちの実業界の。 //

We hope to highlight the relationships/between different parts/
私たちは関係を目玉にしたいと思います　　　　　　/さまざまな分野間の /

of our local economy,/
当地元経済の、/

including retail, transportation, and professional services. //
小売業、運輸業、各種専門的サービス業を含めて。 //

Coffee, tea, and a hot breakfast/will be provided. //
コーヒー、紅茶、温かい朝食が　　　　/提供される予定です。 //

（次のページへ続く　⇒）

================================================================

## 1. スラッシュ読み練習

チャンクごとに、その内容をイメージしながら英文を読み進めましょう。

## 2. 音声を使ったスラッシュ読み練習 🔊11

チャンクごとの音声を聞きながら、英文を目で追いましょう。

## 3. 音読練習 🔊11

上で聞いた音声を参考に、チャンクの感覚を意識しながら音読しましょう。

音声を流しながら、チャンクごとに一時停止してリピートするのもお薦めです。

========================================================================================

There is no charge, /
料金はかかりません、/

and membership in the DBA / is not required. //
また DBA の会員資格も　　　　　　／ 不要です。//

Please e-mail / ngartner@dba.org / by February 6 /
〜に E メールを送信してください / ngartner@dba.org / 2 月 6 日までに /

to register for the event. //
本イベントに登録するには。//

========================================================================================

# STEP 4 ▼設問の正解を探す

Step 3 で理解した文書の内容に基づき、実際の設問に答えてみましょう。

Questions 3-4 refer to the following invitation.

 The Darfield Business Association (DBA) invites you to attend a community business briefing.

**Wellston Conference Center**
**670 River Road**
**February 11, 8:00–10:00 A.M.**

❷ Darfield Mayor Jeremy Prater will speak about the challenges that businesses in Darfield are facing. Following these remarks, we will discuss strategies to ensure the success of our business community. We hope to highlight the relationships between different parts of our local economy, including retail, transportation, and professional services. Coffee, tea, and a hot breakfast will be provided.

❸ There is no charge, and membership in the DBA is not required.
Please e-mail ngartner@dba.org by February 6 to register for the event.

3. What is indicated about the event?

   (A) It will include a talk by a community leader.
   (B) It will feature a performance by local artists.
   (C) It will focus on deals with international businesses.
   (D) It will end with a voting session.

4. What should people do if they are interested in attending the event?

   (A) Pay a registration fee
   (B) Submit presentation proposals
   (C) Sign up in advance
   (D) Become DBA members

⇒ 全訳は p.52

**3**

イベントについて述べられていることを選ぶ。

設問文の indicate は「〜を示す」という意味で、よく使われる語。❶1 行目より、イベントは「地域の事業報告会」だと分かる。❷1 〜 2 行目に、「ダーフィールド市長の Jeremy Prater が、…… について講演する予定だ」とある。よって、Darfield Mayor「ダーフィールド市長」を a community leader「地域の指導者」と言い換えて、その講演があることを表している (A) が正解。include「〜を含む」、talk「講演」、leader「指導者、リーダー」。

(B) 芸術家による実演には言及がない。feature「〜を呼び物にする」、performance「実演」。

(C) ❷3 〜 4 行目から、イベントで焦点が当てられるのは国際企業との取引ではなく、地元経済におけるさまざまな分野間の関係性。focus on 〜「〜に焦点を当てる」、deal「取引」、international「国際的な」。

(D) 投票についての記載はない。end with 〜「〜で終わる」、voting「投票 (の)」、session「集会、集まり」。

**4**

イベントに参加するためにすべきことを確かめる。

設問文の be interested in *doing* は、「〜したいと思っている、〜することに興味がある」という意味。❸の注記に、参加するための方法が述べられている。同 2 行目に、「本イベントに登録するには、2 月 6 日までに ngartner@dba.org に E メールを送信してほしい」とあり、イベントは❶から 2 月 11 日だと分かるので、参加には事前登録が必要だと判断できる。よって、これを「事前に参加を申し込む」と言い換えている (C) が正解。sign up「参加を申し込む」、in advance「事前に」。

(A) ❸1 行目より、料金は不要と分かる。pay「〜を支払う」、registration「登録」、fee「料金」。

(B) 提出物に関する言及はない。submit「〜を提出する」、presentation「プレゼンテーション、発表」、proposal「案」。

(D) ❸1 行目に、DBA の会員資格はイベントの参加には不要、とある。

---

**文書の語注**

invitation 案内状
❶ business association 商業組合　invite 〜 to do 〜に…するよう勧める　attend 〜に参加する
　community 地域社会　business 事業、企業　briefing 報告会、概況説明　conference center 会議場
❷ mayor 市長　challenge 課題　face 〜に直面する　following 〜の後で　remark 所見、見解
　discuss 〜について議論する　strategy 戦略　ensure 〜を確実にする　success 成功　community 団体
　hope to do 〜することを望む　highlight 〜を強調する、〜を目玉にする　relationship 関係
　local 地元の、地域の　economy 経済　including 〜を含めて、〜などの　retail 小売り
　transportation 運輸　professional 専門的な　service サービス、業務　provide 〜を提供する
❸ charge 料金　membership 会員資格　require 〜を必要とする　register for 〜 〜に登録する

問題 (p.48) の正解　3 (A)　4 (C)

スラッシュ読みの手法を念頭に置き、下記の手順で、読むスピードを上げる練習をしましょう。

Questions 3-4 refer to the following invitation.

The Darfield Business Association (DBA) invites you to attend a community business briefing.

**Wellston Conference Center**
**670 River Road**
**February 11, 8:00–10:00 A.M.**

Darfield Mayor Jeremy Prater will speak about the challenges that businesses in Darfield are facing. Following these remarks, we will discuss strategies to ensure the success of our business community. We hope to highlight the relationships between different parts of our local economy, including retail, transportation, and professional services. Coffee, tea, and a hot breakfast will be provided.

There is no charge, and membership in the DBA is not required.
Please e-mail ngartner@dba.org by February 6 to register for the event.

### 1. スラッシュ読み練習

チャンクを意識しながら読みましょう。

※STEP 3 のように、自分でスラッシュを書き込んでもよいでしょう。

### 2. 音声を使ったリーディングスピードアップ練習    🔊12

理想スピードの音声を聞きながら、同じスピードで英文を目で追って、文書を読みましょう。

※ 音声のスピードが速過ぎると感じる場合は、アプリ等のスピード変換機能で調整してください。

### 3. リーディング所要時間の再計測

速読を意識して文書全体をもう一度読み、p.43 の表の計測時間❷に書き込んで計測時間❶と比較しましょう。

※ 表の目標リーディング時間に近づくまで、2 のスピードを意識しながら、繰り返し練習をしてみましょう。

Unit 1 - 文書 B までの累計：**2,300 語突破！**

| | 5,000 | 10,000 | 15,000 | 20,000 | 25,000 | 30,000 |

▼文書の訳

問題 1-2 は次の広告に関するものです。

=========================================================================

Quinzon ショッピングプラザのフードコート内の店舗が、環境を守るために一丸となりました！今月の各平日、正午から午後 2 時まで、イートインイベントを開催いたします：食事客の皆さまは、使い捨て容器でお持ち帰りになる代わりに、店舗の再使用可能な食器類をご使用になって当フードコート内でお食事されると、25 パーセントの割引が受けられます。一緒に食事をして、地球を救いましょう！

=========================================================================

▼設問の訳

**1** イベントの目的は何ですか。

   (A) フードコートを清掃すること
   (B) 食事客がもっと健康的な食事をするのを促進すること
   (C) 新しいメニューを紹介すること
   (D) 環境を支援すること

**2** 顧客はどのようにして割引を受けることができますか。

   (A) 使い捨て製品を使用することによって
   (B) 25 パーセント引きのクーポンを提示することによって
   (C) 再使用可能な皿や用品を希望することによって
   (D) 慈善団体に寄付することによって

▼文書の訳

問題 3-4 は次の案内状に関するものです。

==================================================================================

ダーフィールド商業組合（DBA）より、皆さまに地域の事業報告会にご参加いただきたくご案内申し上げます。

**Wellston 会議場**
**River 通り 670 番地**
**2 月 11 日、午前 8 時～10 時**

ダーフィールド市長の Jeremy Prater が、ダーフィールド市内の事業が直面している複数の課題について講演いたします。これらの所見の後、当実業界の成功を確かなものとするための戦略について議論します。小売業、運輸業、各種専門的サービス業など、地元経済におけるさまざまな分野間の関係を目玉にしたいと思います。コーヒー、紅茶、温かい朝食が提供されます。

料金はかかりません、また DBA の会員資格も不要です。
本イベントに登録するには、2 月 6 日までに ngartner@dba.org に E メールをご送信ください。

==================================================================================

▼設問の訳

**3** イベントについて何が示されていますか。

(A) 地域の指導者による講演を含む。
(B) 地元の芸術家による催しを呼び物にする。
(C) 国際企業との取引に焦点を当てる。
(D) 投票の部をもって締めくくる。

**4** イベントに参加したい場合、人々は何をすべきですか。

(A) 登録料を支払う
(B) プレゼンテーションの案を提出する
(C) 事前に参加を申し込む
(D) DBA の会員になる

文書タイプ別　速読演習

# Unit 2

# お知らせ

notices, announcements, information, etc.

# 「お知らせ」文書の特徴

Unit 2 では「お知らせ」の文書を取り上げます。notice、announcement、information などが該当します。具体的には、地域やビルのテナント向けの告知や、顧客へのサービスの変更・一時利用停止の連絡など、重要な情報を知らせるものです。また、job announcement などの求人広告も人材の募集要項を示すお知らせの一種と言えます。このタイプの文書は、以下のような特徴を持ちます。

---

■ 書き手　　**事業主・団体・行政機関など**

■ 読み手　　**あるグループ・地域に属する人々、関係者、関心を持ちそうな人々など**

■ 構成　　　**【見出し→ 本文】というスタイルが一般的。小見出しを伴う場合もある。**

---

多数向けの周知を目的とした「お知らせ」文書では、以下を覚えておくと役に立ちます。

## 1. 見出し

一目で対象や内容が分かるようなものがよく見られます。

**例**　Attention: All tenants in the IOSU Complex　← 告知の対象：複合施設内の全テナント

　　　Elevator Maintenance Schedule　← 告知の内容：エレベーターの点検スケジュール

## 2. 小見出し

情報カテゴリー別の小見出しがある場合、記載項目や順序が同じ形式になっていることがあります。

例 1 のようなリサイクル収集のお知らせで、瓶・缶の項目が「回収日→出し方→回収容器の入手先」の順なら、古紙についても同じ順で書かれていることが多いです。また、例 2 のような求人広告で、倉庫責任者の項目が「職務→応募要件→勤務日時」なら、荷作り作業員も同様の項目が順に書かれているだろうと類推しながら読むと、速くスムーズに読むことができます。

**例 1**

Recycling Schedule

| Bottles and Cans ← 瓶・缶 | Paper ← 古紙 |
|---|---|
| 回収日→ ・Bottles and cans are collected on Tuesdays. | ・Paper is collected on Thursdays. |
| 出し方→ ・Use collection containers. | ・Use paper bags. |
| 回収容器の入手先→ ・Containers are provided by the city. | ・Recycle shopping bags from local stores. |

**例 2**

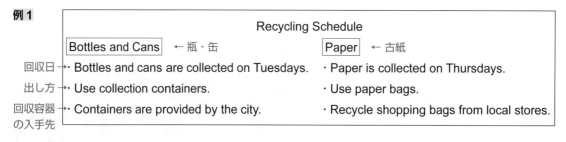

Available positions

| Warehouse manager ← 倉庫責任者 | Delivery drivers ← 荷作り作業員 |
|---|---|
| 職務→ ・Coordinate teams | ・Deliver packages |
| 応募要件→ ・Management experience preferred | ・Must have driver's license |
| 勤務日時→ ・Work evenings as necessary | ・Weekend shifts only |

まず、読みやすいスピードで文書全体を読み、かかった時間を右下の表に書き込んでください。その後で確認問題を解いてみましょう。　　　　　　　　　　　　　　　　　　　　　　　　⇒ 正解は p.57

Questions 5-6 refer to the following notice.

> ### City of Monroeville
> ### Waste Removal Schedule
>
> **Garbage**
>
> Garbage is collected every Tuesday and Friday. Containers must be in the street by 6:00 A.M. on collection day. Residents must provide their own 75- or 120-liter containers for waste collection. All containers are required to have handles. Local hardware stores are aware of the requirements and can recommend the required equipment.
>
> **Recycling**
>
> Recyclable materials are collected every Friday. Use the blue plastic recycling containers provided by the city's Waste Management Facility (WMF). Each residence shall receive two such containers free of charge. Proof of address and residency, such as a power bill or driver's license, is required to receive containers.

**確認問題**

この告知の目的は何ですか？

(a) 市のごみ収集作業員を募集すること
(b) 市のごみ廃棄のルールを知らせること
(c) 市が開催するゴミ減量イベントへの参加を促すこと

| | 文書 |
|---|---|
| 語数 | 108 語 |
| 目標リーディング時間 | 46 秒 |
| 計測時間 ❶：STEP 1 | 秒 |
| 計測時間 ❷：STEP 5 | 秒 |

# STEP 2 ▼文書のポイントをつかむ

赤い丸囲みの部分に注目しながら、文書と設問の概要をつかむことを目的に、全体をざっと読みましょう。

Questions 5-6 refer to the following notice.

---

City of Monroeville
Waste Removal Schedule

**Garbage**

Garbage is collected every Tuesday and Friday. Containers must be in the street by 6:00 A.M. on collection day. Residents must provide their own 75- or 120-liter containers for waste collection. All containers are required to have handles. Local hardware stores are aware of the requirements and can recommend the required equipment.

**Recycling**

Recyclable materials are collected every Friday. Use the blue plastic recycling containers provided by the city's Waste Management Facility (WMF). Each residence shall receive two such containers free of charge. Proof of address and residency, such as a power bill or driver's license, is required to receive containers.

---

### 1 指示文から、文書の種類を確認する

Questions 5-6 refer to the following notice.

⇒ 文書は notice「お知らせ」だな。

### 2 見出しから、何についてのお知らせかを推測する

City of Monroeville

Waste Removal Schedule

⇒ 市のごみ廃棄のスケジュール？

### 3 2つの小見出しに注目

Garbage

⇒「生ごみ」に関する説明？

Recycling

⇒「リサイクル」に関する説明？

## 4 設問文をチェックして、キーワードを頭に入れる

**5.** What is indicated about the containers used for garbage collection?

⇒ container について indicate されていること？ Garbage 用の？

indicate「～を示す」。

**6.** What is NOT specified in the recycling description?

⇒ NOT 問題。述べられていないこと？ Recycling の項目で？

確認問題（p.55）の正解　（b）

Chapter 1 で学んだスラッシュ読みの手法を用いて、下記の英文を右の手順に従って学習しましょう。

▶▶ ここではスラッシュで区切ったチャンクで読む感覚を養います。

▶▶ 赤シートでスラッシュと訳語を隠して読むのも効果的です。

=================================================================

City of Monroeville /
モンロービル市 /

Waste Removal Schedule /
ごみ廃棄のスケジュール /

Garbage /
生ごみ /

Garbage is collected / every Tuesday and Friday. //
生ごみは収集されます / 毎週火曜日と金曜日に。 //

Containers must be in the street / by 6:00 A.M. / on collection day. //
容器は通りに出しておく必要があります / 午前 6 時までに / 収集日の。 //

Residents must provide / their own 75- or 120-liter containers /
住民は用意しなければなりません / 各自の 75 または 120 リットルの容器を /

for waste collection. //
ごみ収集用の。 //

All containers are required / to have handles. //
全ての容器は求められています / 取っ手が付いていることが。 //

Local hardware stores / are aware of the requirements /
地元の工具店は / その要件を認識しています /

and can recommend / the required equipment. //
そして、薦めることができます / 要件に合った用品を。 //

（次のページへ続く ⇒）

=================================================================

## 1. スラッシュ読み練習

チャンクごとに、その内容をイメージしながら英文を読み進めましょう。

## 2. 音声を使ったスラッシュ読み練習 🔊 13

チャンクごとの音声を聞きながら、英文を目で追いましょう。

## 3. 音読練習 🔊 13

上で聞いた音声を参考に、チャンクの感覚を意識しながら音読しましょう。

音声を流しながら、チャンクごとに一時停止してリピートするのもお薦めです。

---

Recycling /

リサイクル /

Recyclable materials are collected / every Friday. //

リサイクル可能な資材は収集されます　　　 / 毎週金曜日に。 //

Use the blue plastic recycling containers /

青色のプラスチック製のリサイクル用容器を使用してください /

provided by / the city's Waste Management Facility / (WMF). //

～によって支給される / 市の廃棄物管理施設　　　　　　　　 /（WMF）。 //

Each residence shall receive / two such containers / free of charge. //

各住戸は、受け取ることになっています / そのような容器 2 個を　 / 無料で。 //

Proof of address and residency, /

住所・居住証明が、/

such as a power bill or driver's license, /

例えば電気料金請求書や運転免許証などの、/

is required / to receive containers. //

必要です　　　 / 容器を受け取るには。 //

---

# STEP 4 ▼設問の正解を探す

Step 3 で理解した文書の内容に基づき、実際の設問に答えてみましょう。

Questions 5-6 refer to the following notice.

---

**① City of Monroeville
Waste Removal Schedule**

**② Garbage**

Garbage is collected every Tuesday and Friday. Containers must be in the street by 6:00 A.M. on collection day. Residents must provide their own 75- or 120-liter containers for waste collection. All containers are required to have handles. Local hardware stores are aware of the requirements and can recommend the required equipment.

**③ Recycling**

Recyclable materials are collected every Friday. Use the blue plastic recycling containers provided by the city's Waste Management Facility (WMF). Each residence shall receive two such containers free of charge. Proof of address and residency, such as a power bill or driver's license, is required to receive containers.

---

5. What is indicated about the containers used for garbage collection?

   (A) They must be of a certain color.
   (B) They must have handles.
   (C) They can be bought at the WMF.
   (D) They are provided by the city.

6. What is NOT specified in the recycling description?

   (A) The time the recyclables will be collected
   (B) The day the recyclables will be collected
   (C) The number of containers provided to each household
   (D) The documents required to receive the containers

⇒ 全訳は p.71

## 5

生ごみ回収用容器について、文書内で示されていることを探す。

❷の生ごみの項に着目する。本文3行目に、All containers are required to have handles. とあり、容器は全て、取っ手付きであることが求められているので、(B) が正解。

(A)　❸本文1～2行目で、リサイクル可能な資材用の容器について青色と言及しているが、生ごみ収集用の容器の色については言及していない。certain「特定の」。

(C)　❷に WMF に関する記述はない。

(D)　市によって支給されるのは❸本文1～2行目より、リサイクル可能な資材用の容器で、生ごみ収集用ではない。

## 6

リサイクルについて文書に書かれていないものを見極める。

specify は「～を明記する」という意味。このような NOT 問題 (大文字の NOT が含まれるもの) は、各選択肢の内容を文書の該当箇所と照合しながら記述がないものを選ぶ。リサイクルについて問われているので、❸を参照する。(A) の、収集時間に関する記述は見つからないので、これを正解の候補とみなす。(B) の「収集日」は本文 1 行目に、「リサイクル可能な資材は、毎週金曜日に収集される」とある。また、(C) の「支給容器数」は同2～3行目に「各住戸は、無料で当該の容器を 2 個受け取ることになっている」とあり、(D) の「書類」は続く3～4行目に「容器の受け取りには、例えば電気料金請求書や運転免許証などの住所・居住証明が必要だ」とある。❸に記述がないのは「収集時間」なので、(A) が正解。description「説明」。

---

**文書の語注**

notice　お知らせ

❶ waste　ごみ、廃棄物　　removal　廃棄、撤去　　schedule　スケジュール、段取り

❷ garbage　生ごみ、ごみ　　collect　～を収集する　　container　容器　　collection　収集　　resident　住民
provide　～を用意する、～を提供する　　-liter　～リットルの　　be required to do　～するよう求められている
handle　取っ手　　local　地元の、地域の　　hardware store　工具店、ホームセンター
be aware of ～　～を認識している、～を承知している　　requirement　要件　　recommend　～を推奨する
required　必須の、必要な　　equipment　用品、用具

❸ recycling　リサイクル、再利用　　recyclable　リサイクル可能な (物)　　material　資材　　plastic　プラスチック製の
management　管理　　facility　施設　　residence　住宅　　receive　～を受け取る　　free of charge　無料で
proof　証明　　residency　居住　　such as ～　例えば～のような　　power　電力　　bill　請求書
driver's license　運転免許証

問題 (p.60) の正解　5 (B)　6 (A)

スラッシュ読みの手法を念頭に置き、下記の手順で、読むスピードを上げる練習をしましょう。

Questions 5-6 refer to the following notice.

---

### City of Monroeville
### Waste Removal Schedule

#### Garbage

Garbage is collected every Tuesday and Friday. Containers must be in the street by 6:00 A.M. on collection day. Residents must provide their own 75- or 120-liter containers for waste collection. All containers are required to have handles. Local hardware stores are aware of the requirements and can recommend the required equipment.

#### Recycling

Recyclable materials are collected every Friday. Use the blue plastic recycling containers provided by the city's Waste Management Facility (WMF). Each residence shall receive two such containers free of charge. Proof of address and residency, such as a power bill or driver's license, is required to receive containers.

---

### 1. スラッシュ読み練習

自分でチャンクを意識しながら読みましょう。

※STEP 3 のように、自分でスラッシュを書き込んでもよいでしょう。

### 2. 音声を使ったリーディングスピードアップ練習  🔊14

理想スピードの音声を聞きながら、同じスピードで英文を目で追って、文書を読みましょう。

※ 音声のスピードが速過ぎると感じる場合は、アプリ等のスピード変換機能で調整してください。

### 3. リーディング所要時間の再計測

速読を意識して文書全体をもう一度読み、p.55 の表の計測時間❷に書き込んで計測時間❶と比較しましょう。

※ 表の目標リーディング時間に近づくまで、2 のスピードを意識しながら、繰り返し練習をしてみましょう。

Unit 2 - 文書 A までの累計：**3,200 語突破！**

| 5,000 | 10,000 | 15,000 | 20,000 | 25,000 | 30,000 |

まず、読みやすいスピードで文書全体を読み、かかった時間を右下の表に書き込んでください。その後で確認問題を解いてみましょう。　⇒ 正解は p.65

※[1] 〜 [4] の番号は文挿入位置の問題用に記載されているものです。ここでは気にせずに読みましょう。

CHAPTER 2　Unit 2　お知らせ

---

Questions 7-10 refer to the following job announcement.

**Pearlman Projects LLC**

**Job Title:** Assistant Project Manager

**Position Description:** We are a construction management company whose focus is large-scale property improvements in downtown San Francisco. We are looking for a highly organized, detail-oriented, energetic individual to fill the position of assistant project manager with the goal of eventually becoming the head project manager for the company. — [1] —.

Responsibilities include communicating effectively with clients, working both in the field and in the office, completing regular documentation associated with a project, and maintaining the ability to multitask and thrive in a fast-paced environment. — [2] —. Experience with construction design processes is preferred but not required. The candidate must be familiar with standard office software and adept at learning new construction management software. — [3] —.

Pearlman Projects LLC has been in business for over twenty years. — [4] —. We would like to hire a candidate who will grow with us. We offer a competitive salary and yearly bonus.

To apply, please submit your résumé and cover letter to Elysa Stadler, office manager, at estadler@pearlmanprojectsllc.com.

---

確認問題

この告知の目的は何ですか？

(a) 会社の役員交替を通知すること
(b) 建築工事について注意喚起すること
(c) 募集職種とその要件を知らせること

---

|  | 文書 |
| --- | --- |
| 語数 | 170 語 * |
| 目標リーディング時間 | 73 秒 * |
| 計測時間 ❶：STEP 1 | 秒 |
| 計測時間 ❷：STEP 5 | 秒 |

\* 挿入文が入った場合の語数と目標時間です。

赤い丸囲みの部分に注目しながら、文書と設問の概要をつかむことを目的に、全体をざっと読みましょう。

Questions 7-10 refer to the following job announcement.

---

**Pearlman Projects LLC**

**Job Title:** Assistant Project Manager

**Position Description:** We are a construction management company whose focus is large-scale property improvements in downtown San Francisco. We are looking for a highly organized, detail-oriented, energetic individual to fill the position of assistant project manager with the goal of eventually becoming the head project manager for the company. — [1] —.

Responsibilities include communicating effectively with clients, working both in the field and in the office, completing regular documentation associated with a project, and maintaining the ability to multitask and thrive in a fast-paced environment. — [2] —. Experience with construction design processes is preferred but not required. The candidate must be familiar with standard office software and adept at learning new construction management software. — [3] —.

Pearlman Projects LLC has been in business for over twenty years. — [4] —. We would like to hire a candidate who will grow with us. We offer a competitive salary and yearly bonus.

To apply, please submit your résumé and cover letter to Elysa Stadler, office manager, at estadler@pearlmanprojectsllc.com.

---

### 1 指示文から、文書の種類を確認する

Questions 7-10 refer to the following job announcement.

  ⇒ 文書は job announcement「求人告知」だな。

### 2 見出しから、発信者と募集職をチェックする

Pearlman Projects LLC

  ⇒ 人材を募集している企業名？

Job Title: Assistant Project Manager

  ⇒ 募集している職名？

### 3 職務内容のパラグラフの冒頭から、概要をチェックする

Position Description:

  ⇒ 募集職の詳細について書かれているな。

Responsibilities include ...

  ⇒ 職責について述べられているのかな？

To apply, ...

  ⇒ 応募方法？

### 4 設問文をチェックして、キーワードを頭に入れる

**7.** What is suggested about the position?

⇒ その position について分かること？

　suggest「〜を示唆する」。

**8.** What is a stated responsibility of the position?

⇒ responsibility について述べられていること？

**9.** What must a successful job applicant have?

⇒ successful job applicant に必須なこと？

**10.** In which of the positions marked [1], [2], [3], and [4] does the following sentence best belong?

"We are continuing to expand."

⇒ 文挿入位置の問題だ。挿入文はこれか。

確認問題（p.63）の正解　（c）

Chapter 1で学んだスラッシュ読みの手法を用いて、下記の英文を右の手順に従って学習しましょう。

▶▶ ここではスラッシュで区切ったチャンクで読む感覚を養います。

▶▶ 赤シートでスラッシュと訳語を隠して読むのも効果的です。

※─[1]─. から─[4]─. までのかっこ付きの番号は問題文書と同じにするため掲載しています。スラッシュ読みする際はあまり気にせず読んでください。もし、どの番号で情報が抜けていそうか気付いたら、番号に印を付けましょう。

==================================================================

Pearlman Projects LLC /
Pearlman Projects 社 /

Job Title: / Assistant Project Manager /
職位：　　　／ プロジェクトマネージャー補佐 /

Position Description: / We are a construction management company /
職の説明：　　　　　　／ 当社は建築管理会社です /

whose focus is large-scale property improvements /
その中心が大規模な不動産改修工事である /

in downtown San Francisco. //
サンフランシスコ中心部における。//

We are looking for / a highly organized, / detail-oriented, / energetic individual /
私たちは探しています　／ 非常に手際がよく、　／ 細部まで重視する、／ 精力的な人を /

to fill the position / of assistant project manager / with the goal /
職位に就く　　　　／ プロジェクトマネージャー補佐の　／ 目標を持った /

of eventually becoming the head project manager / for the company. // ─ [1] ─. //
最終的に主任プロジェクトマネージャーになるという　　　／ 当社の。//

Responsibilities include / communicating effectively with clients, /
職責は含みます　　　　／ 顧客との円滑なコミュニケーション、/

working both in the field / and in the office, /
現場での勤務　　　　　／ および事務所内での、/

completing regular documentation / associated with a project, /
定期的な書類の作成　　　　　　／ プロジェクトに関連する、/

and maintaining the ability / to multitask and thrive /
そして、能力の維持を　　　　／ 複数の作業を同時に進めながら成長する /

in a fast-paced environment. // ─ [2] ─. //
めまぐるしい環境下で。//

（次のページへ続く　⇒）

==================================================================

## 1. スラッシュ読み練習

チャンクごとに、その内容をイメージしながら英文を読み進めましょう。

## 2. 音声を使ったスラッシュ読み練習 🔊15

チャンクごとの音声を聞きながら、英文を目で追いましょう。

## 3. 音読練習 🔊15

上で聞いた音声を参考に、チャンクの感覚を意識しながら音読しましょう。

音声を流しながら、チャンクごとに一時停止してリピートするのもお薦めです。

=================================================================================

Experience with construction design processes / is preferred / but not required. //
建築設計の工程に関する経験は　　　　　　　　　 / 望ましいです　 / しかし、必須ではありません。 //

The candidate must be familiar / with standard office software /
候補者は慣れている必要があります　　　 / 標準的な事務用ソフトに /

and adept / at learning new construction management software. // — [3] —. //
そして、得意である / 新しい建築管理ソフトを学ぶのが。 //

Pearlman Projects LLC has been in business / for over twenty years. // — [4] —. //
Pearlman Projects 社は営業しています　　　　　　　 / 20 年以上にわたり。 //

We would like to hire a candidate / who will grow with us. //
当社は応募者を雇用したいと考えています　 / 当社と共に成長する意志を持つ。 //

We offer a competitive salary / and yearly bonus. //
当社は、他社に負けない給料を支給しています / および年間賞与を。 //

To apply, / please submit your résumé / and cover letter /
応募するには、 / 履歴書を提出してください　　　 / そしてカバーレターを /

to Elysa Stadler, / office manager, / at estadler@pearlmanprojectsllc.com. //
Elysa Stadler に、　 / 総務責任者の、　　 / estadler@pearlmanprojectsllc.com まで。 //

=================================================================================

Step 3 で理解した文書の内容に基づき、実際の設問に答えてみましょう。

Questions 7-10 refer to the following job announcement.

---

**❶ Pearlman Projects LLC**

**Job Title:** Assistant Project Manager

**❷ Position Description:** We are a construction management company whose focus is large-scale property improvements in downtown San Francisco. We are looking for a highly organized, detail-oriented, energetic individual to fill the position of assistant project manager with the goal of eventually becoming the head project manager for the company. — [1] —.

**❸** Responsibilities include communicating effectively with clients, working both in the field and in the office, completing regular documentation associated with a project, and maintaining the ability to multitask and thrive in a fast-paced environment. — [2] —. Experience with construction design processes is preferred but not required. The candidate must be familiar with standard office software and adept at learning new construction management software. — [3] —.

**❹** Pearlman Projects LLC has been in business for over twenty years. — [4] —. We would like to hire a candidate who will grow with us. We offer a competitive salary and yearly bonus.

**❺** To apply, please submit your résumé and cover letter to Elysa Stadler, office manager, at estadler@pearlmanprojectsllc.com.

---

**7.** What is suggested about the position?

(A) It may lead to a job promotion.
(B) It involves frequent travel between cities.
(C) It is part-time.
(D) It includes several weeks of vacation leave.

**8.** What is a stated responsibility of the position?

(A) Designing construction plans
(B) Obtaining job permits
(C) Completing project paperwork
(D) Submitting tenant proposals

**9.** What must a successful job applicant have?

(A) Prior construction management experience
(B) Knowledge of San Francisco's public transportation system
(C) The ability to learn new computer programs
(D) An advanced university degree

**10.** In which of the positions marked [1], [2], [3], and [4] does the following sentence best belong?

"We are continuing to expand."

(A) [1]
(B) [2]
(C) [3]
(D) [4]

⇒ 全訳は p.72

**7**

職位について文書から分かることを選ぶ。

設問文の suggest は「〜を示唆する」という意味。❷2 行目に、募集の職位は「プロジェクトマネージャー補佐」とある。❷2 〜 4 行目に、「私たちは、最終的に当社の主任プロジェクトマネージャーになるという目標を持って、プロジェクトマネージャー補佐の職務に就いてくれる、非常に手際がよく、細部まで重視する精力的な人を探している」とあり、将来、上級の職位に就く可能性があると分かるので、(A) が正解。lead to 〜「〜につながる」、promotion「昇進」。

(B) involve「〜を必要とする、〜を伴う」、frequent「頻繁な」、travel「移動」。出張に関する言及はない。

(D) vacation leave「休暇期間」。休暇については述べられていない。

**8**

職責について言及されていることに着目する。

stated responsibility は「明記された責務」という意味。❸1 〜 3 行目に 〜ing の形で 4 つの職責が記されており、「職責には、顧客との円滑なコミュニケーション、現場および事務所内での勤務、プロジェクトに関連する定期的な書類の作成、…… する能力の維持が含まれる」とある。そのうち 3 つ目の completing regular documentation associated with a project を言い換えた (C) が正解。paperwork「書類、書類事務」。

(B) obtain「〜を取得する」、permit「許可証」。

(D) tenant「テナント、賃借人」、proposal「提案」。

**9**

応募の必須条件を見つける。

設問文は「採用される応募者は何を持っていることが必須か」という意味。❸4 〜 6 行目に、「応募者は、標準的な事務用ソフトに慣れており、新しい建築管理ソフトを覚えるのが得意である必要がある」と明記されているので、(C) が正解。

(A) ❸4 行目に、建築設計工程に関する経験は望ましいが必須ではない、とある。

(D) advanced degree「(修士・博士課程などの) 上級学位」。

**10**

文書中の [1]〜[4] のうち、挿入文を入れるのに最適な位置を選ぶ。

挿入文の主語 We が指すのは、この求人の告知主である Pearlman Projects 社。挿入文は同社が今後も成長を続けるという意思を述べていると考えられる。[4] に入れると、20 年以上営業してきた会社が将来も成長し続けるつもりである旨を応募者に伝える内容となり、文脈に合う。(D) が正解。expand「拡大する」。

---

**文書の語注**

job announcement　求人告知

❶ LLC　合同会社　★ Limited Liability Company の略　　job title　職位

❷ position　職 (位)　　description　説明　　construction　建築　　focus　中心、焦点　　large-scale　大規模な
property　不動産　　improvement　改善、改修工事　　downtown　中心部の　　organized　手際がよい、うまくやれる
detail-oriented　細部まで重視する　　energetic　精力的な　　individual　人、個人　　fill　〜 (職位など) を務める
eventually　最終的に　　head　首席 (の)

❸ responsibility　責務、責任　　include　〜を含む　　effectively　効果的に　　the field　現場
complete　〜を仕上げる　　documentation　文書化　　associated with 〜　〜と関連する　　maintain　〜を維持する
ability　能力　　multitask　複数作業を平行して行う　　thrive　成長する、成功する　　fast-paced　展開が速い
environment　環境　　preferred　望ましい　　required　必須の　　candidate　候補者、応募者
be familiar with 〜　〜に慣れている　　be adept at *doing*　〜することに巧みである

❹ in business　営業して　　hire　〜を雇用する　　grow　成長する　　competitive　他に負けない　　salary　給料

❺ apply　応募する　　submit　〜を提出する　　résumé　履歴書　　cover letter　カバーレター、添え状

問題 (p.68) の正解　7 (A)　8 (C)　9 (C)　10 (D)

スラッシュ読みの手法を念頭に置き、下記の手順で、読むスピードを上げる練習をしましょう。

Questions 7-10 refer to the following job announcement.

---

**Pearlman Projects LLC**

**Job Title:** Assistant Project Manager

**Position Description:** We are a construction management company whose focus is large-scale property improvements in downtown San Francisco. We are looking for a highly organized, detail-oriented, energetic individual to fill the position of assistant project manager with the goal of eventually becoming the head project manager for the company.

Responsibilities include communicating effectively with clients, working both in the field and in the office, completing regular documentation associated with a project, and maintaining the ability to multitask and thrive in a fast-paced environment.
Experience with construction design processes is preferred but not required. The candidate must be familiar with standard office software and adept at learning new construction management software.

Pearlman Projects LLC has been in business for over twenty years. *We are continuing to expand. We would like to hire a candidate who will grow with us. We offer a competitive salary and yearly bonus.

To apply, please submit your résumé and cover letter to Elysa Stadler, office manager, at estadler@pearlmanprojectsllc.com.

---

\* 問題 10 の挿入文

### 1. スラッシュ読み練習
チャンクを意識しながら読みましょう。

　※STEP 3 のように、自分でスラッシュを書き込んでもよいでしょう。

### 2. 音声を使ったリーディングスピードアップ練習　🔊16
理想スピードの音声を聞きながら、同じスピードで英文を目で追って、文書を読みましょう。

　※ 音声のスピードが速過ぎると感じる場合は、アプリ等のスピード変換機能で調整してください。

### 3. リーディング所要時間の再計測
速読を意識して文書全体をもう一度読み、p.63 の表の計測時間❷に書き込んで計測時間❶と比較しましょう。

　※ 表の目標リーディング時間に近づくまで、2 のスピードを意識しながら、繰り返し練習をしてみましょう。

Unit 2 - 文書 B までの累計：**4,500 語突破！**

| 5,000 | 10,000 | 15,000 | 20,000 | 25,000 | 30,000 |

**文書A**

▼文書の訳

問題 5-6 は次のお知らせに関するものです。

===========================================================================================

モンロービル市

ごみ廃棄のスケジュール

**生ごみ**

生ごみは、毎週火曜日と金曜日に収集されます。容器は収集日の午前 6 時までに通りに出しておく必要があります。住民は各自、75 リットルまたは 120 リットルのごみ収集用容器を用意しなければなりません。容器は全て、取っ手付きであることが求められています。地元の工具店はその要件を承知しており、要件に合った用品の紹介が可能です。

**リサイクル**

リサイクル可能な資材は、毎週金曜日に収集されます。市の廃棄物管理施設 (WMF) が支給する、青色のプラスチック製リサイクル用容器を使用してください。各住戸は、無料で当該の容器を 2 個受け取ることとなっています。容器の受け取りには、例えば電気料金請求書や運転免許証などの住所・居住証明が必要です。

===========================================================================================

▼設問の訳

**5**　生ごみ収集に使用される容器について、何が示されていますか。

　　(A) 特定の色でなければならない。
　　(B) 取っ手が付いていなくてはならない。
　　(C) WMFで購入可能である。
　　(D) 市によって支給される。

**6**　リサイクルの説明で明記されていないことは何ですか。

　　(A) リサイクル可能な物が収集される時間
　　(B) リサイクル可能な物が収集される曜日
　　(C) 各世帯に支給される容器の数
　　(D) 容器を受け取るのに必要な書類

▼文書の訳

問題 7-10 は次の求人告知に関するものです。

===================================================================================

**Pearlman Projects 合同会社**

**職位：**プロジェクトマネージャー補佐

**職の説明：**当社は、サンフランシスコ中心部における大規模な不動産改修工事を中心に扱う建築管理会社です。私たちは、最終的に当社の主任プロジェクトマネージャーになるという目標を持ってプロジェクトマネージャー補佐の職務を果たせる、非常に手際がよく、緻密で精力的な方を探しています。

職責には、顧客との円滑なコミュニケーション、現場および事務所内での勤務、プロジェクトに関連する定期的な書類の作成、めまぐるしい環境下において並行して複数作業を進めながら成長することのできる能力の維持が含まれます。建築設計工程に関する経験は望ましいですが、必須ではありません。応募者は、標準的な事務用ソフトに慣れており、新しい建築管理ソフトを覚えるのに長けている必要があります。

Pearlman Projects 合同会社は 20 年以上にわたって営業しています。* 当社は引き続き成長拡大していきます。私たちは、共に成長する意志を持つ応募者を雇用したいと考えています。当社は、他社に負けない給料および年間賞与を支給します。

応募するには、履歴書とカバーレターを総務責任者の Elysa Stadler 宛てに、
estadler@pearlmanprojectsllc.com までご提出ください。

* 問題 10 の挿入文の訳

===================================================================================

▼設問の訳

**7** 職位について何が分かりますか。

(A) 仕事の昇進につながる可能性がある。
(B) 都市間の頻繁な移動を伴う。
(C) 非常勤である。
(D) 数週間の休暇期間が含まれる。

**8** この職位の明記されている責務は何ですか。

(A) 建築計画の考案
(B) 作業許可証の取得
(C) プロジェクトの事務書類の作成
(D) テナント案の提出

**9** 採用される応募者は何を持っている必要がありますか。

(A) 以前の建設管理の経験
(B) サンフランシスコの公共交通網の知識
(C) 新しいコンピュータープログラムを覚える能力
(D) 大学の上級学位

**10** [1]、[2]、[3]、[4] と記載された箇所のうち、次の文が入るのに最もふさわしいのはどれですか。

「当社は引き続き成長拡大していきます」

(A) [1]
(B) [2]
(C) [3]
(D) [4]

文書タイプ別　速読演習

# Unit 3

# Eメール・手紙
## （個人宛て）

e-mails, letters, etc.

# Unit 3 「Eメール・手紙（個人宛て）」文書の特徴

Unit 3 では、「Eメール・手紙」の文書を取り上げます。特に Eメールは、Part 7 に最もよく登場する文書の一つであり、顧客と担当者のような 2 者間のやりとりから社内全員に宛てたものまで、さまざまです。このユニットでは、特定の個人宛ての Eメールや手紙に焦点を絞ります。このタイプの文書には、以下のような特徴があります。

---

■ **書き手**　　（企業・団体・組織に所属する）個人もしくは部署など
■ **読み手**　　特定の個人
■ **構成**　　【ヘッダー→受取人への呼び掛け→本文（数段落）→結句→差出人の名・肩書】
　　　　　　　というスタイルが標準的
■ **ヘッダー**
　[Eメール]　送信者、受信者、日付、件名など
　[手紙]　　レターヘッド*／差出人住所氏名、受取人住所氏名など

　　　　　　　　　　　　　　　　　　　　　　　* 会社のロゴや社名が印刷されたもの

---

個人宛ての「Eメール・手紙」文書では、以下を確認しましょう。

## 1. Eメールの From（送信者名・アドレス）、To（受信者名・アドレス）、Subject（件名）

From: の送信者欄と To: の受信者欄のアドレスには、送信者や受信者の業務内容や会社の事業の業種など、理解の助けになる情報が含まれることがあります。

**例**　Eメールのヘッダー

　　　　↓部署名・個人名　　　　　　　　　　↓ドメイン（@以下の文字）＝会社名や組織名
From:　Customer Service <customerservice@sunnyelectronics.uk>
To:　　Joy Hsaio <hsaioj@zellmail.uk>
　　　　　　　　↑ドメインが送信者と同じかどうかチェック。
　　　　　　　　　同じドメインなら同じ組織の所属者同士、違うドメインならそうではないと分かる。

## 2. 手紙の差出人と受取人

用紙上部に社名などが印刷されたレターヘッドがあれば、これが差出人の所属会社・組織などです。次の住所氏名が受取人の氏名と住所です。差出人の住所氏名と受取人の住所氏名が上下に並ぶこともあります。

## 3. Eメール・手紙の末尾の差出人氏名と社名や肩書など

氏名に続き、肩書や所属会社名などが記載されていることもあります。手紙では、右の例のように手書き署名が入っている場合もあります。

**例**　Sincerely,（結句：結びのあいさつ）
　　　Felix Li（氏名）
　　　Manager, XXX Hotel（肩書、所属）

**手紙の文書形式例**

まず、読みやすいスピードで文書全体を読み、かかった時間を右下の表に書き込んでください。その後で確認問題を解いてみましょう。　　　　　　　　　　　　　　　　　　　⇒ 正解は p.77

Questions 11-13 refer to the following e-mail.

| To: | Kim Gadson <gadsonk@gadsonstaffing.com.au> |
|---|---|
| From: | Jon DiAngelo <clientsupport@netmall.com.au> |
| Date: | 18 March |
| Re: | Order #31569 Return |
| Attachment: | 📎 #31569 |

Ms. Gadson,

Thank you for your e-mail dated 17 March regarding your recent purchase of an X550 Printer/Scanner.

You stated that the printouts produced by the machine are blurry and barely legible. Unfortunately, other customers have reported the same problem. — [1] —. We apologize and will be glad to issue a refund. We have notified the manufacturer of the problem and expect that our future inventory will be up to our quality standards.

I have attached a postage-paid return label. — [2] —. Please pack the printer in its original box and then affix the label. Once we receive the package, a refund will be credited to your Net Mall account. — [3] —.

Thank you for continuing to be a Net Mall customer. — [4] —. Please contact me if you have any questions.

Best regards,

Jon DiAngelo
Client Support Specialist

**確認問題**

このEメールの目的は何ですか？

(a) 顧客に新商品を宣伝すること
(b) 顧客に店の会員制度を案内すること
(c) 顧客に必要な手続きを知らせること

| | 文書 |
|---|---|
| 語数 | 157 語 * |
| 目標リーディング時間 | 69 秒 * |
| 計測時間 ❶：STEP 1 | 秒 |
| 計測時間 ❷：STEP 5 | 秒 |

＊挿入文が入った場合の語数と目標時間です。

赤い丸囲みの部分に注目しながら、文書と設問の概要をつかむことを目的に、全体をざっと読みましょう。

Questions 11-13 refer to the following e-mail.

| To: | Kim Gadson <gadsonk@gadsonstaffing.com.au> |
|---|---|
| From: | Jon DiAngelo <clientsupport@netmall.com.au> |
| Date: | 18 March |
| Re: | Order #31569 Return |
| Attachment: | #31569 |

Ms. Gadson,

Thank you for your e-mail dated 17 March regarding your recent purchase of an X550 Printer/Scanner.

You stated that the printouts produced by the machine are blurry and barely legible. Unfortunately, other customers have reported the same problem. — [1] —. We apologize and will be glad to issue a refund. We have notified the manufacturer of the problem and expect that our future inventory will be up to our quality standards.

I have attached a postage-paid return label. — [2] —. Please pack the printer in its original box and then affix the label. Once we receive the package, a refund will be credited to your Net Mall account. — [3] —.

Thank you for continuing to be a Net Mall customer. — [4] —. Please contact me if you have any questions.

Best regards,

Jon DiAngelo
Client Support Specialist

## 1 指示文から、文書の種類を確認する

Questions 11-13 refer to the following e-mail.

　⇒ 文書は e-mail「Eメール」だな。

## 2 受信者と送信者、それぞれのメールアドレスを確認する

To: Kim Gadson <gadsonk@gadsonstaffing.com.au>

　⇒ 受信者は、個人名で@後には staffing が入っているので、人材会社の社員？

From: Jon DiAngelo <clientsupport@netmall.com.au>

　⇒ 送信者は、個人名だが@前が clientsupport なので、会社の顧客担当者？

## 3 本文の書き出しをチェックする（たいてい、連絡目的が書かれている）

Thank you for your e-mail ...... recent purchase of ...... Printer/Scanner.

　⇒ 顧客のプリンター購入に関すること？

## 4 最後の肩書で、送信者の職場や担当業務をつかむ

Client Support Specialist

　⇒ 顧客サポートの専門部署の担当者？

## 5 設問文をチェックして、キーワードを頭に入れる

**11.** (Why) most likely did (Ms. Gadson) (contact) Net Mall on March 17?

⇒ Ms. Gadson（受信者）が contact した理由？

**12.** (What) did Mr. DiAngelo (attach to) the e-mail?

⇒ Mr. DiAngelo（送信者）が添付したもの？

attach 〜 to …「〜を…に添付する」。

**13.** In which of the positions marked [1], [2], [3], and [4] does the following sentence best belong?

"The entire process may take up to two weeks."

⇒ 文挿入位置の問題だ。挿入文はこれか。

確認問題（p.75）の正解　（c）

# STEP 3 ▼スラッシュ読みで文書全体を理解する

Chapter 1 で学んだスラッシュ読みの手法を用いて、下記の英文を右の手順に従って学習しましょう。

▶▶ ここではスラッシュで区切ったチャンクで読む感覚を養います。

▶▶ 赤シートでスラッシュと訳語を隠して読むのも効果的です。

※―[1]―. から―[4]―. までのかっこ付きの番号は問題文書と同じにするため掲載しています。スラッシュ読みする際はあまり気にせず読んでください。もし、どの番号で情報が抜けていそうか気付いたら、番号に印を付けましょう。

====================================================================================

**To:** / Kim Gadson <gadsonk@gadsonstaffing.com.au> /
受信者： / Kim Gadson <gadsonk@gadsonstaffing.com.au> /

**From:** / Jon DiAngelo <clientsupport@netmall.com.au> /
送信者： / Jon DiAngelo <clientsupport@netmall.com.au> /

**Date:** / 18 March /
日付： / 3 月 18 日 /

**Re:** / Order #31569 Return /
件名： / 注文番号 31569 の返品 /

**Attachment:** / #31569 /
添付ファイル： / 番号 31569 /

Ms. Gadson, /
Gadson 様、 /

Thank you for your e-mail / dated 17 March /
Eメールをありがとうございます / 3 月 17 日付けの /

regarding your recent purchase / of an X550 Printer/Scanner. //
最近のご購入に関する / X550 プリンター・スキャナーの。 //

You stated that / the printouts produced by the machine /
あなたは述べられました / この機器で行った印字出力は /

are blurry and barely legible. //
ぼやけてほとんど読めないと。 //

Unfortunately, / other customers have reported / the same problem. // ― [1] ―. //
残念ながら、 / 他の顧客も報告してきました / 同じ問題を。 //

We apologize / and will be glad / to issue a refund. //
私たちはおわびします / そして喜んでします / 払い戻しすることを。 //

（次のページへ続く　⇒）

====================================================================================

## 1. スラッシュ読み練習

チャンクごとに、その内容をイメージしながら英文を読み進めましょう。

## 2. 音声を使ったスラッシュ読み練習　🔊17

チャンクごとの音声を聞きながら、英文を目で追いましょう。

## 3. 音読練習　🔊17

上で聞いた音声を参考に、チャンクの感覚を意識しながら音読しましょう。

音声を流しながら、チャンクごとに一時停止してリピートするのもお薦めです。

---

We have notified the manufacturer / of the problem /

私たちは製造会社に知らせました　　　　　/ この問題を /

and expect that / our future inventory / will be up to our quality standards. //

そして期待します　　/ 私たちの今後の在庫が　　/ 私たちの品質基準に合うものとなることを。 //

I have attached / a postage-paid return label. // — [2] —. //

私は添付しました　　/ 料金支払済み返送用ラベル 1 枚を。 //

Please pack the printer / in its original box / and then affix the label. //

どうぞプリンターを梱包して　　/ 元の箱に　　　　　/ その後ラベルを貼り付けてください。 //

Once we receive the package, /

私たちが荷物を受け取りましたら、 /

a refund will be credited / to your Net Mall account. // — [3] —. //

返金が行われます　　　　　/ あなたの Net Mall アカウントに。 //

Thank you for continuing / to be a Net Mall customer. // — [4] —. //

引き続きお願いします　　　　/ Net Mall をご愛顧いただきますように。 //

Please contact me / if you have any questions. //

私にご連絡ください　　　/ ご質問がございましたら。 //

Best regards, /

敬具、 /

Jon DiAngelo /

Jon DiAngelo /

Client Support Specialist /

顧客サポート担当者 /

---

Step 3 で理解した文書の内容に基づき、実際の設問に答えてみましょう。

Questions 11-13 refer to the following e-mail.

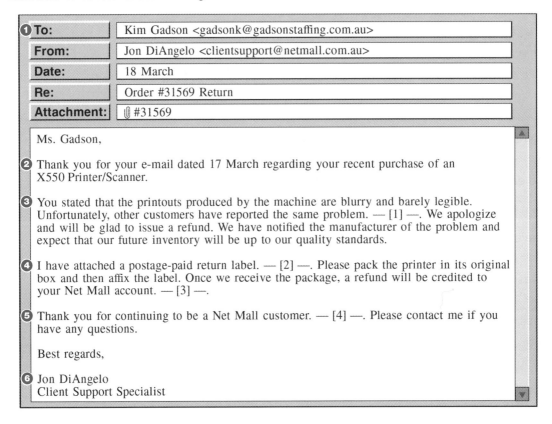

**11.** Why most likely did Ms. Gadson contact Net Mall on March 17?

(A) To order an office machine
(B) To point out an error in a bill
(C) To request a customer discount
(D) To complain about a defective product

**12.** What did Mr. DiAngelo attach to the e-mail?

(A) An order form
(B) A mailing label
(C) A shipping invoice
(D) A customer survey

**13.** In which of the positions marked [1], [2], [3], and [4] does the following sentence best belong?

"The entire process may take up to two weeks."

(A) [1]
(B) [2]
(C) [3]
(D) [4]

## 11

Gadson さんが Net Mall に連絡した理由を見つける。

most likely は「おそらく」という意味なので、理由は明言されていないが全体の文脈から判断して解答を選ぶ。❶ヘッダー部分の送受信者欄と❻の署名から、Gadson さんは Eメールの受信者で、Net Mall は送信者の職場と考えられる。❷より、Gadson さんは Net Mall 宛てに 3 月 17 日に X550 プリンター・スキャナー製品の購入に関する Eメールを送ったことが分かる。また、❸の 1 ～ 2 行目より、Gadson さんはそのプリンターで印刷したものが読めない実情を訴え、Net Mall は他の顧客からも同じ問題の指摘を受けたことが読み取れる。よって、(D) が正解。complain about ～「～に関して苦情を言う」、defective「欠陥のある」。

(A)　❷より、Gadson さんは既に商品を購入済みだと分かる。

(B)　bill「請求書」については述べられていない。point out ～「～を指摘する」、error「誤り、間違い」。

(C)　discount「割引」については述べられていない。

## 12

添付ファイルについて述べている箇所に注目する。

❹で、送信者の DiAngelo さんは、I have attached a postage-paid return label. と、Eメールに添付ファイルがあることを知らせている。a postage-paid return label「料金支払済み返送用ラベル」を A mailing label「郵送用ラベル」と言い換えている (B) が正解。attach ～ to…「～を…に添付する」。

(A)　order form「注文用紙」。

(C)　invoice「明細記入請求書、送り状」。

(D)　survey「調査表、調査」。

## 13

挿入文を入れるのに最適な位置を選ぶ。

挿入文は「この全過程は最大で 2 週間かかる可能性がある」という意味。The entire process「この全過程」とあるので、処理や過程について述べた箇所の後に入ると考えられる。❹2 ～ 3 行目は、返金処理についての説明なので、この後に入れると、挿入文の The entire process が前文で述べられている「返品確認からアカウントへの返金までの期間」を示し、それが最大で 2 週間かかることを表すので、文脈の流れとして適切。(C) が正解。entire「全体の」。

---

文書の語注

❶ return　返品　　attachment　添付ファイル
❷ purchase　購入
❸ state (that) ～　～を述べる　　printout　印字出力したもの、印刷物　　blurry　ぼやけた　　barely　ほとんど～ない
　 legible　（印刷などが）判読できる　　unfortunately　残念ながら　　apologize　わびる　　issue　～を支給する
　 refund　返金　　notify ～ of …　～に…を知らせる　　manufacturer　製造会社、メーカー
　 expect (that) ～　～を期待する　　inventory　在庫　　up to ～　～に合致して　　quality standards　品質基準
❹ attach　～を添付する　　affix　～を貼り付ける　　credit ～ to …　～（金額）を…（口座など）に振り込む
❺ continue　～を続ける

スラッシュ読みの手法を念頭に置き、下記の手順で、読むスピードを上げる練習をしましょう。

Questions 11-13 refer to the following e-mail.

| To: | Kim Gadson <gadsonk@gadsonstaffing.com.au> |
|---|---|
| From: | Jon DiAngelo <clientsupport@netmall.com.au> |
| Date: | 18 March |
| Re: | Order #31569 Return |
| Attachment: | 📎 #31569 |

Ms. Gadson,

Thank you for your e-mail dated 17 March regarding your recent purchase of an X550 Printer/Scanner.

You stated that the printouts produced by the machine are blurry and barely legible. Unfortunately, other customers have reported the same problem. We apologize and will be glad to issue a refund. We have notified the manufacturer of the problem and expect that our future inventory will be up to our quality standards.

I have attached a postage-paid return label. Please pack the printer in its original box and then affix the label. Once we receive the package, a refund will be credited to your Net Mall account. *The entire process may take up to two weeks.

Thank you for continuing to be a Net Mall customer. Please contact me if you have any questions.

Best regards,

Jon DiAngelo
Client Support Specialist

\* 問題 13 の挿入文

## 1. スラッシュ読み練習

チャンクを意識しながら読みましょう。

　※STEP 3 のように、自分でスラッシュを書き込んでもよいでしょう。

## 2. 音声を使ったリーディングスピードアップ練習 　🔊18

理想スピードの音声を聞きながら、同じスピードで英文を目で追って、文書を読みましょう。

　※ 音声のスピードが速過ぎると感じる場合は、アプリ等のスピード変換機能で調整してください。

## 3. リーディング所要時間の再計測

速読を意識して文書全体をもう一度読み、p.75 の表の計測時間❷に書き込んで計測時間❶と比較しましょう。

　※ 表の目標リーディング時間に近づくまで、2 のスピードを意識しながら、繰り返し練習をしてみましょう。

Unit 3 - 文書 A までの累計：**5,700 語突破！**

| 5,000 | 10,000 | 15,000 | 20,000 | 25,000 | 30,000 |

まず、読みやすいスピードで文書全体を読み、かかった時間を右下の表に書き込んでください。その後で確認問題
を解いてみましょう。 ⇒ 正解は p.85

Questions 14-16 refer to the following letter.

Pro-Top Teamwear
187 Thompson Avenue
Philadelphia, PA 19107

June 20

Sandra Lane
Lane's Floral Design
19 Doiley Drive
Lansdale, PA 19446

Dear Ms. Lane,

Thank you for making our first banquet for Pro-Top Teamwear customers a memorable one. Because our company designs uniforms for university sports teams around the globe, it was essential that our event demonstrate our quality and professionalism. With your help, it did just that.

As you know, I had wanted to find a way to help our customers relax and have a good time at the banquet. Many were traveling a great distance to attend. Your idea to incorporate the official colors of the schools into the centerpieces was wonderful. Our customers were delighted to recognize their own colors in the floral arrangements at their assigned tables. This made a positive impression on them!

The range of services you offer, together with your creativity and attention to detail, made the banquet a pleasant and personalized experience for all. If you ever need a recommendation, feel free to give my name.

Gratefully,

*Joanna Regalio*

Joanna Regalio
Marketing Director, Pro-Top Teamwear

**確認問題**

この手紙の目的は何ですか？

(a) 新しいサービスを紹介すること
(b) 会社の移転を知らせること
(c) イベント成功の感謝を伝えること

| | 文書 |
| --- | --- |
| 語数 | 183 語 |
| 目標リーディング時間 | 79 秒 |
| 計測時間 ❶：STEP 1 | 秒 |
| 計測時間 ❷：STEP 5 | 秒 |

赤い丸囲みの部分に注目しながら、文書と設問の概要をつかむことを目的に、全体をざっと読みましょう。

Questions 14-16 refer to the following letter.

Pro-Top Teamwear
187 Thompson Avenue
Philadelphia, PA 19107

June 20

Sandra Lane
Lane's Floral Design
19 Doiley Drive
Lansdale, PA 19446

Dear Ms. Lane,

Thank you for making our first banquet for Pro-Top Teamwear customers a memorable one. Because our company designs uniforms for university sports teams around the globe, it was essential that our event demonstrate our quality and professionalism. With your help, it did just that.

As you know, I had wanted to find a way to help our customers relax and have a good time at the banquet. Many were traveling a great distance to attend. Your idea to incorporate the official colors of the schools into the centerpieces was wonderful. Our customers were delighted to recognize their own colors in the floral arrangements at their assigned tables. This made a positive impression on them!

The range of services you offer, together with your creativity and attention to detail, made the banquet a pleasant and personalized experience for all. If you ever need a recommendation, feel free to give my name.

Gratefully,

*Joanna Regalio*

Joanna Regalio
Marketing Director, Pro-Top Teamwear

## 1 指示文から、文書の種類を確認する

Questions 14-16 refer to the following letter.

　⇒ 文書は letter「手紙」だな。

## 2 受取人と差出人を確認する

Sandra Lane　⇒ 受取人

Lane's Floral Design　⇒「花のデザイン」は事業者名？

Joanna Regalio　⇒ 差出人

Marketing Director, Pro-Top Teamwear　⇒ 会社名。マーケティングの責任者？

## 3 本文の書き出しをチェックする（たいてい連絡目的が書かれている）

Thank you for making our first banquet for Pro-Top Teamwear customers a memorable one.

　⇒ 何かの祝宴への協力、成功に感謝する手紙？

**4** 設問文をチェックして、キーワードを頭に入れる

**14.** Why did Ms. Regalio send the letter?

⇒ Ms. Regalio が手紙を送った理由？

**15.** What concern did Ms. Regalio have before the event?

⇒ Ms. Regalio が concern していたこと？

concern「懸念」。

**16.** What aspect of Lane's Floral Design does Ms. Regalio mention?

⇒ Ms. Regalio が mention していること？ Lane's Floral Design について？

mention「～に言及する」。

確認問題（p.83）の正解　（c）

Chapter 1 で学んだスラッシュ読みの手法を用いて、下記の英文を右の手順に従って学習しましょう。

▶▶ ここではスラッシュで区切ったチャンクで読む感覚を養います。
▶▶ 赤シートでスラッシュと訳語を隠して読むのも効果的です。

==================================================================================

Pro-Top Teamwear/
Pro-Top Teamwear 社 /

187 Thompson Avenue/
トンプソン大通り 187 番地 /

Philadelphia,/PA 19107/
フィラデルフィア、/ PA 19107 /

June 20/
6 月 20 日 /

Sandra Lane/
Sandra Lane 様 /

Lane's Floral Design/
Lane's フラワーデザイン社 /

19 Doiley Drive/
ドイリー通り 19 番地 /

Lansdale,/PA 19446/
ランズデール、/ PA 19446 /

Dear Ms. Lane,/
Lane 様 /

Thank you/for making our first banquet/for Pro-Top Teamwear customers/
ありがとうございます / 初の祝宴をしてくれて　　　/ Pro-Top Teamwear 社の顧客向けの /

a memorable one. //
心に残るものに。//

Because our company designs uniforms/
当社はユニホームをデザインしているので /

for university sports teams/around the globe,/
大学スポーツチーム向けの　　　/ 世界中の、/

it was essential/that our event demonstrate/our quality and professionalism. //
不可欠でした　　　/ 私たちのイベントが明確に示すことが / 当社の品質とプロ意識を。//

With your help,/it did just that. //
あなたのご助力で、　/ それはまさにそうなりました。//

（次のページへ続く　⇒）

==================================================================================

**1. スラッシュ読み練習**

チャンクごとに、その内容をイメージしながら英文を読み進めましょう。

**2. 音声を使ったスラッシュ読み練習** 🔊19

チャンクごとの音声を聞きながら、英文を目で追いましょう。

**3. 音読練習** 🔊19

上で聞いた音声を参考に、チャンクの感覚を意識しながら音読しましょう。

音声を流しながら、チャンクごとに一時停止してリピートするのもお薦めです。

As you know, / I had wanted to find a way /
ご存じの通り、　　　　 / 私は方法を見つけたいと思っていました /

to help our customers / relax and have a good time / at the banquet. //
当社の顧客を手伝う　　　　　 / くつろぎそして楽しいひとときを過ごす / 祝宴で。//

Many were traveling a great distance / to attend. //
多数が長距離移動をすることになっていました　　　 / 出席するために。//

Your idea / to incorporate / the official colors of the schools /
あなたの案は / 〜を取り入れるという / 学校のオフィシャルカラーを /

into the centerpieces / was wonderful. //
テーブル中央の装飾物に　　　 / 素晴らしいものでした。//

Our customers were delighted / to recognize their own colors /
当社の顧客は大変喜んでいました　　　　 / 自分たちのカラーを認識して /

in the floral arrangements / at their assigned tables. //
フラワーアレンジメントに　　　 / 割り当てられた自分たちのテーブルにおいて。//

This made a positive impression / on them! //
これは好印象を与えました　　　　　 / 彼らに！//

The range of services / you offer, /
サービスの幅は　　　　 / あなたが提供する、/

together with your creativity / and attention to detail, /
あなたの創造力とともに　　　　 / そして細部への気配り、/

made the banquet / a pleasant and personalized experience / for all. //
祝宴をしました　　 / 心地よく、そして個々に合わせた体験に　　　　 / 全員にとって。//

If you ever need a recommendation, / feel free / to give my name. //
いつか推薦が必要なときは、　　　　　 / 遠慮なく / 私の名前を挙げてください。//

Gratefully, /
感謝の気持ちを込めて、/

Joanna Regalio /
Joanna Regalio /

Marketing Director, / Pro-Top Teamwear /
マーケティング責任者、　　 / Pro-Top Teamwear 社 /

Step 3 で理解した文書の内容に基づき、実際の設問に答えてみましょう。

Questions 14-16 refer to the following letter.

**❶** Pro-Top Teamwear
187 Thompson Avenue
Philadelphia, PA 19107

June 20

**❷** Sandra Lane
Lane's Floral Design
19 Doiley Drive
Lansdale, PA 19446

Dear Ms. Lane,

**❸** Thank you for making our first banquet for Pro-Top Teamwear customers a memorable one. Because our company designs uniforms for university sports teams around the globe, it was essential that our event demonstrate our quality and professionalism. With your help, it did just that.

**❹** As you know, I had wanted to find a way to help our customers relax and have a good time at the banquet. Many were traveling a great distance to attend. Your idea to incorporate the official colors of the schools into the centerpieces was wonderful. Our customers were delighted to recognize their own colors in the floral arrangements at their assigned tables. This made a positive impression on them!

**❺** The range of services you offer, together with your creativity and attention to detail, made the banquet a pleasant and personalized experience for all. If you ever need a recommendation, feel free to give my name.

Gratefully,

**❻** *Joanna Regalio*
Joanna Regalio
Marketing Director, Pro-Top Teamwear

**14.** Why did Ms. Regalio send the letter?

(A) To provide feedback on a recent service
(B) To inquire about a new business opportunity
(C) To request payment for an order
(D) To suggest venues for an event

**15.** What concern did Ms. Regalio have before the event?

(A) That a sports tournament would be unsuccessful
(B) That the guests would not enjoy themselves
(C) That some team uniforms would be delivered in the wrong colors
(D) That some floral arrangements would arrive late

**16.** What aspect of Lane's Floral Design does Ms. Regalio mention?

(A) Its convenient location
(B) Its variety of payment options
(C) Its use of digital technology
(D) Its customized service

⇒ 全訳は p.92

## 14

Regalio さんが手紙を書いた目的を読み取る。

これは概要を問う問題。手紙なので、74 ページにあるように、❶のレターヘッドと❻の署名で、差出人の社名と氏名を押さえ、❷で受取人の氏名・社名を確かめる。❸の書き出しに注目。同 1 ～ 2 行目で、「Pro-Top Teamwear 社の顧客向けの初の祝宴を心に残るものにしてくれて、ありがとう」と謝意を表し、❹と❺でも、Lane さんの会社の妙案や細部への気配りのおかげで祝宴が成功した旨や、いつでも推薦人になる旨を伝えている。(A) が正解。provide「～を提供する」、feedback「意見」、recent「最近の」。

(B) 新たな取引については述べられていない。inquire about ～「～について尋ねる」、opportunity「機会」。

(C) 支払いは求めていない。request「～を要求する」、payment「支払い」、order「注文」。

(D) 会場提案の言及はない。suggest「～を提案する」、venue「会場」。

## 15

イベントの前に Regalio さんが心配していたことを探す。

選択肢冒頭の that は concern「懸念」を説明する同格の that に当たる。Regalio さんは❹1 ～ 2 行目で、「私は、顧客が祝宴でくつろぎながら楽しいひとときを過ごせる方法を見つけたいと思っていた」と、祝宴イベント前の気持ちを述べており、顧客が楽しく過ごせるかどうか心配していたことが分かる。よって、(B) が正解。concern「懸念」。

## 16

設問文の aspect of ～は「～の一面」という意味で、Lane's Floral Design とは❷の宛先より、Lane さんの会社。Regalio さんは❹2 ～ 5 行目で、Lane さんの会社による提案を称賛している。また、❺1 ～ 2 行目では「貴社が提供するさまざまなサービスは、創造力および細部への気配りとともに、祝宴を全員にとって心地よく個々に合わせた体験にしてくれた」と述べている。この言及の最後の personalized experience を customized service「好みに合わせたサービス」と表現した (D) が正解。

(A) convenient「便利な」、location「位置、場所」。

(B) variety「多様性」、option「選択肢」。

(C) use「使用」、digital technology「デジタル技術」。

### 文書の語注

❶ ～ Avenue 〈固有名詞で〉～大通り
❷ floral 花の　　design デザイン、設計
❸ banquet 祝宴　　memorable 心に残る　　uniform ユニホーム、制服　　around the globe 世界中の
　　essential 必要不可欠な　　demonstrate ～を明確に示す　　quality 品質　　professionalism プロ意識
❹ travel 移動する　　distance 距離　　attend 出席する　　incorporate ～ into … ～を…に組み込む
　　official オフィシャルの、公式の　　centerpiece テーブル中央の装飾物　　be delighted to do ～して非常に喜ぶ
　　recognize ～を認識する　　floral arrangement フラワーアレンジメント、生け花　　assigned 割り当てられた
　　positive 肯定的な　　impression 印象
❺ range 幅、範囲　　offer ～を提供する　　together with ～ ～とともに　　creativity 創造力
　　attention 気配り、注意　　detail 細部　　pleasant 心地よい、楽しい　　personalized 個々に合わせた
　　ever 〈条件節で〉いつか　　recommendation 推薦　　feel free to do 遠慮なく～する　　gratefully 感謝して
❻ marketing マーケティング　　director 責任者、部長

問題 (p.88) の正解　14 (A)　　15 (B)　　16 (D)

# STEP 5 ▼リーディングスピードを上げる練習をする　文書B

スラッシュ読みの手法を念頭に置き、下記の手順で、読むスピードを上げる練習をしましょう。

Questions 14-16 refer to the following letter.

Pro-Top Teamwear
187 Thompson Avenue
Philadelphia, PA 19107

June 20

Sandra Lane
Lane's Floral Design
19 Doiley Drive
Lansdale, PA 19446

Dear Ms. Lane,

Thank you for making our first banquet for Pro-Top Teamwear customers a memorable one. Because our company designs uniforms for university sports teams around the globe, it was essential that our event demonstrate our quality and professionalism. With your help, it did just that.

As you know, I had wanted to find a way to help our customers relax and have a good time at the banquet. Many were traveling a great distance to attend. Your idea to incorporate the official colors of the schools into the centerpieces was wonderful. Our customers were delighted to recognize their own colors in the floral arrangements at their assigned tables. This made a positive impression on them!

The range of services you offer, together with your creativity and attention to detail, made the banquet a pleasant and personalized experience for all. If you ever need a recommendation, feel free to give my name.

Gratefully,

*Joanna Regalio*
Joanna Regalio
Marketing Director, Pro-Top Teamwear

## 1. スラッシュ読み練習
チャンクを意識しながら読みましょう。
　※STEP 3のように、自分でスラッシュを書き込んでもよいでしょう。

## 2. 音声を使ったリーディングスピードアップ練習　🔊20
理想スピードの音声を聞きながら、同じスピードで英文を目で追って、文書を読みましょう。
　※ 音声のスピードが速過ぎると感じる場合は、アプリ等のスピード変換機能で調整してください。

## 3. リーディング所要時間の再計測
速読を意識して文書全体をもう一度読み、p.83の表の計測時間❷に書き込んで計測時間❶と比較しましょう。
　※ 表の目標リーディング時間に近づくまで、2のスピードを意識しながら、繰り返し練習をしてみましょう。

Unit 3 - 文書Bまでの累計：**7,100 語突破！**

| 5,000 | 10,000 | 15,000 | 20,000 | 25,000 | 30,000 |

## 文書A

▼文書の訳

問題 11-13 は次の Eメールに関するものです。

=======================================================================================

受信者：　Kim Gadson <gadsonk@gadsonstaffing.com.au>
送信者：　Jon DiAngelo <clientsupport@netmall.com.au>
日付：　　3月18日
件名：　　注文番号 31569 の返品
添付ファイル：　番号 31569

Gadson 様

X550 プリンター・スキャナーの最近のご購入に関する 3 月 17 日付けの Eメールをありがとうございます。

貴殿は、この機器で行った印字出力がぼやけてほとんど読めないと述べられました。残念ながら、他のお客さま方からも同じ問題のご報告がありました。当店としては、おわびの上、払い戻しをさせていただければ幸いです。当店はこの問題を製造会社に連絡しましたので、今後の在庫は当店の品質基準に見合うものになるものと期待します。

料金支払済み返送用ラベル 1 枚を添付いたしました。プリンターを元の箱に梱包し、それからラベルを貼り付けてください。当店が荷物を受け取りましたら、貴殿の Net Mall アカウントに返金が行われます。 * この全過程は最大で 2 週間かかる可能性があります。

引き続き Net Mall をご愛顧いただければありがたく存じます。ご質問がございましたら、私までご連絡ください。

敬具

Jon DiAngelo
顧客サポート担当者

　　　　　　　　　　　　　　　　　　　　　　　　　　　　　　* 問題 13 の挿入文の訳

=======================================================================================

▼設問の訳

**11** なぜ Gadson さんは 3 月 17 日に Net Mall に連絡したと考えられますか。

(A) オフィス機器を注文するため
(B) 請求書の間違いを指摘するため
(C) 顧客割引を要望するため
(D) 欠陥製品について苦情を述べるため

**12** DiAngelo さんは Eメールに何を添付しましたか。

(A) 注文票
(B) 郵送用ラベル
(C) 送付状
(D) 顧客調査表

**13** [1] [2] [3] [4] の記載された箇所のうち、次の文が入るのに最も適しているのはどれですか。

　「この全過程は最大で 2 週間かかる可能性があります」

(A) [1]
(B) [2]
(C) [3]
(D) [4]

▼文書の訳

問題 14-16 は次の手紙に関するものです。

==============================================================================================

Pro-Top Teamwear 社
トンプソン大通り 187 番地
フィラデルフィア、PA 19107

6 月 20 日

Sandra Lane 様
Lane's フラワーデザイン社
ドイリー通り 19 番地
ランズデール、PA 19446

Lane 様

Pro-Top Teamwear 社の顧客向けの初の祝宴を思い出に残るものにしていただき、ありがとうございました。当社は世界中の大学スポーツチーム向けユニホームのデザインを手掛けているので、私たちのイベントが当社の品質とプロ意識を明確に示すことが不可欠でした。貴社のご助力で、それはまさにそうなりました。

ご存じの通り、私は、当社の顧客が祝宴でくつろぎながら楽しいひとときを過ごせる方法を見つけたいと思っておりました。大勢の方が、出席のために長距離移動をすることになっていたのです。各校のオフィシャルカラーをテーブル中央の装飾物に取り入れるという貴社の案は素晴らしいものでした。当社の顧客は、割り当てられたテーブルのフラワーアレンジメントが自分たちのカラーであることに気付いて大変喜んでいました。これは、彼らに好印象を与えました！

貴社が提供するさまざまなサービスは、創造力と細部への気配りとともに、祝宴を全員にとって心地よく、一人一人に合った体験にしてくださいました。あなたが推薦を必要とすることがあれば、遠慮なく私の名前を挙げてください。

感謝の気持ちを込めて、

Joanna Regalio（署名）
Joanna Regalio
マーケティング責任者、Pro-Top Teamwear 社

==============================================================================================

▼設問の訳

14　Regalio さんはなぜ、手紙を送りましたか。

    (A) 最近のサービスに関して意見を伝えるため
    (B) 新しいビジネスの機会について問い合わせるため
    (C) 注文の支払いを要請するため
    (D) イベントの会場を提案するため

15　Regalio さんはイベントの前に、どのような懸念を抱いていましたか。

    (A) スポーツトーナメントがうまくいかないだろうということ
    (B) 招待客が楽しく過ごせないだろうということ
    (C) 一部のチームのユニホームが誤った色で配達されるだろうということ
    (D) 一部のフラワーアレンジメントが遅れて到着するだろうということ

16　Regalio さんは、Lane's フラワーデザイン社のどのような面について述べていますか。

    (A) 同社の立地の良さ
    (B) 同社の支払いの選択肢の多様性
    (C) 同社のデジタル技術の使用
    (D) 好みに合わせた同社のサービス

文書タイプ別 速読演習

# Unit 4

# Eメール
## （グループ宛て）

e-mails

Unit 4 では、Unit 3 に引き続き Eメールについて取り上げ、特にグループ宛てのものに焦点を当てます。個人宛て Eメールが社外や社内の特定の個人に用件を伝えているのに対し、グループ宛て Eメールの代表的なものは、例えば、同じ部署やチームに所属する同僚たちを対象とした情報共有や、全職員向けの社内告知などです。

「Eメール (グループ宛て)」文書では、特に以下の点に注目しましょう。

## 1. From (送信者名・アドレス)、To (受信者名・アドレス)、Subject (件名)

From: の送信者欄と Subject: の件名は、個人宛て Eメールと特に違いはありません。To: の受信者欄には部署名やチーム名、あるいは All Employees や All Staff のように従業員やスタッフ全員に宛てて書かれていることが多いです。中には、To: の欄に Eメールアドレスしか記載されていないものもありますが、その場合も下記の例のように、staff@... などとなっていれば、従業員全体に向けた Eメールだと分かります。

例　To: All Employees <staff@manelogistics.com>

　　↑ To: の欄をチェック。

　　　All Employees であれば、全従業員向けに一斉送信された Eメールだと分かる。

## 2. 受取人への呼び掛けと差出人

グループ宛ての Eメールでは Dear Colleagues や To All Employees のように、グループを一くくりにした呼び掛け表現がよく使われます。形式張らない場合は、Dear colleagues のように呼び掛けの宛て先を大文字表記しないこともあります。

例　Dear Colleagues,　　/　　To All Staff,　　/　　Regional Managers,

　　「同僚の皆さん」　　　　「全職員の皆さまへ」「地域担当マネージャー各位」

また、差出人の部署や職位にも注目すると、状況が理解しやすくなることがあります。

例　Office Manager　　/　　Social Event Coordinator

　　総務責任者　　　　　　交流イベント調整役

## 3. Eメールの件名と本文冒頭

このタイプの Eメールで伝達される用件としては、職員駐車場の一時閉鎖、新たな福利厚生のお知らせといった共有連絡がよく見られます。

状況説明→依頼・指示・報告→期間や予定といった流れが多いので、それを踏まえて概要を把握するようにしましょう。Eメールで伝えられている状況に至った背景などは分かりづらい場合もありますが、そういった詳細が分からなくても問題の解答には差し支えありません。状況を理解しようと考え過ぎず、要点の理解を目指して読みましょう。

### 全職員宛て Eメールの例

| To: All Staff <staff@manelogistics.com> | ← @以下が同一のドメイン＝社内のやりとり |
|---|---|
| From: xxx@manelogistics.com | |

Dear Colleagues,

■ 状況説明
■ 依頼・指示・報告
■ 期間や予定

All the best,

Amanda Williams　　　差出人氏名と
Office Manager　　　　職位や所属

# STEP 1 ▼リーディング所要時間を測る

まず、読みやすいスピードで文書全体を読み、かかった時間を右下の表に書き込んでください。その後で確認問題を解いてみましょう。

⇒ 正解は p.97

Questions 17-19 refer to the following e-mail.

| From: | Marcia Rollins |
|---|---|
| To: | Finance Team; Marketing Team; Interns Team |
| Date: | September 15 |
| Subject: | Conference Room A |

Dear colleagues,

Today Mr. Cheng from our Beijing office will be visiting us for an urgent meeting with staff members of the Research and Development department. The meeting, which will involve videoconferencing with our international office managers, will be held in Conference Room A. Consequently, the previous plans for Conference Room A have been shifted as follows.

Ms. Sato's group will now meet in Conference Room B. Mr. Garcia has agreed to postpone the meeting with his marketing team. It will now be held tomorrow. Ms. Thompson's meeting with our interns will be held today in the employee cafeteria. The start times originally arranged for these meetings remain unchanged.

Regards,

Marcia Rollins
Administrative Assistant, The Shervington Group

---

**確認問題**

このEメールの主題は何ですか？

(a) 会議室利用
(b) 出張の予定
(c) 社員食堂の設置

| | 文書 |
|---|---|
| 語数 | 134 語 |
| 目標リーディング時間 | 59 秒 |
| 計測時間 ❶：STEP 1 | 秒 |
| 計測時間 ❷：STEP 5 | 秒 |

赤い丸囲みの部分に注目しながら、文書と設問の概要をつかむことを目的に、全体をざっと読みましょう。

Questions 17-19 refer to the following e-mail.

| From: | Marcia Rollins |
|---|---|
| To: | Finance Team; Marketing Team; Interns Team |
| Date: | September 15 |
| Subject: | Conference Room A |

Dear colleagues,

Today Mr. Cheng from our Beijing office will be visiting us for an urgent meeting with staff members of the Research and Development department. The meeting, which will involve videoconferencing with our international office managers, will be held in Conference Room A. Consequently, the previous plans for Conference Room A have been shifted as follows.

Ms. Sato's group will now meet in Conference Room B. Mr. Garcia has agreed to postpone the meeting with his marketing team. It will now be held tomorrow. Ms. Thompson's meeting with our interns will be held today in the employee cafeteria. The start times originally arranged for these meetings remain unchanged.

Regards,

Marcia Rollins
Administrative Assistant, The Shervington Group

### 1 指示文から、文書の種類を確認する

Questions 17-19 refer to the following e-mail.

⇒ 文書は e-mail「Eメール」だな。

### 2 送信者と受信者の欄、呼び掛けをチェックする

From: Marcia Rollins ⇒ 送信者は、名前のみ。同じ組織に所属？

To: Finance Team; Marketing Team; Interns Team ⇒ 受信者は、3種類の部門チーム名。社内だな。

Dear colleagues, ⇒ 同僚への呼び掛け。

### 3 件名と本文冒頭から用件をつかむ

Subject: Conference Room A ⇒ 件名は「会議室 A」。

Today Mr. Cheng from our Beijing office ...... an urgent meeting ... ⇒ 海外支社からの出張者と緊急会議？

Consequently, the previous plans ...... have been shifted ... ⇒ その結果、計画の何かが変わる？

### 4 文書の最下部に示されている肩書をチェックする

Marcia Rollins

Administrative Assistant, The Shervington Group

⇒ 送信者は管理課スタッフ。Shervington グループは組織名。

## 5 設問文をチェックして、キーワードを頭に入れる

**17.** What is one purpose of the e-mail?

⇒ この E メールの 1 つの purpose とは？

**18.** Whose meeting will be moved to a different day?

⇒ 誰の meeting が日程変更されるのか？

**19.** The word "arranged" in paragraph 2, line 4 is closest in meaning to

⇒ 第 2 段落の単語（arranged）の意味を問う問題があるな。後で見直そう。

確認問題（p.95）の正解　（a）

Chapter 1 で学んだスラッシュ読みの手法を用いて、下記の英文を右の手順に従って学習しましょう。

▶▶ ここではスラッシュで区切ったチャンクで読む感覚を養います。

▶▶ 赤シートでスラッシュと訳語を隠して読むのも効果的です。

==================================================================================

**From:** /Marcia Rollins/

送信者： / Marcia Rollins /

**To:** /Finance Team;/Marketing Team;/Interns Team/

受信者：/財務チーム、　/マーケティングチーム、/インターンチーム /

**Date:** /September 15/

日付： 　/ 9 月 15 日/

**Subject:** /Conference Room A/

件名： 　　/ 会議室 A /

Dear colleagues, /

同僚の皆さん、/

Today/Mr. Cheng from our Beijing office/will be visiting us/

本日 　/ 当社北京オフィスの Cheng さんが 　　/ 私たちを訪れることになっています /

for an urgent meeting/with staff members/

緊急会議のために 　　　/ 従業員たちとの /

of the Research and Development department. //

研究開発部の。//

The meeting, /which will involve videoconferencing/

その会議は、 　/ テレビ会議を伴う予定であり /

with our international office managers, /

当社の国際オフィスの責任者たちとの、/

will be held/in Conference Room A. //

開かれる予定です / 会議室 A で。//

Consequently, /the previous plans/for Conference Room A/

従って、 　　　/ 以前の予定は 　　/ 会議室 A の /

have been shifted/as follows. //

変更されました 　/ 下記の通りに。//

（次のページへ続く　⇒）

==================================================================================

## 1. スラッシュ読み練習

チャンクごとに、その内容をイメージしながら英文を読み進めましょう。

## 2. 音声を使ったスラッシュ読み練習　🔊21

チャンクごとの音声を聞きながら、英文を目で追いましょう。

## 3. 音読練習　🔊21

上で聞いた音声を参考に、チャンクの感覚を意識しながら音読しましょう。

音声を流しながら、チャンクごとに一時停止してリピートするのもお薦めです。

======================================================================

Ms. Sato's group will now meet / in Conference Room B. //

Sato さんのグループは現在、会合することになっています / 会議室 B で。 //

Mr. Garcia has agreed / to postpone the meeting / with his marketing team. //

Garcia さんは同意してくれました / 会議を延期することに　　　 / 自分のマーケティングチームとの。 //

It will now be held tomorrow. //

それは今のところ、明日開かれる予定です。 //

Ms. Thompson's meeting / with our interns / will be held today /

Thompson さんの会議は　　　 / インターン生たちとの / 本日行われます /

in the employee cafeteria. //

社員食堂で。 //

The start times / originally arranged / for these meetings / remain unchanged. //

開始時刻は　　　 / 当初取り決められていた　 / これらの会議のために　　 / 元のままです。 //

Regards, /

よろしくお願いします。 /

Marcia Rollins /

Marcia Rollins /

Administrative Assistant, / The Shervington Group /

管理課スタッフ、　　　　　　　 / Shervington グループ /

======================================================================

Step 3 で理解した文書の内容に基づき、実際の設問に答えてみましょう。

Questions 17-19 refer to the following e-mail.

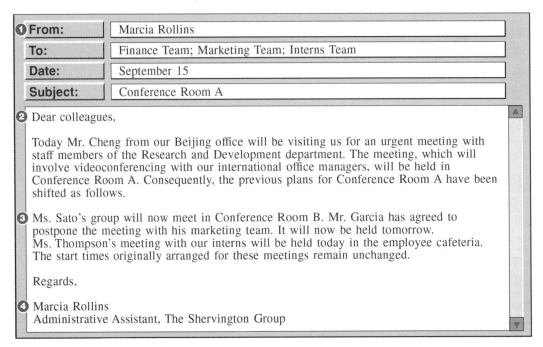

**17.** What is one purpose of the e-mail?

(A) To invite all staff members to meet with a company executive

(B) To announce a change in equipment in all meeting rooms

(C) To inform some staff members of meeting locations

(D) To ask some staff members to attend a technology training meeting

**18.** Whose meeting will be moved to a different day?

(A) Mr. Cheng's

(B) Ms. Sato's

(C) Mr. Garcia's

(D) Ms. Thompson's

**19.** The word "arranged" in paragraph 2, line 4, is closest in meaning to

(A) straightened

(B) established

(C) adapted

(D) classified

⇒ 全訳は p.111

## 17

Eメールの1つの目的を選ぶ。

❶の To 欄より、この E メールは社内の3つのチーム宛てで、❹より、送信者の Rollins さんは、管理課スタッフと分かる。❷で、緊急会議のために、本日の会議室 A の予定が変更されたと述べた後、❸1行目で、Sato さんのグループは現在、会議室 B で会合する予定だ、同3行目で、インターン生たちとの Thompson さんの会議は、本日社員食堂で行われる、と複数の会議の場所変更を伝えている。よって、E メールの1つの目的は、会議を予定していた各チームの従業員に、開催場所の変更を知らせることなので、(C)が正解。inform ～ of … 「～に…について知らせる」。

(A) 重役との会合への言及はない。invite ～ to do 「～に…するよう勧める」、executive 「重役」。

(B) 会議室の備品への言及はない。announce 「～を発表する」、equipment 「備品」。

(D) 研修会への言及はない。technology training meeting 「技術研修会」。

## 18

日が変更になる会議を選ぶ。

Rollins さんは❸1～2行目で、Garcia さんが会議の延期に同意してくれたと伝え、続けて「それは今のところ、明日開かれる予定だ」と知らせている。この It は the meeting with his marketing team、つまり Garcia さんと彼のチームの会議を指すので、Garcia さんの会議は予定変更の結果、今日ではなく明日開かれると分かる。(C) が正解。move 「～（日時など）を変える」。

(A)(B)(D) いずれの会議も今日開かれ、日の変更はない。

## 19

arranged に近い意味の語を選ぶ。

Rollins さんは、❸3行目までで、会議室 A で組まれていた3つの会議の場所や日付の変更を伝えている。一方、続く該当の語を含む文では、開始時刻について伝えている。副詞 originally 「当初」で修飾された過去分詞 arranged は主語 The start times 「開始時刻」を後ろから修飾している。ここでの arranged は arrange 「～を取り決める」の意味で用いられ、「これら（3つ）の会議のために当初決められていた開始時刻」を表していると判断できる。よって最も意味が近いのは、establish 「～を設ける、～を確立する」の過去分詞 (B) established。

(A) straighten 「～を真っすぐにする」。

(C) adapt 「～を適応させる」。

(D) classify 「～を分類する」。

### 文書の語注

❶ finance 財務　marketing マーケティング　intern インターン　conference 会議
❷ colleague 同僚　urgent 緊急の　Research and Development department 研究開発部　involve ～を伴う
videoconferencing テレビ会議　international office manager 国際オフィスの責任者　hold ～を開催する
consequently 従って、その結果　previous 先の、以前の　shift ～を変更する　as follows 下記の通り
❸ meet 会合する、集まる　agree to do ～することに同意する　postpone ～を延期する　employee 社員、従業員
cafeteria セルフサービス式の食堂、カフェテリア　originally 当初　arrange ～を取り決める
remain ～のままである　unchanged 変わらない、元のままの
❹ administrative assistant 管理課スタッフ　group 企業グループ、系列会社

問題 (p.100) の正解　17（C）　18（C）　19（B）

スラッシュ読みの手法を念頭に置き、下記の手順で、読むスピードを上げる練習をしましょう。

Questions 17-19 refer to the following e-mail.

| From: | Marcia Rollins |
| --- | --- |
| To: | Finance Team; Marketing Team; Interns Team |
| Date: | September 15 |
| Subject: | Conference Room A |

Dear colleagues,

Today Mr. Cheng from our Beijing office will be visiting us for an urgent meeting with staff members of the Research and Development department. The meeting, which will involve videoconferencing with our international office managers, will be held in Conference Room A. Consequently, the previous plans for Conference Room A have been shifted as follows.

Ms. Sato's group will now meet in Conference Room B. Mr. Garcia has agreed to postpone the meeting with his marketing team. It will now be held tomorrow.
Ms. Thompson's meeting with our interns will be held today in the employee cafeteria. The start times originally arranged for these meetings remain unchanged.

Regards,

Marcia Rollins
Administrative Assistant, The Shervington Group

## 1. スラッシュ読み練習

チャンクを意識しながら読みましょう。

※STEP 3のように、自分でスラッシュを書き込んでもよいでしょう。

## 2. 音声を使ったリーディングスピードアップ練習　◀)22

理想スピードの音声を聞きながら、同じスピードで英文を目で追って、文書を読みましょう。

※ 音声のスピードが速過ぎると感じる場合は、アプリ等のスピード変換機能で調整してください。

## 3. リーディング所要時間の再計測

速読を意識して文書全体をもう一度読み、p.95 の表の計測時間❷に書き込んで計測時間❶と比較しましょう。

※ 表の目標リーディング時間に近づくまで、2のスピードを意識しながら、繰り返し練習をしてみましょう。

Unit 4 - 文書 A までの累計：8,200 語突破！

| 5,000 | 10,000 | 15,000 | 20,000 | 25,000 | 30,000 |

まず、読みやすいスピードで文書全体を読み、かかった時間を右下の表に書き込んでください。その後で確認問題を解いてみましょう。

⇒ 正解は p.105

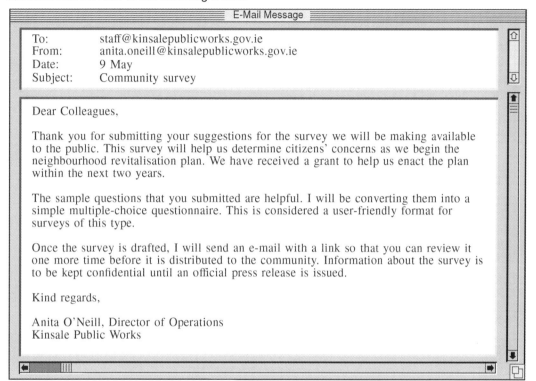

Questions 20-22 refer to the following e-mail.

**E-Mail Message**

To: staff@kinsalepublicworks.gov.ie
From: anita.oneill@kinsalepublicworks.gov.ie
Date: 9 May
Subject: Community survey

Dear Colleagues,

Thank you for submitting your suggestions for the survey we will be making available to the public. This survey will help us determine citizens' concerns as we begin the neighbourhood revitalisation plan. We have received a grant to help us enact the plan within the next two years.

The sample questions that you submitted are helpful. I will be converting them into a simple multiple-choice questionnaire. This is considered a user-friendly format for surveys of this type.

Once the survey is drafted, I will send an e-mail with a link so that you can review it one more time before it is distributed to the community. Information about the survey is to be kept confidential until an official press release is issued.

Kind regards,

Anita O'Neill, Director of Operations
Kinsale Public Works

**確認問題**

このEメールの目的は何ですか？

(a) 調査についての最新情報を伝えること
(b) アンケートの記入を依頼すること
(c) 地域再生計画の提案を募ること

|  | 文書 |
|---|---|
| 語数 | 146 語 |
| 目標リーディング時間 | 65 秒 |
| 計測時間 ❶：STEP 1 | 秒 |
| 計測時間 ❷：STEP 5 | 秒 |

CHAPTER 2　Unit 4　Eメール（グループ宛て）

# STEP 2 ▼ 文書のポイントをつかむ

赤い丸囲みの部分に注目しながら、文書と設問の概要をつかむことを目的に、全体をざっと読みましょう。

Questions 20-22 refer to the following e-mail.

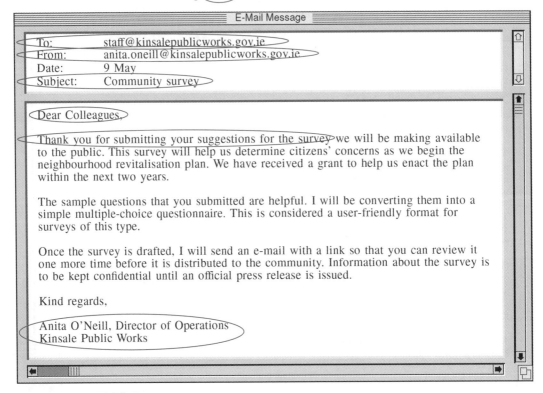

## 1 指示文から、文書の種類を確認する

Questions 20-22 refer to the following e-mail. ⇒ 文書は e-mail「E メール」だな。

## 2 受信者と送信者の欄、呼び掛けをチェックする

To: staff@kinsalepublicworks.gov.ie ⇒ 受信者は、@の前が staff「スタッフ」だから全職員宛て？

From: anita.oneill@kinsalepublicworks.gov.ie ⇒ 送信者は、@以降が受信者と同じだから同じ組織内の個人？

Dear Colleagues, ⇒ 同僚宛てだ。

## 3 件名と本文冒頭から用件をつかむ

Subject: Community survey ⇒ 件名は「地域調査」？

Thank you for submitting your suggestions for the survey ... ⇒ 調査に関する提案にお礼を述べている。

## 4 文書の最下部に示されている肩書をチェックする

Anita O'Neill, Director of Operations ⇒ 送信者の O'Neill さんの肩書は「事業の責任者」？

Kinsale Public Works ⇒ 公共事業を行う組織？

## 5 設問文をチェックして、キーワードを頭に入れる

**20.** What is the (topic) of the (survey)?

⇒ survey のテーマは？

**21.** What does (Ms. O'Neill) (indicate) about the survey?

⇒ Ms. O'Neill が示していること？ survey について？

**22.** What are (Ms. O'Neill's colleagues) (expected) to do next?

⇒ Ms. O'Neill の同僚たちが expect されていること？

expect to *do*「～することを期待する」。

確認問題（p.103）の正解 （a）

Chapter 1 で学んだスラッシュ読みの手法を用いて、下記の英文を右の手順に従って学習しましょう。

▶▶ ここではスラッシュで区切ったチャンクで読む感覚を養います。

▶▶ 赤シートでスラッシュと訳語を隠して読むのも効果的です。

==========================================================================================

E-Mail Message/

E メールメッセージ /

To:/staff@kinsalepublicworks.gov.ie/

受信者：/ staff@kinsalepublicworks.gov.ie /

From:/anita.oneill@kinsalepublicworks.gov.ie/

送信者：/ anita.oneill@kinsalepublicworks.gov.ie /

Date:/9 May/

日付： / 5 月 9 日 /

Subject:/Community survey/

件名： / 地域調査 /

Dear Colleagues,/

同僚の皆さん、/

Thank you for submitting/your suggestions for the survey/

ご提出ありがとうございます　　/ 調査のための皆さんの提案を /

we will be making available/to the public. //

私たちが利用できるようにする予定である / 一般の人々に。 //

This survey will help us/determine citizens' concerns/

この調査は私たちを助けてくれるでしょう / 市民の懸念を見極めるのを /

as we begin/the neighbourhood revitalisation plan. //

私たちが着手するにあたり / 地域再生計画を。 //

We have received a grant/to help us enact the plan/

私たちは助成金を受け取っています / 私たちが計画を実行するのを助けてくれる /

within the next two years. //

今後 2 年以内に。 //

（次のページへ続く　⇒）

==========================================================================================

## 1. スラッシュ読み練習

チャンクごとに、その内容をイメージしながら英文を読み進めましょう。

## 2. 音声を使ったスラッシュ読み練習 🔊23

チャンクごとの音声を聞きながら、英文を目で追いましょう。

## 3. 音読練習 🔊23

上で聞いた音声を参考に、チャンクの感覚を意識しながら音読しましょう。

音声を流しながら、チャンクごとに一時停止してリピートするのもお薦めです。

---

The sample questions / that you submitted / are helpful. //
質問例は　　　　　　　　/ 皆さんが提出した　　　/ 有益です。//

I will be converting them / into a simple multiple-choice questionnaire. //
私はそれらを変えようと思っています / 単純な選択式のアンケートに。//

This is considered / a user-friendly format / for surveys of this type. //
これは考えられます　　/ 分かりやすい形式と　　/ この種の調査には。//

Once the survey is drafted, / I will send an e-mail / with a link /
調査の草案が出来次第、　　　　　/ 私は E メールを送信する予定です / リンク付きの /

so that you can review it / one more time /
皆さんがそれを見直すことができるよう / もう一度 /

before it is distributed / to the community. //
それが配布される前に　　/ 地域に。//

Information about the survey / is to be kept confidential /
調査に関する情報は　　　　　　　　/ 機密にされます /

until an official press release / is issued. //
公式の報道発表が　　　　　　　　/ なされるまで。//


Kind regards, /
よろしくお願いいたします。 /


Anita O'Neill, / Director of Operations /
Anita O'Neill、　/ 事業責任者 /

Kinsale Public Works /
Kinsale 公共事業機構 /

---

# STEP 4 ▼設問の正解を探す

Step 3 で理解した文書の内容に基づき、実際の設問に答えてみましょう。

Questions 20-22 refer to the following e-mail.

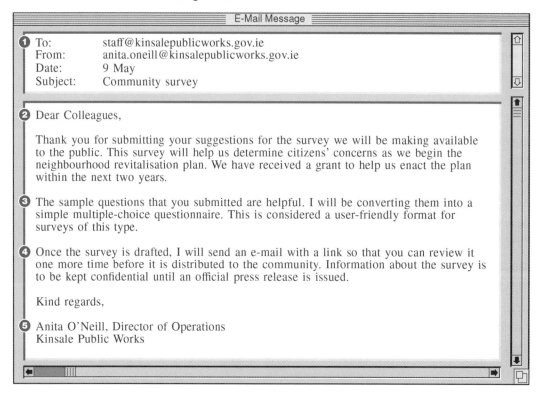

**20.** What is the topic of the survey?

(A) Changes in local government offices
(B) Suggestions for raising money
(C) Ideas for attracting more businesses
(D) Planned municipal projects

**21.** What does Ms. O'Neill indicate about the survey?

(A) It is expensive to administer.
(B) It will feature a particular display format.
(C) It should be reviewed by external consultants.
(D) It will allow responses to remain anonymous.

**22.** What are Ms. O'Neill's colleagues expected to do next?

(A) Submit a list of volunteers
(B) Await a link to a document
(C) Attend an informational meeting
(D) Write a press release

⇒ 全訳は p.112

## 20

調査のテーマを読み取る。

❶のヘッダー部分と❺の署名より、このEメールは、Kinsale 公共事業機構の事業責任者である O'Neill さんから、組織内の同僚たちに宛てられたもの。件名は「地域調査」で、❷3 ～ 4 行目に「この調査は、私たちが地域再生計画に着手するにあたり、市民の懸念を見極めるのに役立つだろう」とあり、調査は公共事業に着手する前の地域調査だと分かるので、(D) が正解。topic「テーマ、題目」。planned「計画されている」、municipal「地方自治体の、市の」。
(B)　raise「～（資金）を集める」。
(C)　attract「～を引き付ける」。

## 21

O'Neill さんが調査について示していることに注目する。

Eメールの送信者である O'Neill さんは❸1 ～ 2 行目で、同僚たちが提出した質問例を a simple multiple-choice questionnaire「単純な選択式のアンケート」に変えようと思っていると伝えた後、同 2 ～ 3 行目で「これは、この種の調査には分かりやすい形式と考えられる」と書いている。よって、そのアンケートは特定の表示形式を用いる予定だと判断できるので、(B) が正解。feature「～を特徴とする、～を目玉とする」、particular「特定の」、display「表示」。
(A)　expensive「費用がかかる」、administer「～を実施する」。
(C)　external「外部の」、consultant「顧問」。
(D)　allow ～ to do「～が…するのを可能にする」、response「回答」、anonymous「匿名の」。

## 22

O'Neill さんの同僚たちに求められていることを選ぶ。

be expected to do は「（主語が）～することが期待されている、～することになっている」という意味なので、同僚たちの今後の予定を確認する。O'Neill さんは❹1 ～ 2 行目で、「調査の草案が出来上がり次第、地域に配布される前に皆さんがもう一度それを見直すことができるよう、リンク付きのEメールを送信する予定だ」と同僚たちに知らせている。よって、調査の草案を document と言い換えて、このことを表している (B) が正解。await「～を待ち受ける」、document「文書」。

---

**文書の語注**

❶ community　地域社会　　survey　調査
❷ colleague　同僚　　submit　～を提出する　　suggestion　提案　　available　利用できる、入手できる
　 the public　一般の人々　　help ～ do　～が…するのに役立つ　　determine　～を特定する　　citizen　市民
　 concern　懸念　　neighbourhood　（ある特定の）地域　★ neighborhood の英国表記
　 revitalisation　再生　★ revitalization の英国表記　　grant　助成金　　enact　～を実行に移す
❸ helpful　有益な　　convert ～ into …　～を…に変える　　multiple-choice　複数の選択肢から成る
　 questionnaire　アンケート　　consider ～ …　～を…と見なす　　user-friendly　利用者に便利な　　format　形式
❹ once　いったん～したら　　draft　～の草案を書く　　review　～を見直す　　distribute　～を配布する
　 confidential　機密の　　press release　報道発表　　issue　～（声明など）を発表する
❺ operation　事業、業務

---

問題（p.108）の正解　20（D）　21（B）　22（B）

# STEP 5 ▼リーディングスピードを上げる練習をする 　文書B

スラッシュ読みの手法を念頭に置き、下記の手順で、読むスピードを上げる練習をしましょう。

Questions 20-22 refer to the following e-mail.

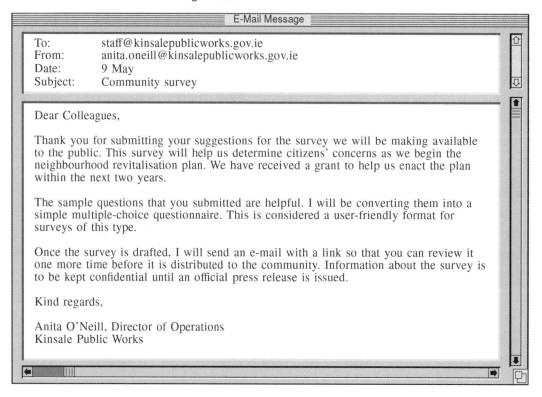

**E-Mail Message**

To: staff@kinsalepublicworks.gov.ie
From: anita.oneill@kinsalepublicworks.gov.ie
Date: 9 May
Subject: Community survey

Dear Colleagues,

Thank you for submitting your suggestions for the survey we will be making available to the public. This survey will help us determine citizens' concerns as we begin the neighbourhood revitalisation plan. We have received a grant to help us enact the plan within the next two years.

The sample questions that you submitted are helpful. I will be converting them into a simple multiple-choice questionnaire. This is considered a user-friendly format for surveys of this type.

Once the survey is drafted, I will send an e-mail with a link so that you can review it one more time before it is distributed to the community. Information about the survey is to be kept confidential until an official press release is issued.

Kind regards,

Anita O'Neill, Director of Operations
Kinsale Public Works

## 1. スラッシュ読み練習

チャンクを意識しながら読みましょう。

※STEP 3のように、自分でスラッシュを書き込んでもよいでしょう。

## 2. 音声を使ったリーディングスピードアップ練習 　🔊24

理想スピードの音声を聞きながら、同じスピードで英文を目で追って、文書を読みましょう。

※ 音声のスピードが速過ぎると感じる場合は、アプリ等のスピード変換機能で調整してください。

## 3. リーディング所要時間の再計測

速読を意識して文書全体をもう一度読み、p.103の表の計測時間❷に書き込んで計測時間❶と比較しましょう。

※ 表の目標リーディング時間に近づくまで、2のスピードを意識しながら、繰り返し練習をしてみましょう。

Unit 4 - 文書Bまでの累計：**9,400 語突破！**

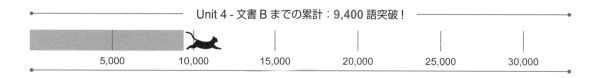

5,000　　10,000　　15,000　　20,000　　25,000　　30,000

## 文書A

▼文書の訳

問題17-19は次のEメールに関するものです。

=========================================================================

送信者：Marcia Rollins

受信者：財務チーム；マーケティングチーム；インターンチーム

日付： 9月15日

件名： 会議室A

同僚の皆さん

本日、当社北京オフィスのChengさんが、研究開発部の従業員と緊急会議をするために、私たちのオフィスを訪れることになっています。会議は、国際オフィスの責任者たちとのテレビ会議を伴い、会議室Aで開かれる予定です。従って、会議室Aで先立って組まれていた予定は下記の通り変更されました。

Satoさんのグループは現在、会議室Bで会合する予定です。Garciaさんは、ご自分のマーケティングチームとの会議を延期することに同意してくれました。それは今のところ、明日開かれる予定です。インターン生たちとのThompsonさんの会議は、本日社員食堂で行われます。これらの会議の当初決まっていた開始時刻には変更はありません。

よろしくお願いします。

Marcia Rollins

管理課スタッフ、Shervingtonグループ

=========================================================================

▼設問の訳

**17** Eメールの1つの目的は何ですか。

　　(A) 全従業員に会社の重役と会うよう勧めること

　　(B) 全ての会議室内の備品の変更を告知すること

　　(C) 一部の従業員に会議の場所について知らせること

　　(D) 一部の従業員に技術研修会に出席するよう求めること

**18** 誰の会議が別の日に移される予定ですか。

　　(A) Chengさんの会議

　　(B) Satoさんの会議

　　(C) Garciaさんの会議

　　(D) Thompsonさんの会議

**19** 第2段落・4行目にある "arranged" に最も意味が近いのは

　　(A) 真っすぐにされていた

　　(B) 設定されていた

　　(C) 適応させられていた

　　(D) 分類されていた

▼文書の訳

問題 20-22 は次の E メールに関するものです。

========================================================================

受信者：staff@kinsalepublicworks.gov.ie

送信者：anita.oneill@kinsalepublicworks.gov.ie

日付：　5月9日

件名：　地域調査

同僚の皆さん

一般公開を予定している調査に対してご提案いただき、ありがとうございます。この調査は、私たちが地域再生計画に着手するにあたり、市民の懸念を見極める上で役立つことでしょう。私たちは、今後2年以内に計画を実行に移す助けとなる助成金を受け取っています。

皆さんが提出された質問例は参考になります。私はそれらを単純な選択式のアンケートに変えようと思っています。これは、この種の調査には分かりやすい形式と考えられます。

調査の草案が出来上がり次第、地域に配布される前に皆さんがもう一度それを見直すことができるよう、リンク付きの E メールを送信する予定です。調査に関する情報は、公式の報道発表がされるまでは機密扱いとなっています。

よろしくお願いいたします。

Anita O'Neill、事業責任者

Kinsale 公共事業機構

========================================================================

▼設問の訳

**20** 調査のテーマは何ですか。

(A) 地方官庁における変化

(B) 資金集めのための提案

(C) より多くの事業者を引き付けるためのアイデア

(D) 計画されている地方自治体の事業

**21** O'Neill さんは調査について何を示していますか。

(A) 実施するのに多額の費用がかかる。

(B) 特定の表示形式を特徴とする予定である。

(C) 外部顧問によって検討されるべきである。

(D) 回答に匿名性が保たれるようにする予定である。

**22** O'Neill さんの同僚たちは、次に何をすることになっていますか。

(A) ボランティアのリストを提出する

(B) 文書へのリンクを待ち受ける

(C) 情報提供会議に出席する

(D) 報道発表を書く

文書タイプ別 速読演習

# Unit 5

# 連絡メモ

memos, etc.

# Unit 5 「連絡メモ」文書の特徴

Unit 5 では、「連絡メモ」と呼ばれる業務連絡文書について取り上げます。memo は memorandum の省略形で、組織内の情報共有を目的としたビジネス上の短い連絡票です。全社員宛て、特定の支社や部署に所属する従業員宛て、特定の職位（各部門長など）の従業員宛てなどに加え、ビル内のテナント向けなどもよく見られます。このタイプの文書には、以下のような特徴があります。

---

- ■ 書き手　　同一組織内の管理部門や部署責任者など
- ■ 読み手　　同一組織内の全職員、特定の部署や職位の職員など
- ■ 構成　　　【「MEMO」アイコンなど（→ヘッダー）→本文】
　　　　　　　というスタイルが標準的
- ■ ヘッダー　宛先、差出人、日付、件名（Subject または Re: と表記される）など

---

「連絡メモ」文書では、下記を確認しましょう。

## 1.「連絡メモ」の宛先・差出人

宛先（To:）や差出人（From:）はヘッダーで示されていることが多いですが、ヘッダーにこれらの情報がない場合には、本文冒頭や最下部に着目しましょう。本文冒頭には、宛先に関する情報が、最下部付近には問い合わせ先などの差出人に関する情報が含まれていることがあります。

例　To:　　All New Hires

> ↑宛先は「全新入社員」だと分かる。

　　From:　Josephine Okada, Personnel Manager

> ↑差出人は氏名の後に、「人事責任者」といった肩書の記載があることが多い。

例　All repair technicians are required ...

> ↑本文冒頭から、全修理技術者宛ての連絡だと分かる。

## 2. 本文の書き出し

新しい方針の導入、ルールの変更などを通知するものが主で、多くが書き出しに重要な連絡事項が示されており、連絡事項の概要や目的などを知る手掛かりになります。開始日や期限、手順などが含まれることもよくあります。

例　Beginning on April 1, our cost estimates for repairs will be processed electronically.

> ↑4月1日から修理見積作成システムを電子化することを連絡する文書だと分かる。

## 3. 本文の内容や表現

You will *do* 〜、You are required to *do* 〜、You must 〜、xx will allow you to *do* 〜といった表現で、今後できるようになることや求められること、予定などが通知されます。

例　You will be required to enter a five-digit verification code each time.

> ↑5桁の認証パスコードの入力が毎回求められるようになることを知らせている。

例　Officewide use of these new desk lamps will allow us to lower our energy costs.

> ↑新しいデスクランプの全社的使用がエネルギー費削減に効果があることを知らせている。

まず、読みやすいスピードで文書全体を読み、かかった時間を右下の表に書き込んでください。その後で確認問題を解いてみましょう。
⇒ 正解は p.117

Questions 23-25 refer to the following memo.

## MEMO

To:　　All San Francisco Office employees
From:　Stefania Harding, General Manager
Date:　April 3
Re:　　Internships

This summer, the San Francisco Office of Holdings Publishing House will be introducing an eight-week internship program. Many talented people have worked hard on this initiative, including James Myronenko, who will be serving as lead coordinator.

Interns who are interested in exploring the publishing industry will gain hands-on professional experience by helping with daily tasks and special projects. Additionally, interns will attend networking events and educational sessions presented by employees from all departments. Anyone who is interested in being a featured speaker at one of the sessions is invited to submit a proposal to Mr. Myronenko directly. Once the various sessions have been decided and scheduled, I will circulate all the relevant information in another memo so that anyone who is interested may make plans to attend.

### 確認問題

この連絡メモは何に関するものですか？

(a) インターン候補者の推薦
(b) インターン制度の導入
(c) インターン生の表彰

|  | 文書 |
| --- | --- |
| 語数 | 144 語 |
| 目標リーディング時間 | 64 秒 |
| 計測時間 ❶：STEP 1 | 秒 |
| 計測時間 ❷：STEP 5 | 秒 |

## STEP 2 ▼文書のポイントをつかむ

赤い丸囲みの部分に注目しながら、文書と設問の概要をつかむことを目的に、全体をざっと読みましょう。

Questions 23-25 refer to the following memo.

---

# MEMO

To:     All San Francisco Office employees
From:  Stefania Harding, General Manager
Date:   April 3
Re:      Internships

This summer, the San Francisco Office of Holdings Publishing House will be introducing an eight-week internship program. Many talented people have worked hard on this initiative, including James Myronenko, who will be serving as lead coordinator.

Interns who are interested in exploring the publishing industry will gain hands-on professional experience by helping with daily tasks and special projects. Additionally, interns will attend networking events and educational sessions presented by employees from all departments. Anyone who is interested in being a featured speaker at one of the sessions is invited to submit a proposal to Mr. Myronenko directly. Once the various sessions have been decided and scheduled, I will circulate all the relevant information in another memo so that anyone who is interested may make plans to attend.

---

### 1 指示文から、文書の種類を確認する
Questions 23-25 refer to the following <u>memo</u>.
　⇒ 文書は memo「連絡メモ」、つまり業務連絡票だな。

### 2 宛先と差出人を確認する
To: All San Francisco Office employees　⇒ 宛先は支社の全従業員？
From: Stefania Harding, General Manager　⇒ 差出人は支社長？

### 3 件名をチェックする
Re: Internships　⇒ インターンシップについてだな。

### 4 本文の書き出しを確認する
This summer, the San Francisco Office of Holdings Publishing House will be introducing an eight-week internship program.
　⇒ 今夏、支社ではインターンシッププログラムを導入する予定？

**5** 設問文をチェックして、キーワードを頭に入れる

**23.** What is the (purpose) of the (memo)?

⇒ 連絡メモの purpose とは？

**24.** What group of (employees) should (contact) (Mr. Myronenko)?

⇒ どの従業員が Mr. Myronenko に contact するべき？

**25.** According to the memo, what follow-up (information) (will be sent)?

⇒ どんな information が今後送られる？

確認問題（p.115）の正解　（b）

Chapter 1 で学んだスラッシュ読みの手法を用いて、下記の英文を右の手順に従って学習しましょう。

▶▶ ここではスラッシュで区切ったチャンクで読む感覚を養います。
▶▶ 赤シートでスラッシュと訳語を隠して読むのも効果的です。

===================================================================================

MEMO /
メモ /

To: / All San Francisco Office employees /
宛先： / サンフランシスコ支社従業員各位 /

From: / Stefania Harding, General Manager /
差出人： / Stefania Harding、支社長 /

Date: / April 3 /
日付： / 4月3日 /

Re: / Internships /
件名： / インターンシップ /

This summer, / the San Francisco Office / of Holdings Publishing House /
今年の夏、      / サンフランシスコ支社は      / Holdings 出版社の /

will be introducing / an eight-week internship program. //
導入する予定です      / 8週間のインターンシッププログラムを。 //

Many talented people / have worked hard / on this initiative, /
多くの有能な人が          / 懸命に取り組んでいます / この新計画に、/

including James Myronenko, / who will be serving / as lead coordinator. //
James Myronenko を含め、      / 務めることになっている / 主任調整役を。 //

Interns / who are interested / in exploring the publishing industry /
インターン生は / 関心のある      / 出版業界を探究することに /

will gain hands-on professional experience / by helping with daily tasks /
実地の職業経験を得ることになります          / 日々の業務を手伝うことによって /

and special projects. //
そして特別企画を。 //

（次のページへ続く　⇒）

===================================================================================

**1. スラッシュ読み練習**

チャンクごとに、その内容をイメージしながら英文を読み進めましょう。

**2. 音声を使ったスラッシュ読み練習** 🔊25

チャンクごとの音声を聞きながら、英文を目で追いましょう。

**3. 音読練習** 🔊25

上で聞いた音声を参考に、チャンクの感覚を意識しながら音読しましょう。

音声を流しながら、チャンクごとに一時停止してリピートするのもお薦めです。

---

Additionally, / interns will attend networking events / and educational sessions /
さらに、　　　　　/ インターン生は人脈づくりのイベントに出席します / そして勉強会に /

presented by employees / from all departments. //
従業員によって提供される　　　　/ あらゆる部署からの。//

Anyone / who is interested / in being a featured speaker / at one of the sessions /
誰でも　　/ 興味がある　　　　/ 主要講演者になることに　　　　/ 勉強会の一つにおいて /

is invited / to submit a proposal / to Mr. Myronenko directly. //
お願いします / 提案書を提出するよう　　/ Myronenko さんに直接。//

Once the various sessions / have been decided / and scheduled, /
各種の勉強会が　　　　　　　/ 決定されたら　　　/ そして予定が組まれたら、/

I will circulate / all the relevant information / in another memo /
私は回覧するつもりです / 全ての関連情報を　　　　　/ 別の連絡メモで /

so that anyone / who is interested / may make plans / to attend. //
誰でも〜するように / 興味のある人が　　/ 計画を立てることができる / 出席するための。//

---

# STEP 4 ▼設問の正解を探す

Step 3 で理解した文書の内容に基づき、実際の設問に答えてみましょう。

Questions 23-25 refer to the following memo.

## MEMO

❶ To:    All San Francisco Office employees
From: Stefania Harding, General Manager
Date:   April 3
Re:     Internships

❷ This summer, the San Francisco Office of Holdings Publishing House will be introducing an eight-week internship program. Many talented people have worked hard on this initiative, including James Myronenko, who will be serving as lead coordinator.

❸ Interns who are interested in exploring the publishing industry will gain hands-on professional experience by helping with daily tasks and special projects. Additionally, interns will attend networking events and educational sessions presented by employees from all departments. Anyone who is interested in being a featured speaker at one of the sessions is invited to submit a proposal to Mr. Myronenko directly. Once the various sessions have been decided and scheduled, I will circulate all the relevant information in another memo so that anyone who is interested may make plans to attend.

23. What is the purpose of the memo?
   (A) To congratulate employees on their job performance
   (B) To invite employees to a company retreat
   (C) To inform employees about a new program
   (D) To request that all employees register for a workshop

24. What group of employees should contact Mr. Myronenko?
   (A) Those who are having computer problems
   (B) Those who have suggestions for new projects
   (C) Those who would like to give a presentation
   (D) Those who have experience leading teams

25. According to the memo, what follow-up information will be sent?
   (A) A list of applicants for an internship
   (B) A detailed schedule of events
   (C) A set of guidelines for writing a proposal
   (D) An updated employee handbook

⇒ 全訳は p.131

## 23

連絡メモの目的を読み取る。

❶より、連絡メモは、支社長の Harding さんからサンフランシスコ支社の全従業員に宛てられたもの。❷1 〜 2 行目に、「今年の夏、Holdings 出版社のサンフランシスコ支社は、8 週間のインターンシッププログラムを導入する予定だ」とあり、❸では、そのインターンシッププログラムの実施詳細について説明しているので、(C) が正解。

(A) congratulate 〜 on …「…のことで〜を祝う」、performance「実績」。

(B) company retreat「合宿研修」についての記載はない。

(D) インターン生のための勉強会は、協力希望者が募られているが、全従業員に参加を求めてはいない。register for 〜「〜に登録する」、workshop「講習会」。

## 24

Myronenko さんに連絡すべき従業員を探す。

Myronenko さんとは、❷2 〜 4 行目より、インターンシッププログラムの主任調整役を務めることになっている人物。❸4 〜 6 行目に「勉強会の一つで主要講演者となることに興味がある人は、Myronenko さんに提案書を直接提出してほしい」とあるので、(C) が正解。give a presentation「発表をする、プレゼンを行う」。

(B) 勉強会の提案書は求められているが、新事業の提案は求められていない。suggestion「提案」。

(D) lead「〜を主導する」。

## 25

今後どんな情報が送られる予定か確認する。

follow-up information は「続報」を意味する。❸6 〜 9 行目に、「各種の勉強会が決定され、予定が組まれたら、興味のある人が出席を計画できるよう、私は別の連絡メモで全ての関連情報を回覧するつもりだ」とあるので、それを「イベントの詳細なスケジュール」と表した (B) が正解。detailed「詳細な」。

(A) インターンシップの講演者が募られているが、インターン応募者のリストへの言及はない。applicant「応募者」。

(C) 提案書については❸4 〜 6 行目で提出するよう呼びかけているが、その指針を送るとは述べられていない。a set of 〜「一連の〜」、guideline「指針」。

(D) updated「最新の」、handbook「ハンドブック」。

| 文書の語注 |
| --- |

❶ general manager　支社長、統括責任者　　Re:　〜に関して　　internship　インターンシップ、実務研修

❷ publishing house　出版社　　introduce　〜を導入する　　talented　有能な　　work on 〜　〜に取り組む
initiative　新計画　　including　〜を含めて　　serve as 〜　〜を務める　　lead　筆頭の、第 1 の
coordinator　調整役、取りまとめ役

❸ be interested in 〜　〜に関心を抱いている　　explore　〜を調査する、〜を探検する　　industry　業界
hands-on　実践的な、実地の　　professional　職業上の　　task　業務　　additionally　さらに
intern　インターン生、実習生　　networking　(仕事上の) 人脈づくり　　educational　ためになる　　session　会、集まり
present　〜を提供する　　featured　主役の、呼び物の　　speaker　講演者　　invite 〜 to do　〜に…するよう頼む
submit　〜を提出する　　proposal　提案書　　directly　直接に　　once　いったん〜したら　　various　さまざまな
circulate　〜を回覧する　　relevant　関連がある　　make a plan to do　〜する計画を立てる

問題 (p.120) の正解　23 (C)　24 (C)　25 (B)

スラッシュ読みの手法を念頭に置き、下記の手順で、読むスピードを上げる練習をしましょう。

Questions 23-25 refer to the following memo.

---

## MEMO

To:　All San Francisco Office employees
From: Stefania Harding, General Manager
Date: April 3
Re:　Internships

This summer, the San Francisco Office of Holdings Publishing House will be introducing an eight-week internship program. Many talented people have worked hard on this initiative, including James Myronenko, who will be serving as lead coordinator.

Interns who are interested in exploring the publishing industry will gain hands-on professional experience by helping with daily tasks and special projects. Additionally, interns will attend networking events and educational sessions presented by employees from all departments. Anyone who is interested in being a featured speaker at one of the sessions is invited to submit a proposal to Mr. Myronenko directly. Once the various sessions have been decided and scheduled, I will circulate all the relevant information in another memo so that anyone who is interested may make plans to attend.

---

## 1. スラッシュ読み練習

チャンクを意識しながら読みましょう。

※STEP 3のように、自分でスラッシュを書き込んでもよいでしょう。

## 2. 音声を使ったリーディングスピードアップ練習　🔊26

理想スピードの音声を聞きながら、同じスピードで英文を目で追って、文書を読みましょう。

※ 音声のスピードが速過ぎると感じる場合は、アプリ等のスピード変換機能で調整してください。

## 3. リーディング所要時間の再計測

速読を意識して文書全体をもう一度読み、p.115 の表の計測時間❷に書き込んで計測時間❶と比較しましょう。

※ 表の目標リーディング時間に近づくまで、２のスピードを意識しながら、繰り返し練習をしてみましょう。

Unit 5 - 文書 A までの累計：**10,500 語突破！**

| | 5,000 | 10,000 | 15,000 | 20,000 | 25,000 | 30,000 |

まず、読みやすいスピードで文書全体を読み、かかった時間を右下の表に書き込んでください。その後で確認問題を解いてみましょう。

⇒ 正解は p.125

Questions 26-29 refer to the following memo.

## MEMO

Subject: Information regarding travel and expenses

Employees conducting international business travel for Sherbin Systems are now required to use Voyager. — [1] —. This recently released Web application allows employees to book business travel to locations outside of Australia at discounted rates and track expenses incurred on business trips. It stores itineraries for convenient reference before, during, and after a trip. Before using Voyager, you must create a password and an online profile to indicate preferences. — [2] —. Voyager also tracks uploaded cash receipts and charges made on company credit cards during a trip. — [3] —. After a trip, the automatically created voucher folder allows you to submit reimbursement requests. If you have any questions or problems while setting up or using the application, contact Ellie Barnard in our computer support department at extension 3298, Monday through Friday from 9 A.M. to 5 P.M. For questions after hours, contact the customer service team at Voyager Software, Inc., at (02)-5551-0173. — [4] —.

### 確認問題

この連絡メモは何に関するものですか？

(a) 人材採用
(b) 休暇申請
(c) 出張経費

| | 文書 |
| --- | --- |
| 語数 | 166 語 * |
| 目標リーディング時間 | 69 秒 * |
| 計測時間 ❶：STEP 1 | 秒 |
| 計測時間 ❷：STEP 5 | 秒 |

＊挿入文が入った場合の語数と目標時間です。

赤い丸囲みの部分に注目しながら、文書と設問の概要をつかむことを目的に、全体をざっと読みましょう。

Questions 26-29 refer to the following memo.

---

## MEMO

Subject: Information regarding travel and expenses

Employees conducting international business travel for Sherbin Systems are now required to use Voyager. — [1] —. This recently released Web application allows employees to book business travel to locations outside of Australia at discounted rates and track expenses incurred on business trips. It stores itineraries for convenient reference before, during, and after a trip. Before using Voyager, you must create a password and an online profile to indicate preferences. — [2] —. Voyager also tracks uploaded cash receipts and charges made on company credit cards during a trip. — [3] —. After a trip, the automatically created voucher folder allows you to submit reimbursement requests. If you have any questions or problems while setting up or using the application, contact Ellie Barnard in our computer support department at extension 3298, Monday through Friday from 9 A.M. to 5 P.M. For questions after hours, contact the customer service team at Voyager Software, Inc., at (02)-5551-0173. — [4] —.

---

### 1 指示文から、文書の種類を確認する

Questions 26-29 refer to the following memo.

⇒ 文書は memo「連絡メモ」だな。

### 2 件名を確認する

Subject: Information regarding travel and expenses

⇒ 出張と経費に関して？

### 3 本文の書き出しを確認する

Employees conducting international business travel for Sherbin Systems are now required to use Voyager.

⇒ 海外出張する従業員は Voyager の使用が必須に？

### 4 連絡先をチェックする

If you have any questions ......, contact Ellie Barnard in our computer support department ...... For questions after hours, contact ...... Voyager Software, Inc., at (02)-5551-0173.

⇒ この件の問い合わせ先？ Ellie Barnard という名前と電話番号があるな。

## 5 設問文をチェックして、キーワードを頭に入れる

**26.** What is (stated) about (Voyager)?

　⇒ Voyager について述べられていること？

　　 state「〜と述べる」。

**27.** What are employees (required to do) before using Voyager) for the first time?

　⇒ Voyager を初めて使用する前に必須のこと？

**28.** Who most likely (is Ms. Barnard)?

　⇒ Ms. Barnard とは？

**29.** In which of the positions marked [1], [2], [3], and [4]
does the following sentence best belong?

　"The software then guides you through the process
of setting up a trip."

　⇒ 文挿入位置の問題だ。挿入文はこれか。

確認問題（p.123）の正解　（c）

# STEP 3 ▼スラッシュ読みで文書全体を理解する

Chapter 1 で学んだスラッシュ読みの手法を用いて、下記の英文を右の手順に従って学習しましょう。

▶▶ ここではスラッシュで区切ったチャンクで読む感覚を養います。

▶▶ 赤シートでスラッシュと訳語を隠して読むのも効果的です。

※―[1]―. から―[4]―. までのかっこ付きの番号は問題文書と同じにするため掲載しています。スラッシュ読みする際はあまり気にせず読んでください。もし、どの番号で情報が抜けていそうか気付いたら、番号に印を付けましょう。

===================================================================================

MEMO /
メモ /


Subject: / Information regarding travel and expenses /
件名： 　　 / 出張と経費に関する情報 /


Employees / conducting international business travel / for Sherbin Systems /
従業員は 　　　 / 海外出張を行う 　　　　　　　　　　　　　　 / Sherbin Systems 社のために /

are now required / to use Voyager. // ― [1] ―. //
現在、求められています / Voyager を使用することを。 //

This recently released Web application / allows employees / to book business travel /
この最近リリースされたウェブアプリは 　　　　 / 従業員に可能にします 　 / 出張を予約することを /

to locations outside of Australia / at discounted rates /
オーストラリア国外の場所への 　　　　　 / 割引料金で /

and track expenses / incurred on business trips. //
そして経費を追跡することを / 出張にかかった。 //

It stores itineraries / for convenient reference / before, during, and after a trip. //
それは旅程表を保存します / 参照しやすいよう 　　　　 / 出張の前、最中、そして後に。 //

Before using Voyager, / you must create a password /
Voyager を使用する前に、 　 / 皆さんはパスワードを作成しなければなりません /

and an online profile / to indicate preferences. // ― [2] ―. //
そしてオンライン上のプロフィールを / 好みを示すための。 //

Voyager also tracks / uploaded cash receipts /
また、Voyager は追跡します / アップロードされた現金払いの領収書を /

and charges / made on company credit cards / during a trip. // ― [3] ―. //
そして請求代金を / 会社のクレジットカードに付けられた 　 / 出張中に。 //

（次のページへ続く ⇒）

===================================================================================

## 1. スラッシュ読み練習

チャンクごとに、その内容をイメージしながら英文を読み進めましょう。

## 2. 音声を使ったスラッシュ読み練習　🔊27

チャンクごとの音声を聞きながら、英文を目で追いましょう。

## 3. 音読練習　🔊27

上で聞いた音声を参考に、チャンクの感覚を意識しながら音読しましょう。

音声を流しながら、チャンクごとに一時停止してリピートするのもお薦めです。

---

After a trip, / the automatically created voucher folder /

出張後、　　　　/ 自動作成される支払証明フォルダは /

allows you / to submit reimbursement requests. //

皆さんに可能にします / 払い戻し申請書を提出することを。 //

If you have any questions / or problems /

何か質問があれば　　　　　　　　 / あるいは問題が /

while setting up / or using the application, /

設定中に　　　　　　 / またはアプリの使用中に、 /

contact Ellie Barnard / in our computer support department / at extension 3298, /

Ellie Barnard に連絡してください / 当社コンピューターサポート部の　　　 / 内線 3298 にて、 /

Monday through Friday / from 9 A.M. to 5 P.M. //

月曜日から金曜日まで　　　　 / 午前 9 時から午後 5 時まで。 //

For questions after hours, / contact the customer service team /

業務時間後の質問については、　　　 / 顧客サービスチームに連絡してください /

at Voyager Software, Inc., / at (02)-5551-0173. // — [4] —. //

Voyager Software 社の、　　　　　 / (02)-5551-0173 にて。 //

---

# STEP 4 ▼設問の正解を探す

Step 3 で理解した文書の内容に基づき、実際の設問に答えてみましょう。

Questions 26-29 refer to the following memo.

---

**MEMO**

❶ Subject: Information regarding travel and expenses

❷ Employees conducting international business travel for Sherbin Systems are now required to use Voyager. — [1] —. This recently released Web application allows employees to book business travel to locations outside of Australia at discounted rates and track expenses incurred on business trips. It stores itineraries for convenient reference before, during, and after a trip. Before using Voyager, you must create a password and an online profile to indicate preferences. — [2] —. Voyager also tracks uploaded cash receipts and charges made on company credit cards during a trip. — [3] —. After a trip, the automatically created voucher folder allows you to submit reimbursement requests. If you have any questions or problems while setting up or using the application, contact Ellie Barnard in our computer support department at extension 3298, Monday through Friday from 9 A.M. to 5 P.M. For questions after hours, contact the customer service team at Voyager Software, Inc., at (02)-5551-0173. — [4] —.

---

**26.** What is stated about Voyager?

(A) It is difficult to use.
(B) It is optional.
(C) It is expensive.
(D) It is new.

**27.** What are employees required to do before using Voyager for the first time?

(A) Contact their manager
(B) Attend a training session
(C) Create an online profile
(D) Make a phone call

**28.** Who most likely is Ms. Barnard?

(A) A technology support specialist
(B) A travel agent
(C) A customer service representative
(D) A software developer

**29.** In which of the positions marked [1], [2], [3], and [4] does the following sentence best belong?

"The software then guides you through the process of setting up a trip."

(A) [1]
(B) [2]
(C) [3]
(D) [4]

**26**

Voyager に関する記述を探す。

❶の件名から、出張と経費に関する連絡だと分かる。❷1～2行目で、海外出張する従業員は今後 Voyager の使用が求められる旨が述べられ、同2～5行目で、最近リリースされたこのウェブアプリによる出張予約や経費処理のメリットが伝えられている。よって、この文の recently released を言い換えた (D) が正解。

(B)　❷1～2行目より、Voyager の使用は任意ではなく必須。optional「任意の」。

**27**

Voyager の初回使用前に従業員がするべきことを探す。

❷6～7行目に「Voyager を使用する前に、皆さんはパスワード、および好みを示すためのオンライン上のプロフィールを作成しなければならない」と書かれているので、(C) が正解。

(B)　attend「～に出席する」、training session「研修会」。

**28**

Barnard さんに関する情報に着目する。

設問文の most likely ～は「おそらく～」という意味。❷10～12行目で、アプリの設定中または使用中に質問や問題があれば、当社コンピューターサポート部の Ellie Barnard に、内線 3298 まで連絡するよう指示されているので、Barnard さんは社内の技術サポート担当者だと判断できる。(A) が正解。

(C)　❷13～14行目で、業務時間外の連絡先として Voyager Software 社の顧客サービスチームを知らせているだけ。representative「担当者」。

(D)　Barnard さんがソフトの開発者だとは述べられていない。developer「開発者」。

**29**

挿入文を入れるのに最適な位置を選ぶ。

挿入文は、ソフトウエアが設定手順を案内することを述べたものであり、順序を表す then「そうすると」が含まれていることに注目。❷6～7行目で、Voyager は使用前に、パスワードとプロフィールの作成が必要だと述べられている。続く [2] の直後では、Voyager を利用してできることが具体的に説明されているので、[2] に挿入文を入れると、Voyager の利用手順を説明する流れに合う。(B) が正解。guide ～ through …「～に…を案内する」、process「手順」。

---

文書の語注

❶ regarding　～に関して　　expense　経費
❷ conduct　～を行う　　be required to *do*　～する必要がある、～することを求められている
　 recently released　最近リリース（発売）された　　Web application　ウェブアプリ ★ブラウザ上で利用できるアプリ
　 allow ～ to *do*　～が…することを可能にする　　book　～を予約する　　location　場所　　outside of ～　～の外側の
　 discounted　割引された　　rate　料金　　track　～を追跡する　　incur　～（費用など）を負担する
　 store　～（情報など）を保存する　　itinerary　旅程表　　convenient　使いやすい　　reference　参照
　 create　～を作成する　　profile　プロフィール　　indicate　～を示す　　preference　好み　　cash　現金払い、現金
　 receipt　領収書、レシート　　charge　請求料金　　automatically　自動で　　voucher　支払証明書、料金領り証
　 folder　フォルダ　　submit　～を提出する　　reimbursement　払い戻し　　request　申請書、要請書
　 set up ～　～を設定する　　contact　～に連絡を取る　　extension　内線（番号）　　after hours　勤務時間後の

問題 (p.128) の正解　26 (D)　27 (C)　28 (A)　29 (B)

スラッシュ読みの手法を念頭に置き、下記の手順で、読むスピードを上げる練習をしましょう。

Questions 26-29 refer to the following memo.

## MEMO

Subject: Information regarding travel and expenses

Employees conducting international business travel for Sherbin Systems are now required to use Voyager. This recently released Web application allows employees to book business travel to locations outside of Australia at discounted rates and track expenses incurred on business trips. It stores itineraries for convenient reference before, during, and after a trip. Before using Voyager, you must create a password and an online profile to indicate preferences. *The software then guides you through the process of setting up a trip. Voyager also tracks uploaded cash receipts and charges made on company credit cards during a trip. After a trip, the automatically created voucher folder allows you to submit reimbursement requests. If you have any questions or problems while setting up or using the application, contact Ellie Barnard in our computer support department at extension 3298, Monday through Friday from 9 A.M. to 5 P.M. For questions after hours, contact the customer service team at Voyager Software, Inc., at (02)-5551-0173.

\* 問題 29 の挿入文

### 1. スラッシュ読み練習

チャンクを意識しながら読みましょう。

※STEP 3 のように、自分でスラッシュを書き込んでもよいでしょう。

### 2. 音声を使ったリーディングスピードアップ練習　◁》28

理想スピードの音声を聞きながら、同じスピードで英文を目で追って、文書を読みましょう。

※ 音声のスピードが速過ぎると感じる場合は、アプリ等のスピード変換機能で調整してください。

### 3. リーディング所要時間の再計測

速読を意識して文書全体をもう一度読み、p.123 の表の計測時間❷に書き込んで計測時間❶と比較しましょう。

※ 表の目標リーディング時間に近づくまで、2 のスピードを意識しながら、繰り返し練習をしてみましょう。

Unit 5 - 文書 B までの累計：11,800 語突破！

| 5,000 | 10,000 | 15,000 | 20,000 | 25,000 | 30,000 |

**文書A**

▼文書の訳

問題23-25は次の連絡メモに関するものです。

====================================================================================

宛先：　サンフランシスコ支社従業員各位

差出人：Stefania Harding、支社長

日付：　4月3日

件名：　インターンシップ

今年の夏、Holdings出版社のサンフランシスコ支社は、8週間のインターンシッププログラムを導入する予定です。主任調整役を務めることになっているJames Myronenkoをはじめ、多くの有能な人々がこの新たな計画に懸命に取り組んでいます。

出版業界の探究に関心のあるインターン生は、日々の業務や特別企画の手伝いをすることによって実地の職業経験を得ることになります。さらに、インターン生は、人脈づくりイベントやあらゆる部署の従業員が提供する勉強会に出席します。勉強会の一つで主要講演者となることに興味がある方は、Myronenkoさんに提案書を直接提出してください。各種の勉強会が決定され、予定が組まれたら、興味のある方が出席を計画できるよう、別の連絡メモで全ての関連情報を回覧します。

====================================================================================

▼設問の訳

**23** 連絡メモの目的は何ですか。

(A) 業務実績に関して従業員をたたえること

(B) 従業員を合宿研修に招待すること

(C) 従業員に新しいプログラムについて知らせること

(D) 講習会に登録するよう全従業員に要請すること

**24** どのような従業員のグループがMyronenkoさんに連絡すべきですか。

(A) コンピューターの問題を抱えている人々

(B) 新事業のための提案がある人々

(C) 発表を行いたい人々

(D) チームを主導した経験を持つ人々

**25** 連絡メモによると、どのような続報が送られる予定ですか。

(A) インターンシップへの応募者リスト

(B) イベントの詳細なスケジュール

(C) 提案書を書くための一連の指針

(D) 最新の従業員ハンドブック

▼文書の訳

問題 26-29 は次の連絡メモに関するものです。

===============================================================================

件名：出張および経費に関する情報

Sherbin Systems 社の仕事で海外出張する従業員は現在、Voyager を使用する必要があります。最近リリースされたこのウェブアプリによって、従業員は割引料金でオーストラリア国外への出張を予約したり、出張にかかった経費を追跡したりすることができます。このアプリは、出張の前後や最中に参照しやすいよう旅程表を保存します。Voyager を使用する前に、皆さんはパスワードと、好みを示すためのオンライン上のプロフィールを作成しなければなりません。* そうすると、このソフトウエアは、皆さんが出張を設定する手順を案内します。また、Voyager は出張中にアップロードされた現金払いの領収書や会社のクレジットカードに付けられた請求代金を追跡します。出張後、自動作成される支払証明フォルダにより、皆さんは払い戻し申請書を提出することができます。アプリの設定中または使用中に、質問や問題があれば、月曜日から金曜日の午前 9 時から午後 5 時までの間に、当社コンピューターサポート部の Ellie Barnard に、内線 3298 まで連絡してください。業務時間後の質問については、Voyager Software 社の顧客サービスチームに、(02)-5551-0173 まで連絡してください。

*問題 29 の挿入文の訳

===============================================================================

▼設問の訳

**26** Voyager について何が述べられていますか。

　(A) 使いにくい。
　(B) 任意である。
　(C) 高価である。
　(D) 新しい。

**27** 従業員は初めて Voyager を使用する前に、何をする必要がありますか。

　(A) 自分の上長に連絡する
　(B) 研修会に出席する
　(C) オンライン上のプロフィールを作成する
　(D) 電話をかける

**28** Barnard さんとは誰だと考えられますか。

　(A) 技術サポートの専門家
　(B) 旅行代理業者
　(C) 顧客サービス担当者
　(D) ソフトウエア開発者

**29** [1]、[2]、[3]、[4] と記載された箇所のうち、次の文が入るのに最もふさわしいのはどれですか。
　「そうすると、このソフトウエアは、皆さんが出張を設定する手順を案内します」

　(A) [1]
　(B) [2]
　(C) [3]
　(D) [4]

文書タイプ別 速読演習

# Unit 6

# オンラインチャット

text-message chains, online chat discussions, etc.

# Unit 6　「オンラインチャット」文書の特徴

Unit 6 では「オンラインチャット」の文書を取り上げます。text-message chain や online chat discussion などが該当します。メッセージやオンラインチャットは、スマートフォン、タブレット、パソコンなどの通信機器におけるテキストでのやり取りで、即時的な対話が画面上で交わされます。「オンラインチャット」文書は大きく分けて、①同僚や仕事仲間などの2人でのやりとり、②共働するチームなどの3人以上でのやりとり、の2種類があります。このタイプの文書には、以下のような特徴があります。

---

- **■ 書式**　　**発言ごとに分かれた短いブロックが繰り返される。各ブロックは【名前（太字）→時刻（太字）→発言内容】という形式になっている。**
- **■ 文体**　　**対面での会話のようなカジュアルな言い回しで、簡潔。主語などが省略されることもある。**

---

「オンラインチャット」文書では、以下を確認しましょう。

## 1. チャットの目的と参加者の関係

最初の発言に連絡の用件が示されていることが多く、呼び掛けが含まれているものは、発言者同士の関係をつかむ手掛かりにもなります。

例

> **Noriko Singh [9:07 A.M.]**
> Hello. I'm asking everyone on my sales team
> what they think of the Willson Cabinet line ...

← 発言者の氏名と送信時刻。
← Singh さんは販売チームの責任者で（my sales team から）、チームメンバーに意見を尋ねたいと推測できる。

## 2. 会話の流れ

2人でのやり取りの場合、基本的には直前の発言に対する応答になっています。一方、3人以上でのやり取りの場合、発言が直前の書き込みに対する応答でないこともあるので注意が必要です。発言が、前のどの発言を受けているのかに注目しましょう。また、発言に代名詞が含まれる場合は、何を指すのか把握しながら読むことが重要です。

## 3. 発言の特定

設問には、チャット全体に関するものと特定の部分に関するものがあります。下の例のように個別の発言について問う設問は、必ず時刻と発言者の言及があるので、素早く該当の発言箇所を探しましょう。

例　At 8:23 A.M., what does Mr. Bolder mean　← Bolder さんのある発言について意図を尋ねる問題。
　　when he writes, "I'm pleased to do it"?　　二重引用符 " " でくくられた箇所が問われている。

まず、読みやすいスピードで文書全体を読み、かかった時間を右下の表に書き込んでください。その後で確認問題を解いてみましょう。

⇒ 正解は p.137

Questions 30-31 refer to the following text-message chain.

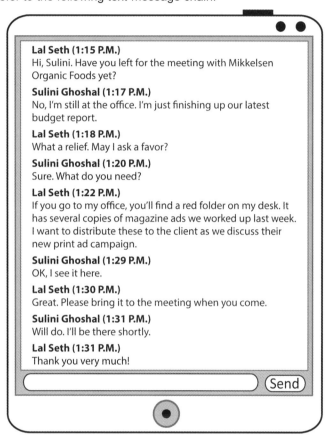

**Lal Seth (1:15 P.M.)**
Hi, Sulini. Have you left for the meeting with Mikkelsen Organic Foods yet?

**Sulini Ghoshal (1:17 P.M.)**
No, I'm still at the office. I'm just finishing up our latest budget report.

**Lal Seth (1:18 P.M.)**
What a relief. May I ask a favor?

**Sulini Ghoshal (1:20 P.M.)**
Sure. What do you need?

**Lal Seth (1:22 P.M.)**
If you go to my office, you'll find a red folder on my desk. It has several copies of magazine ads we worked up last week. I want to distribute these to the client as we discuss their new print ad campaign.

**Sulini Ghoshal (1:29 P.M.)**
OK, I see it here.

**Lal Seth (1:30 P.M.)**
Great. Please bring it to the meeting when you come.

**Sulini Ghoshal (1:31 P.M.)**
Will do. I'll be there shortly.

**Lal Seth (1:31 P.M.)**
Thank you very much!

`[                                              ]` (Send)

確認問題

Ghoshal さんは誰だと考えられますか？

(a) Seth さんの顧客
(b) Seth さんの同僚
(c) Seth さんのコンサルタント

|  | 文書 |
|---|---|
| 語数 | 143 語 |
| 目標リーディング時間 | 67 秒 |
| 計測時間 ❶：STEP 1 | 秒 |
| 計測時間 ❷：STEP 5 | 秒 |

赤い丸囲みの部分に注目しながら、文書と設問の概要をつかむことを目的に、全体をざっと読みましょう。

Questions 30-31 refer to the following text-message chain.

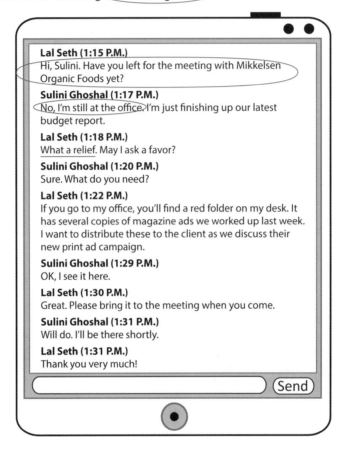

**1** 指示文から、文書の種類を確認する

Questions 30-31 refer to the following text-message chain.

　⇒ 文書は text-message chain「テキストメッセージのやり取り」だな。

**2** チャットの目的と参加者の関係を推測する

**Lal Seth (1:15 P.M.)**

Hi, Sulini. Have you left for the meeting with Mikkelsen Organic Foods yet?

　⇒ 呼び掛けの発言から、同僚同士？　取引先との打ち合わせに出発したかどうか尋ねているな。

**3** 冒頭のやりとりから現在の状況をつかむ

**Sulini Ghoshal (1:17 P.M.)**

No, I'm still at the office.

　⇒ まだ会社にいる、と伝えている。やはり同僚のやりとりだな。

## 4 設問文をチェックして、キーワードを頭に入れる

**30.** Where do Mr. Seth and Ms. Ghoshal most likely work?

⇒ Mr. Seth と Ms. Ghoshal の勤務先？

**31.** At 1:18 P.M., what does Mr. Seth most likely mean when he writes, "What a relief"?

⇒ 1:18 P.M. の発言（What a relief.）で意図していること？

確認問題（p.135）の正解　（b）

# STEP 3 ▼スラッシュ読みで文書全体を理解する

Chapter 1 で学んだスラッシュ読みの手法を用いて、下記の英文を右の手順に従って学習しましょう。

▶▶ ここではスラッシュで区切ったチャンクで読む感覚を養います。

▶▶ 赤シートでスラッシュと訳語を隠して読むのも効果的です。

=================================================================================

**Lal Seth (1:15 P.M.)** /
Lal Seth（午後 1 時 15 分）/

Hi, Sulini. //
こんにちは、Sulini。 //

Have you left / for the meeting / with Mikkelsen Organic Foods / yet? //
あなたは出発しましたか / 打ち合わせに向かって / Mikkelsen 有機食品社との　　　 / もう。 //

**Sulini Ghoshal (1:17 P.M.)** /
Sulini Ghoshal（午後 1 時 17 分）/

No, / I'm still at the office. //
いいえ、/ 私はまだ会社にいます。 //

I'm just finishing up / our latest budget report. //
私はちょうど仕上げているところです / 私たちの最新の予算報告書を。 //

**Lal Seth (1:18 P.M.)** /
Lal Seth（午後 1 時 18 分）/

What a relief. // May I ask a favor? //
ほっとしました。　 // お願いがあるのですが。 //

**Sulini Ghoshal (1:20 P.M.)** /
Sulini Ghoshal（午後 1 時 20 分）/

Sure. // What do you need? //
いいですよ。 // あなたは何が必要ですか。 //

**Lal Seth (1:22 P.M.)** /
Lal Seth（午後 1 時 22 分）/

If you go to my office, / you'll find a red folder / on my desk. //
あなたが私の執務室に行くと、/ あなたは赤い書類挟みを見つけるでしょう / 私の机の上に。 //

It has several copies / of magazine ads / we worked up / last week. //
それには数部が入っています / 雑誌広告の　　　 / 私たちが練り上げた / 先週に。 //

I want to distribute these / to the client /
私はこれらを配りたいと思っています / 顧客に /

as we discuss / their new print ad campaign. //
私たちが話し合う際に / 彼らの新しい印刷広告キャンペーンについて。 //

（次のページへ続く　⇒）

=================================================================================

## 1. スラッシュ読み練習

チャンクごとに、その内容をイメージしながら英文を読み進めましょう。

## 2. 音声を使ったスラッシュ読み練習　🔊29

チャンクごとの音声を聞きながら、英文を目で追いましょう。

## 3. 音読練習　🔊29

上で聞いた音声を参考に、チャンクの感覚を意識しながら音読しましょう。

音声を流しながら、チャンクごとに一時停止してリピートするのもお薦めです。

==================================================================================

**Sulini Ghoshal (1:29 P.M.)** /
Sulini Ghoshal（午後 1 時 29 分）/

OK, / I see it / here. //
はい、/ 私にはそれが見えます / ここに。 //


**Lal Seth (1:30 P.M.)** /
Lal Seth（午後 1 時 30 分）/

Great. // Please bring it / to the meeting / when you come. //
よかったです。 // それを持って来てください / 打ち合わせに / あなたが来るときに。 //


**Sulini Ghoshal (1:31 P.M.)** /
Sulini Ghoshal（午後 1 時 31 分）/

Will do. // I'll be there / shortly. //
そうします。 // 私はそちらへ行きます / すぐに。 //


**Lal Seth (1:31 P.M.)** /
Lal Seth（午後 1 時 31 分）/

Thank you very much! //
どうもありがとう！ //

==================================================================================

# STEP 4 ▼設問の正解を探す

Step 3 で理解した文書の内容に基づき、実際の設問に答えてみましょう。

Questions 30-31 refer to the following text-message chain.

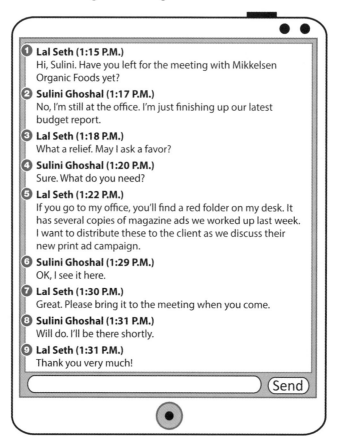

**① Lal Seth (1:15 P.M.)**
Hi, Sulini. Have you left for the meeting with Mikkelsen Organic Foods yet?

**② Sulini Ghoshal (1:17 P.M.)**
No, I'm still at the office. I'm just finishing up our latest budget report.

**③ Lal Seth (1:18 P.M.)**
What a relief. May I ask a favor?

**④ Sulini Ghoshal (1:20 P.M.)**
Sure. What do you need?

**⑤ Lal Seth (1:22 P.M.)**
If you go to my office, you'll find a red folder on my desk. It has several copies of magazine ads we worked up last week. I want to distribute these to the client as we discuss their new print ad campaign.

**⑥ Sulini Ghoshal (1:29 P.M.)**
OK, I see it here.

**⑦ Lal Seth (1:30 P.M.)**
Great. Please bring it to the meeting when you come.

**⑧ Sulini Ghoshal (1:31 P.M.)**
Will do. I'll be there shortly.

**⑨ Lal Seth (1:31 P.M.)**
Thank you very much!

Send

---

**30.** Where do Mr. Seth and Ms. Ghoshal most likely work?

(A) At a financial advisory firm
(B) At a food processing plant
(C) At a publishing company
(D) At an advertising agency

**31.** At 1:18 P.M., what does Mr. Seth most likely mean when he writes, "What a relief"?

(A) He is pleased that a report is accurate.
(B) He is glad that Ms. Ghoshal has not left yet.
(C) He thinks that Ms. Ghoshal's presentation was a success.
(D) He sees that his clients have arrived for a meeting on time.

⇒ 全訳は p.151

## 30

Seth さんと Ghoshal さんの職場を推察する。

業務内容に関わる箇所を探すと、Seth さんは❺の本文 1 〜 2 行目で、自分の机の上にある書類挟みについて、「それには、私たちが先週練り上げた雑誌広告が数部入っている」と同僚の Ghoshal さんに伝えている。続けて Seth さんは、顧客との新しい印刷広告キャンペーンに関する打ち合わせでこれらの広告を配りたい、と述べているので、2 人は広告代理店に勤務していると判断できる。よって、(D) が正解。advertising「広告」、agency「代理店」。

(A)　financial「財務の、会計の」、advisory「顧問の」、firm「会社、事務所」。

(B)　❶の本文 1 〜 2 行目の「Mikkelsen 有機食品社」から連想されるが、これは取引先であって、2 人の勤務先が食品関連の職場だと判断できる記載はない。processing「加工」、plant「工場」。

(C)　雑誌広告に言及しているが、雑誌を制作していると分かる記述はない。publishing「出版」。

## 31

Seth さんが "What a relief." と言った意図を読み取る。

書き手の意図を尋ねる問題は、まず該当の発言前後の文脈を把握する。設問は❸に関するもの。

❶で、Seth さんに、打ち合わせにもう出発したかと尋ねられた Ghoshal さんは❷で、まだ会社にいると答えている。該当の発言はこれに対するもので、その直後の発言 May I ask a favor? から、会社にいる Ghoshal さんに頼み事をしたいことが分かり、実際に❺で具体的な依頼内容を伝えている。よって、Seth さんは、Ghoshal さんがまだ会社を出ていないと知り、安堵してこの発言をしていると判断できるので、(B) が正解。be glad that 〜「〜ということを喜んでいる」。

(A)　be pleased that 〜「〜ということに満足している」、accurate「正確な」。

(C)　過去のプレゼンテーションに関する情報はない。presentation「プレゼンテーション」、success「成功」。

(D)　顧客との打ち合わせについて話しているが、到着時刻に関する言及はない。see that 〜「〜ということが分かる」、on time「時間通りに」。

---

**文書の語注**

❶ organic food　有機食品、オーガニックフード
❷ office　会社、執務室　　finish up 〜　〜を仕上げる　　latest　最新の　　budget　予算
❸ What a relief.　ほっとしました　★安堵を表す表現　　ask a favor　頼み事をする
❺ folder　書類挟み　　several　幾つかの　　a copy of 〜　1 部の〜　　ad　広告　★ advertisement の略
　 work up 〜　〜を練り上げる　　distribute　〜を配布する　　client　顧客　　discuss　〜について話し合う
　 print ad　印刷広告　　campaign　キャンペーン
❽ Will do.　そうします　★ I will do (that). の略。返答で用いる　　shortly　すぐに

問題 (p.140) の正解　30（D）　31（B）

# STEP 5 ▼リーディングスピードを上げる練習をする　文書A

スラッシュ読みの手法を念頭に置き、下記の手順で、読むスピードを上げる練習をしましょう。

Questions 30-31 refer to the following text-message chain.

**Lal Seth (1:15 P.M.)**
Hi, Sulini. Have you left for the meeting with Mikkelsen Organic Foods yet?

**Sulini Ghoshal (1:17 P.M.)**
No, I'm still at the office. I'm just finishing up our latest budget report.

**Lal Seth (1:18 P.M.)**
What a relief. May I ask a favor?

**Sulini Ghoshal (1:20 P.M.)**
Sure. What do you need?

**Lal Seth (1:22 P.M.)**
If you go to my office, you'll find a red folder on my desk. It has several copies of magazine ads we worked up last week. I want to distribute these to the client as we discuss their new print ad campaign.

**Sulini Ghoshal (1:29 P.M.)**
OK, I see it here.

**Lal Seth (1:30 P.M.)**
Great. Please bring it to the meeting when you come.

**Sulini Ghoshal (1:31 P.M.)**
Will do. I'll be there shortly.

**Lal Seth (1:31 P.M.)**
Thank you very much!

## 1. スラッシュ読み練習

チャンクを意識しながら読みましょう。

※STEP 3のように、自分でスラッシュを書き込んでもよいでしょう。

## 2. 音声を使ったリーディングスピードアップ練習　🔊30

理想スピードの音声を聞きながら、同じスピードで英文を目で追って、文書を読みましょう。

※ 音声のスピードが速過ぎると感じる場合は、アプリ等のスピード変換機能で調整してください。

## 3. リーディング所要時間の再計測

速読を意識して文書全体をもう一度読み、p.135の表の計測時間❷に書き込んで計測時間❶と比較しましょう。

※ 表の目標リーディング時間に近づくまで、2のスピードを意識しながら、繰り返し練習をしてみましょう。

Unit 6 - 文書Aまでの累計：**12,900 語突破！**

| | | | | | |
|---|---|---|---|---|---|
| 5,000 | 10,000 | 15,000 | 20,000 | 25,000 | 30,000 |

まず、読みやすいスピードで文書全体を読み、かかった時間を右下の表に書き込んでください。その後で確認問題を解いてみましょう。　⇒ 正解は p.145

Questions 32-35 refer to the following online chat discussion.

**Gaston Bouchard (2:02 P.M.)**
Good afternoon, everyone. As you might have heard, our CEO has approved the plan to hold job fairs on 10 April at four locations. We'll have to organize quickly, since it's already February.

**Ameena Abukar (2:03 P.M.)**
Two months will be enough. I already have set up a preliminary marketing plan. I will e-mail the schedule to you by the end of the week.

**Jin Zeng (2:04 P.M.)**
I just want to make certain: we're hiring for all types of jobs at each location? I know we need all types of positions filled here in Toronto.

**Gaston Bouchard (2:05 P.M.)**
It's unusual. But yes, we're hiring everyone from software engineers to warehouse staff at each of the four fairs. Sophie, are you looking into the recruiters?

**Sophie Poulin (2:06 P.M.)**
Yes, I just started. I put out some queries, but I wanted to make sure the plans, dates, and locations were definite. The locations are Montreal, Toronto, Edmonton, and Vancouver, correct?

**Gaston Bouchard (2:07 P.M.)**
That's right, Sophie. Of course, at another time there may be events elsewhere, such as in Calgary. However, you can follow up on those queries now.

**確認問題**

何についての話し合いですか？

(a) 役員選出
(b) 講座登録方法
(c) 就職説明会

|  | 文書 |
|---|---|
| 語数 | 195 語 |
| 目標リーディング時間 | 84 秒 |
| 計測時間 ❶：STEP 1 | 秒 |
| 計測時間 ❷：STEP 5 | 秒 |

赤い丸囲みの部分に注目しながら、文書と設問の概要をつかむことを目的に、全体をざっと読みましょう。

Questions 32-35 refer to the following online chat discussion.

**Gaston Bouchard** (2:02 P.M.)
Good afternoon, everyone. As you might have heard, our CEO has approved the plan to hold job fairs on 10 April at four locations. We'll have to organize quickly, since it's already February.

**Ameena Abukar** (2:03 P.M.)
Two months will be enough. I already have set up a preliminary marketing plan. I will e-mail the schedule to you by the end of the week.

**Jin Zeng** (2:04 P.M.)
I just want to make certain: we're hiring for all types of jobs at each location? I know we need all types of positions filled here in Toronto.

**Gaston Bouchard** (2:05 P.M.)
It's unusual. But yes, we're hiring everyone from software engineers to warehouse staff at each of the four fairs. Sophie, are you looking into the recruiters?

**Sophie Poulin** (2:06 P.M.)
Yes, I just started. I put out some queries, but I wanted to make sure the plans, dates, and locations were definite. The locations are Montreal, Toronto, Edmonton, and Vancouver, correct?

**Gaston Bouchard** (2:07 P.M.)
That's right, Sophie. Of course, at another time there may be events elsewhere, such as in Calgary. However, you can follow up on those queries now.

---

**1 指示文から、文書の種類を確認する**

Questions 32-35 refer to the following online chat discussion.

⇒ 文書は online chat discussion「オンラインチャットの話し合い」だな。

**2 チャットの参加者を確認する**

**Gaston Bouchard (2:02 P.M.)**

Good afternoon, everyone.

⇒ everyone だから、3人以上のやりとりだな。他に Ameena Abukar、Jin Zeng、Sophie Poulin が
参加しているな。

**3 最初の発言をチェックする**

As you might have heard, our CEO has approved the plan to hold job fairs ...

⇒ our CEO が job fairs の開催を承認した、とある。チャット参加者は同僚だな。job fairs が話題？

**4 設問文をチェックして、キーワードを頭に入れる**

**32.** What is the purpose of the online chat discussion?
⇒ このチャットの purpose とは？

**33.** What was Mr. Zeng uncertain about?
⇒ Mr. Zeng が uncertain だったこと？
uncertain「確信がない」。

**34.** At 2:05 P.M., what does Mr. Bouchard imply when he writes, "It's unusual"?
⇒ 2:05 P.M. の発言（It's unusual.）で、ほのめかしていること？
imply「〜をほのめかす」。

**35.** What does Mr. Bouchard want Ms. Poulin to do?
⇒ Mr. Bouchard が Ms. Poulin にしてほしいこと？

Chapter 1 で学んだスラッシュ読みの手法を用いて、下記の英文を右の手順に従って学習しましょう。

▶▶ ここではスラッシュで区切ったチャンクで読む感覚を養います。
▶▶ 赤シートでスラッシュと訳語を隠して読むのも効果的です。

=================================================================================

**Gaston Bouchard (2:02 P.M.)** /
Gaston Bouchard（午後 2 時 2 分）/

Good afternoon, / everyone. //
こんにちは、　　　　/ 皆さん。//

As you might have heard, / our CEO has approved the plan /
皆さんも聞いているかもしれませんが、/ 当社の最高経営責任者が計画を承認しました /

to hold job fairs / on 10 April / at four locations. //
就職説明会を開くための / 4 月 10 日に / 4 つの会場で。//

We'll have to organize quickly, / since it's already February. //
私たちは急いで準備する必要があるでしょう、/ もう 2 月なので。//

**Ameena Abukar (2:03 P.M.)** /
Ameena Abukar（午後 2 時 3 分）/

Two months will be enough. //
2 カ月間は十分でしょう。//

I already have set up / a preliminary marketing plan. //
私はすでに準備しました　　/ 仮のマーケティング計画を。//

I will e-mail the schedule / to you / by the end of the week. //
私はその予定表を E メールで送ります / 皆さんに / 今週末までに。//

**Jin Zeng (2:04 P.M.)** /
Jin Zeng（午後 2 時 4 分）/

I just want to make certain: / we're hiring / for all types of jobs / at each location? //
私は念のため確認したいです：　　　/ 私たちは雇用する予定です（か）/ 全職種のために / 各会場で？//

I know / we need all types of positions / filled / here in Toronto. //
私は分かっています / 当社は全ての職種が必要があるということを / 補充される / ここトロントでは。//

（次のページへ続く　⇒）

=================================================================================

**1. スラッシュ読み練習**

チャンクごとに、その内容をイメージしながら英文を読み進めましょう。

**2. 音声を使ったスラッシュ読み練習** 🔊31

チャンクごとの音声を聞きながら、英文を目で追いましょう。

**3. 音読練習** 🔊31

上で聞いた音声を参考に、チャンクの感覚を意識しながら音読しましょう。

音声を流しながら、チャンクごとに一時停止してリピートするのもお薦めです。

---

**Gaston Bouchard (2:05 P.M.)/**
Gaston Bouchard（午後2時5分）/

It's unusual. // But yes, / we're hiring everyone /
珍しいことです。 // でも、そうです、/ 私たちはあらゆる人を雇用する予定です /

from software engineers / to warehouse staff / at each of the four fairs. //
ソフトウエアエンジニアから / 倉庫スタッフまで / 4つの説明会の各々で。 //

Sophie, / are you looking into the recruiters? //
Sophie、 / あなたは人材仲介会社を調べていますか。 //

**Sophie Poulin (2:06 P.M.)/**
Sophie Poulin（午後2時6分）/

Yes, / I just started. //
はい、/ 私はちょうど開始しました。 //

I put out some queries, / but I wanted to make sure /
私は幾つかの問い合わせを出しました、/ しかし私は確認したいと思っていました /

the plans, dates, and locations / were definite. //
計画、日程、会場が / 確定しているか。 //

The locations are / Montreal, Toronto, Edmonton, and Vancouver, / correct? //
会場は / モントリオール、トロント、エドモントン、バンクーバー、 / 合っていますか。 //

**Gaston Bouchard (2:07 P.M.)/**
Gaston Bouchard（午後2時7分）/

That's right, / Sophie. //
その通りです、 / Sophie。 //

Of course, / at another time / there may be events elsewhere, /
もちろん、 / 別の時に / 別の場所でイベントがあるかもしれません、 /

such as in Calgary. //
例えばカルガリーにおいてなど。 //

However, / you can follow up / on those queries / now. //
しかしながら、 / あなたは引き続き進めることができます / それらの問い合わせを / 今は。 //

---

# STEP 4 ▼設問の正解を探す

Step 3 で理解した文書の内容に基づき、実際の設問に答えてみましょう。

Questions 32-35 refer to the following online chat discussion.

**① Gaston Bouchard (2:02 P.M.)**
Good afternoon, everyone. As you might have heard, our CEO has approved the plan to hold job fairs on 10 April at four locations. We'll have to organize quickly, since it's already February.

**② Ameena Abukar (2:03 P.M.)**
Two months will be enough. I already have set up a preliminary marketing plan. I will e-mail the schedule to you by the end of the week.

**③ Jin Zeng (2:04 P.M.)**
I just want to make certain: we're hiring for all types of jobs at each location? I know we need all types of positions filled here in Toronto.

**④ Gaston Bouchard (2:05 P.M.)**
It's unusual. But yes, we're hiring everyone from software engineers to warehouse staff at each of the four fairs. Sophie, are you looking into the recruiters?

**⑤ Sophie Poulin (2:06 P.M.)**
Yes, I just started. I put out some queries, but I wanted to make sure the plans, dates, and locations were definite. The locations are Montreal, Toronto, Edmonton, and Vancouver, correct?

**⑥ Gaston Bouchard (2:07 P.M.)**
That's right, Sophie. Of course, at another time there may be events elsewhere, such as in Calgary. However, you can follow up on those queries now.

---

**32.** What is the purpose of the online chat discussion?

(A) To locate potential job candidates
(B) To report on a new building location
(C) To explain a problem with a plan
(D) To organize some upcoming events

**33.** What was Mr. Zeng uncertain about?

(A) What location will be selected
(B) When some software will be launched
(C) What types of jobs will be offered
(D) How long a project will take

**34.** At 2:05 P.M., what does Mr. Bouchard imply when he writes, "It's unusual"?

(A) The company typically recruits only for certain positions at job fairs.
(B) Four locations may not be enough to find all the candidates.
(C) More employees are needed in Toronto than in other cities.
(D) The CEO may still change the date of the job fairs.

**35.** What does Mr. Bouchard want Ms. Poulin to do?

(A) Reschedule a meeting in Calgary
(B) Contact some recruiters
(C) Send an e-mail to Mr. Zeng
(D) Visit some warehouses

## 32

この話し合いの目的を確認する。

文書全体から答えを読み取る設問。Bouchard さんは❶で、4 月 10 日開催の就職説明会の計画の承認が下りたので急ぎ準備する必要がある、と述べている。その後も、仮の計画や予定表、募集職種、会場などについての話が続いている。よって、話し合いの目的は、2 カ月後の就職説明会の準備だと分かるので、(D) が正解。upcoming「近づいている、もうすぐ来る」。

(A) 職の候補者を見つけることは就職説明会の目的であって、この話し合いの目的ではない。locate「～を見つける」、potential「可能性のある」、candidate「候補者、志望者」。

## 33

Zeng さんが発言で確かめていることに注目する。

Zeng さんは❸で、I just want to make certain: と言ってから、「当社は各会場で全職種を対象に雇用するのか」と確認している。このことから、Zeng さんが不確かだったのは募集職種についてだと分かるので、(C) が正解。be uncertain about ～「～について確信がない」。

(B) launch「～を発売する」。

## 34

Bouchard さんの "It's unusual." という発言が示唆することを選ぶ。

❸で Zeng さんが、全職種を雇用するのかと尋ねたのに対し、Bouchard さんは❹の冒頭でこの発言をしてから But yes, と肯定し、「当社は 4 つの説明会の各々で、ソフトウエアエンジニアから倉庫スタッフまでのあらゆる人材を雇用する予定だ」と伝えている。それが unusual であるとは、通常の就職説明会では全職種の募集はしないと示唆していることになる。よって、それを言い換えた (A) が正解。imply「～をほのめかす」。typically「通常」、recruit「募集する」、certain「特定の」。

## 35

Bouchard さんが Poulin さんに行うよう求めていることに着目する。

Bouchard さんが❹で Poulin さんに、人材仲介会社を調べているかと尋ねたのに対し、Poulin さんは、❺で問い合わせを出したと応じて、就職説明会の（開催）会場を確認している。Bouchard さんは❻で、それらを追認した後、「今は、それらの問い合わせを引き続き進めて構わない」と、人材仲介会社を見つけるための作業を進めるよう Poulin さんに伝えている。よって、(B) が正解。

(A) reschedule「～の日時を変更する」。

---

| 文書の語注 |
| --- |

❶ CEO　最高経営責任者　★ chief executive officer の略　　approve　～を承認する　　job fair　就職説明会　　location　場所　　organize　（イベントなどを）企画・準備する

❷ set up ～　～を準備する　　preliminary　予備的な、仮の　　marketing　マーケティング

❸ make certain　確かめる　　hire　(～を)雇う　　type　種類　　position　職、職位　　fill　～(空位)を補充する

❹ unusual　珍しい　　warehouse　倉庫　　look into ～　～を調査検討する　　recruiter　人材仲介会社、採用担当者

❺ put out ～　～を出す　　query　問い合わせ、質問　　make sure (that) ～　～ということを確かめる　　definite　確定した　　～, correct?　正しいですか？　★文末に置いて、前述の発言が正しいか確かめる口語表現。

❻ elsewhere　他の場所で　　follow up on ～　～を引き続き進める、～をさらに徹底させる

---

問題（p.148）の正解　32（D）　33（C）　34（A）　35（B）

## STEP 5 ▼リーディングスピードを上げる練習をする 　文書B

スラッシュ読みの手法を念頭に置き、下記の手順で、読むスピードを上げる練習をしましょう。

Questions 32-35 refer to the following online chat discussion.

**Gaston Bouchard (2:02 P.M.)**
Good afternoon, everyone. As you might have heard, our CEO has approved the plan to hold job fairs on 10 April at four locations. We'll have to organize quickly, since it's already February.

**Ameena Abukar (2:03 P.M.)**
Two months will be enough. I already have set up a preliminary marketing plan. I will e-mail the schedule to you by the end of the week.

**Jin Zeng (2:04 P.M.)**
I just want to make certain: we're hiring for all types of jobs at each location? I know we need all types of positions filled here in Toronto.

**Gaston Bouchard (2:05 P.M.)**
It's unusual. But yes, we're hiring everyone from software engineers to warehouse staff at each of the four fairs. Sophie, are you looking into the recruiters?

**Sophie Poulin (2:06 P.M.)**
Yes, I just started. I put out some queries, but I wanted to make sure the plans, dates, and locations were definite. The locations are Montreal, Toronto, Edmonton, and Vancouver, correct?

**Gaston Bouchard (2:07 P.M.)**
That's right, Sophie. Of course, at another time there may be events elsewhere, such as in Calgary. However, you can follow up on those queries now.

### 1. スラッシュ読み練習
チャンクを意識しながら読みましょう。
  ※STEP 3のように、自分でスラッシュを書き込んでもよいでしょう。

### 2. 音声を使ったリーディングスピードアップ練習 　🔊32
理想スピードの音声を聞きながら、同じスピードで英文を目で追って、文書を読みましょう。
  ※ 音声のスピードが速過ぎると感じる場合は、アプリ等のスピード変換機能で調整してください。

### 3. リーディング所要時間の再計測
速読を意識して文書全体をもう一度読み、p.143 の表の計測時間❷に書き込んで計測時間❶と比較しましょう。
  ※ 表の目標リーディング時間に近づくまで、２のスピードを意識しながら、繰り返し練習をしてみましょう。

Unit 6 - 文書 B までの累計：**14,500 語突破！**

| 5,000 | 10,000 | 15,000 | 20,000 | 25,000 | 30,000 |

▼文書の訳

問題 30-31 は次のテキストメッセージのやり取りに関するものです。

===============================================================================

**Lal Seth (午後 1 時 15 分)**

こんにちは、Sulini。Mikkelsen 有機食品社との打ち合わせにもう出発しましたか。

**Sulini Ghoshal (午後 1 時 17 分)**

いいえ、私はまだ会社にいます。ちょうど、最新の予算報告書を仕上げているところです。

**Lal Seth (午後 1 時 18 分)**

ほっとしました。お願いがあるのですが。

**Sulini Ghoshal (午後 1 時 20 分)**

いいですよ。何が必要ですか。

**Lal Seth (午後 1 時 22 分)**

私の執務室に行くと、机の上に赤い書類挟みがあります。それには、私たちが先週練り上げた雑誌広告が数部入っています。先方の新しい印刷広告キャンペーンについて話し合う際に、これらを顧客に配りたいのです。

**Sulini Ghoshal (午後 1 時 29 分)**

はい、ここにありますね。

**Lal Seth (午後 1 時 30 分)**

よかったです。あなたが来るとき、それを打ち合わせに持って来てください。

**Sulini Ghoshal (午後 1 時 31 分)**

そうします。すぐにそちらへ行きます。

**Lal Seth (午後 1 時 31 分)**

どうもありがとう！

===============================================================================

▼設問の訳

**30** Seth さんと Ghoshal さんはどこで働いていると考えられますか。

    (A) 財務顧問会社
    (B) 食品加工工場
    (C) 出版社
    (D) 広告代理店

**31** 午後 1 時 18 分に、"What a relief" と書くことで、Seth さんは何を意図していると考えられますか。

    (A) 報告書が正確であることに満足している。
    (B) Ghoshal さんがまだ出発していないことを喜んでいる。
    (C) Ghoshal さんのプレゼンテーションは成功だったと考えている。
    (D) 顧客たちが時間通りに打ち合わせに到着したと分かっている。

▼文書の訳

問題 32-35 は次のオンラインチャットの話し合いに関するものです。

=====================================================================================

**Gaston Bouchard (午後 2 時 2 分)**

こんにちは、皆さん。お聞きになっているかもしれませんが、当社の最高経営責任者は、4 箇所の会場で 4 月 10 日に就職説明会を開く計画を承認しました。もう 2 月なので、私たちは急いで準備する必要があるでしょう。

**Ameena Abukar (午後 2 時 3 分)**

2 カ月あれば十分でしょう。私はすでに仮のマーケティング計画を準備しました。今週末までに、その予定表を皆さんに E メールで送ります。

**Jin Zeng (午後 2 時 4 分)**

念のため確認したいのですが、当社は各会場で全職種を対象として雇用するのですか。ここトロントでは全ての職種に補充が必要なことは私は分かっていますが。

**Gaston Bouchard (午後 2 時 5 分)**

異例ではあります。でも、そうです、当社は 4 つの説明会の各々で、ソフトウエアエンジニアから倉庫スタッフまで、あらゆる人材を雇用する予定です。Sophie、あなたは人材仲介会社を検討していますか。

**Sophie Poulin (午後 2 時 6 分)**

はい、ちょうど開始したところです。幾つか問い合わせを出しましたが、計画、日程、会場が確定しているか確認したいと思っていました。会場はモントリオール、トロント、エドモントン、バンクーバーですよね？

**Gaston Bouchard (午後 2 時 7 分)**

その通りです、Sophie。もちろん、カルガリーのような別の場所でイベントがあるかもしれません。しかし今は、それらの問い合わせを引き続き進めてください。

=====================================================================================

▼設問の訳

**32** このオンラインチャットの話し合いの目的は何ですか。

(A) 職の候補者を見つけること
(B) 新しい建物の場所について報告すること
(C) 計画の問題点を説明すること
(D) 近々開催されるイベントの準備をすること

**33** Zeng さんは何について確信がありませんでしたか。

(A) どの会場が選ばれる予定か
(B) ソフトウエアがいつ発売される予定か
(C) どのような職種が募集される予定か
(D) 計画がどのくらいの時間を要する予定か

**34** 午後 2 時 5 分に、"It's unusual" と書くことで、Bouchard さんは何を暗示していますか。

(A) 同社は通常、就職説明会では特定の職のみを募集する。
(B) 4 箇所の会場では、全候補者を見つけるには十分ではない可能性がある。
(C) トロントでは他の都市よりも多くの従業員が必要である。
(D) 最高経営責任者はまだ、就職説明会の日程を変更する可能性がある。

**35** Bouchard さんは Poulin さんに何をすることを求めていますか。

(A) カルガリーでの会合の日時を変更する
(B) 人材仲介会社に連絡する
(C) Zeng さんに E メールを送信する
(D) 倉庫を訪れる

文書タイプ別　速読演習

# Unit 7

# 記事

articles

# 「記事」文書の特徴

Unit 7では「記事」の文書を取り上げます。article が該当します。内容は新聞や雑誌などの記事で、企業や地元経済に関する報道や新たな科学技術の紹介など、さまざまです。このタイプの文書には、以下のような特徴があります。

| | |
|---|---|
| ■ 書き手 | メディアに所属する記者など。無記名の場合も多い。 |
| ■ 読み手 | 不特定多数の読者 |
| ■ 構成 | 1段組みまたは2段組み |
| | 【（タイトル・見出し）→（記者氏名）→ 取材場所と日付 → 本文（複数段落）】 |
| | というスタイルが一般的。 |
| ■ 本文 | おおむね、序論→本論→終論という流れで、終論では、今後の展開など未来への言及や、 |
| | 論じられている企業の関係者の発言の引用などもよく見られる。 |
| ■ 文体 | 関係詞や分詞を用いて後ろから修飾したり、強調のために文を倒置するなどの文語的 |
| | 表現も使われ、一文が長い傾向にある。レトリック（修辞表現）が含まれることもあり、 |
| | 読解の難易度が高い文書の一つである。 |

「記事」文書では、以下を確認しましょう。

## 1. タイトル

タイトルがある場合は、それを見ただけで何についての記事なのかがある程度把握できるようになっています。タイトルは be動詞が省略されたり、過去の内容でも現在形が使用されたり、to 不定詞が未来を表すなど、記事タイトル特有の表記がされます。

例　Red Burger Bistro to Become RB Bistro

> ↑ to Become という to不定詞が使われていることから、未来の内容で、店の名称変更予定を報道した記事だと推測できる。

## 2. リードパラグラフ

記事では、第1段落は「リードパラグラフ」ともいわれ、主題や目的を簡潔に伝える内容になっています。記事の概要をつかむための重要な段落です。固有名詞に特に着目しましょう。

例　London (5 February)— Red Burger Bistro has announced that it will soon be known as RB Bistro. All advertisements, packaging, signage, and social media accounts are being updated in line with the new name.

> ↑ ある店が店名変更に伴い、広告など全てを変更するとの報道記事だと分かる。

記事の例

タイトル（大見出し）
XXX XXX
XXXXXXXXXXXXXXXX

リードパラフラフ↓ 　　　　　　　第1段落
（場所・日付）XXXXXXXXXXXXXXXXX
XXXXXXXXXXXXXXXXXXXXXXXXX
XXXXXXXXXXXXXXXX

→ XXXXXXXXXXXXXXXXXXXXX　第2段落
トピック XXXXXXXXXXXXXXXX
センテンス XXXXXXXXXXXXXXXXXXXXXXXXX
XXXXXXXXXXXXXX

→ XXXXXXXXXXXXXXXXXXXXXXX　第3段落
XXXXXXXXXXXXXXXX
XXXXXXXXXXXXXXXXXXXXXXXXX
XXXXXXXXXXXXXX

## 3. 各段落の冒頭のトピックセンテンスに注目

記事は原則として、1つの段落に1つのトピックがあるように構成されています。トピックセンテンスと呼ばれる各段落の冒頭の文では、その段落の趣旨が示されます。各段落の1文目は特に注目して読み取るようにしましょう。トピックセンテンスを追えば、ある程度は記事の概要を把握することができます。

まず、読みやすいスピードで文書全体を読み、かかった時間を右下の表に書き込んでください。その後で確認問題を解いてみましょう。

⇒ 正解は p.157

Questions 36-39 refer to the following article.

MELBOURNE (14 May)—Maria's Signs, a leading signage company headquartered in Melbourne, was begun 100 years ago by Trevor Crayford, who named the company for his wife. — [1] —. At the time, the company made simple metal and wooden signs for local businesses at its shop in Melbourne.

Today the company uses graphic design software and laser cutting to produce signage of all types, and it serves businesses across the country from branch locations in several major cities. — [2] —. The first Maria's Signs shop outside of Melbourne was in Adelaide. — [3] —. In June, Maria's Signs will continue its expansion strategy by launching its tenth branch, in Perth.

Prentice Greene, CEO of Maria's Signs and grandson of Trevor Crayford, is optimistic about the company's future. — [4] —. He stated, "Business is important in Australia, and businesses will always need signs, so Maria's Signs should continue to do well as we enter our second century."

**確認問題**

何についての記事ですか？

(a) 老舗企業
(b) 木工技術
(c) 都市開発

|  | 文書 |
| --- | --- |
| 語数 | 155 語 * |
| 目標リーディング時間 | 64 秒 * |
| 計測時間 ❶：STEP 1 | 秒 |
| 計測時間 ❷：STEP 5 | 秒 |

＊挿入文が入った場合の語数と目標時間です。

赤い丸囲みの部分に注目しながら、文書と設問の概要をつかむことを目的に、全体をざっと読みましょう。

Questions 36-39 refer to the following (article).

> MELBOURNE (14 May)—Maria's Signs, a leading signage company headquartered in Melbourne, was begun 100 years ago by Trevor Crayford, who named the company for his wife. — [1] —. At the time, the company made simple metal and wooden signs for local businesses at its shop in Melbourne.
>
> Today the company uses graphic design software and laser cutting to produce signage of all types, and it serves businesses across the country from branch locations in several major cities. — [2] —. The first Maria's Signs shop outside of Melbourne was in Adelaide. — [3] —. In June, Maria's Signs will continue its expansion strategy by launching its tenth branch, in Perth.
>
> Prentice Greene, CEO of Maria's Signs and grandson of Trevor Crayford, is optimistic about the company's future. — [4] —. He stated, "Business is important in Australia, and businesses will always need signs, so Maria's Signs should continue to do well as we enter our second century."

### 1 指示文から、文書の種類を確認する

Questions 36-39 refer to the following article. ⇒ 文書は article「記事」だな。

### 2 第1段落（リードパラグラフ）1文目の固有名詞に着目する

Maria's Signs, a leading signage company ......, was begun 100 years ago by ...

　⇒ Maria's Signs という看板製作会社は、100 年前に創業した老舗？

### 3 第2段落、第3段落の冒頭をチェックする

Today the company uses ...

　⇒ 第2段落は、会社の現在についての情報？

Prentice Greene, CEO of Maria's Signs ...

　⇒ 第3段落は、会社の CEO である Prentice Greene に関すること？

**4** 設問文をチェックして、キーワードを頭に入れる

**36.** What is the (purpose) of the (article)?

⇒ 記事の purpose とは？

**37.** (Who) is (Mr. Crayford)?

⇒ Mr. Crayford とは？

**38.** (What) is scheduled to (take place) (in June)?

⇒ June に行われることは？

**39.** In which of the positions marked [1], [2], [3], and [4] does the following sentence best belong?

"Soon after that, it began operating in Sydney."

⇒ 文挿入位置の問題だ。挿入文はこれか。

代名詞の that は前の何を指すのかな？

確認問題（p.155）の正解　（a）

# STEP 3 ▼スラッシュ読みで文書全体を理解する

Chapter 1 で学んだスラッシュ読みの手法を用いて、下記の英文を右の手順に従って学習しましょう。

▶▶ ここではスラッシュで区切ったチャンクで読む感覚を養います。

▶▶ 赤シートでスラッシュと訳語を隠して読むのも効果的です。

※―[1]―. から―[4]―. までのかっこ付きの番号は問題文書と同じにするため掲載しています。スラッシュ読みする際はあまり気にせず読んでください。もし、どの番号で情報が抜けていそうか気付いたら、番号に印を付けましょう。

==================================================================================

MELBOURNE (14 May)—/
メルボルン (5月14日) ―― /

Maria's Signs, / a leading signage company / headquartered in Melbourne, /
Maria's Signs 社は、/ 大手の看板会社である        / メルボルンに本社を置く、/

was begun 100 years ago / by Trevor Crayford, /
100年前に創業された        / Trevor Crayford によって、/

who named the company / for his wife. // ― [1] ―. //
彼はその会社を名付けた        / 彼の妻の名をとって。//

At the time, / the company made / simple metal and wooden signs /
当時、        / その会社は製作していた  / 簡素な金属製および木製の看板を /

for local businesses / at its shop / in Melbourne. //
地元企業向けに        / 同社の店舗で  / メルボルン市内の。//


Today / the company uses / graphic design software / and laser cutting /
今日      / その会社は使用している / グラフィックデザインのソフトウエアを / そしてレーザー加工技術を /

to produce signage / of all types, /
看板を製作するために        / あらゆる種類の、/

and it serves businesses / across the country /
そして、それは企業にサービスを提供している / 国中の /

from branch locations / in several major cities. // ― [2] ―. //
支店店舗から        / 幾つかの主要都市における。//

The first Maria's Signs shop / outside of Melbourne / was in Adelaide. // ― [3] ―. //
最初の Maria's Signs 社の店舗は      / メルボルンの外の        / アデレード市内にあった。//

In June, / Maria's Signs will continue / its expansion strategy /
6月に、      / Maria's Signs 社は継続する予定だ / 同社の拡大戦略を /

by launching its tenth branch, / in Perth. //
10番目の支店を立ち上げることにより、  / パースに。//

（次のページへ続く　⇒）

==================================================================================

## 1. スラッシュ読み練習

チャンクごとに、その内容をイメージしながら英文を読み進めましょう。

## 2. 音声を使ったスラッシュ読み練習　🔊33

チャンクごとの音声を聞きながら、英文を目で追いましょう。

## 3. 音読練習　🔊33

上で聞いた音声を参考に、チャンクの感覚を意識しながら音読しましょう。

音声を流しながら、チャンクごとに一時停止してリピートするのもお薦めです。

Prentice Greene, / CEO of Maria's Signs / and grandson of Trevor Crayford, /

Prentice Greene は、　/ Maria's Signs 社の最高経営責任者である / そして Trevor Crayford の孫息子でもある /

is optimistic / about the company's future. // ─ [4] ─. //

楽観的だ　　　　/ 同社の将来について。//

He stated, / "Business is important / in Australia, /

彼は述べた、　/「商売は重要です　　　　　　/ オーストラリアにおいて、/

and businesses / will always need signs, / so Maria's Signs should continue / to do well /

そして企業は　　　/ 常に看板を必要とするものです、/ だから Maria's Signs 社は継続するはずです / うまくやることを /

as we enter / our second century." //

当社が入るに際して / 2 世紀目に」と。//

Step 3 で理解した文書の内容に基づき、実際の設問に答えてみましょう。

Questions 36-39 refer to the following article.

❶ MELBOURNE (14 May)—Maria's Signs, a leading signage company headquartered in Melbourne, was begun 100 years ago by Trevor Crayford, who named the company for his wife. — [1] —. At the time, the company made simple metal and wooden signs for local businesses at its shop in Melbourne.

❷ Today the company uses graphic design software and laser cutting to produce signage of all types, and it serves businesses across the country from branch locations in several major cities. — [2] —. The first Maria's Signs shop outside of Melbourne was in Adelaide. — [3] —. In June, Maria's Signs will continue its expansion strategy by launching its tenth branch, in Perth.

❸ Prentice Greene, CEO of Maria's Signs and grandson of Trevor Crayford, is optimistic about the company's future. — [4] —. He stated, "Business is important in Australia, and businesses will always need signs, so Maria's Signs should continue to do well as we enter our second century."

**36.** What is the purpose of the article?

(A) To report on industry trends
(B) To advertise an event
(C) To discuss a recent hiring
(D) To profile a company

**37.** Who is Mr. Crayford?

(A) A marketing expert
(B) A store founder
(C) A graphic designer
(D) A technology consultant

**38.** What is scheduled to take place in June?

(A) A manufacturing technique will be updated.
(B) A strategic plan will be released.
(C) A new CEO will be appointed.
(D) An additional shop will be opened.

**39.** In which of the positions marked [1], [2], [3], and [4] does the following sentence best belong?

"Soon after that, it began operating in Sydney."

(A) [1]
(B) [2]
(C) [3]
(D) [4]

⇒ 全訳は p.171

**36**

記事の目的を見つける。

文書全体から読み取るべき設問。まずリードパラグラフである❶に注目。同1〜5行目で、大手看板会社の Maria's Signs 社が100年前に開業したことが述べられ、続く同5〜7行目で、創業当時の様子が伝えられている。❷では、同社の現在の概要が書かれ、❸では同社の今後の展望が述べられている。よって、記事の目的は、Maria's Signs 社について説明することだと判断できるので、(D) が正解。profile「〜の紹介を書く」。

(A) report on 〜「〜について報道する」、industry「業界」、trend「動向」。

**37**

Crayford さんに関する記述を見つける。

❶の1文目（4行目）に Trevor Crayford とあり、同じ文の前半部分から、この人物によって Maria's Signs 社が創設されたことが分かる。また、続く2文目（5〜7行目）に、創業当時はメルボルン市内の店舗で事業を営んでいたとあるので、(B) が正解。founder「創業者」。

**38**

take place は「行われる」という意味なので、6月に起こることを確かめる。

❷7〜9行目より、6月に Maria's Signs 社はパースに10番目の支店を立ち上げることが分かるので、(D) が正解。additional「追加の」。

(A) manufacturing「製造」、technique「技術」、update「〜を最新の状態にする」。

(B) strategic「戦略の」、release「〜を発表する」。

(C) appoint「〜を任命する」。

**39**

挿入文を入れるのに最適な位置を選ぶ。挿入文は、シドニーでの営業開始について述べたもの。❷1〜5行目に、今日の Maria's Signs 社は複数の支店でサービスを提供している、とあり、同5〜6行目で Maria's Signs 社のメルボルン外の初店舗はアデレード市内にあった旨が述べられている。[3] の直後では、同社が6月にパースに10番目の支店を開いて、拡大を続ける予定だと伝えているので、この [3] に挿入文を入れると、挿入文中の Soon after that が「Maria's Signs 社がアデレード市内に店舗を開店させてすぐ」を表し、it が Maria's Signs を指すことになって、同社の店舗拡大の経緯を説明する文脈に合う。(C) が正解。operate「営業する」。

**文書の語注**

❶ sign 看板　leading 主要な　signage 看板、標識類　(be) headquartered in 〜　〜に本社を置いている　name 〜 for …　…の名をとって〜を命名する　metal 金属製の　wooden 木製の　local 地元の　business 企業

❷ graphic design　グラフィックデザイン　laser cutting　レーザー加工技術　produce　〜を生産する、〜を製造する　serve　〜にサービスを提供する　branch 支店　location 店舗、場所　several 幾つかの　major 主要な　expansion 拡大　strategy 戦略　launch　〜を立ち上げる

❸ CEO　最高経営責任者　★ chief executive officer の略　grandson 孫息子、男の孫　optimistic 楽観的な　state　〜と述べる　do well　業績が良い、繁栄する

スラッシュ読みの手法を念頭に置き、下記の手順で、読むスピードを上げる練習をしましょう。

Questions 36-39 refer to the following article.

MELBOURNE (14 May)—Maria's Signs, a leading signage company headquartered in Melbourne, was begun 100 years ago by Trevor Crayford, who named the company for his wife. At the time, the company made simple metal and wooden signs for local businesses at its shop in Melbourne.

Today the company uses graphic design software and laser cutting to produce signage of all types, and it serves businesses across the country from branch locations in several major cities. The first Maria's Signs shop outside of Melbourne was in Adelaide. *Soon after that, it began operating in Sydney. In June, Maria's Signs will continue its expansion strategy by launching its tenth branch, in Perth.

Prentice Greene, CEO of Maria's Signs and grandson of Trevor Crayford, is optimistic about the company's future. He stated, "Business is important in Australia, and businesses will always need signs, so Maria's Signs should continue to do well as we enter our second century."

\* 問題 39 の挿入文

## 1. スラッシュ読み練習

チャンクを意識しながら読みましょう。

※STEP 3のように、自分でスラッシュを書き込んでもよいでしょう。

## 2. 音声を使ったリーディングスピードアップ練習 🔊34

理想スピードの音声を聞きながら、同じスピードで英文を目で追って、文書を読みましょう。

※ 音声のスピードが速過ぎると感じる場合は、アプリ等のスピード変換機能で調整してください。

## 3. リーディング所要時間の再計測

速読を意識して文書全体をもう一度読み、p.155 の表の計測時間❷に書き込んで計測時間❶と比較しましょう。

※ 表の目標リーディング時間に近づくまで、2のスピードを意識しながら、繰り返し練習をしてみましょう。

Unit 7 - 文書 A までの累計：**15,700 語突破！**

| 5,000 | 10,000 | 15,000 | 20,000 | 25,000 | 30,000 |

まず、読みやすいスピードで文書全体を読み、かかった時間を右下の表に書き込んでください。その後で確認問題を解いてみましょう。

⇒ 正解は p.165

Questions 40-42 refer to the following article.

## New Housing Complex for Porterfield College

By Sandra Ting, Staff Reporter

April 4—A ground-breaking ceremony took place last Wednesday at the intersection of Highland Avenue and Route 19 in Leartown, where Porterfield College is building its new housing complex, Lear Heights. College president Nina Afolayan turned over the first shovelful of dirt at the site, located three miles north of the main campus. — [1] —.

Lear Heights is a joint venture between the college (a public institution) and the Exner Group (a local property-development firm). It will consist of seven mixed-use buildings. — [2] —. Exner will develop the site and manage the retail operations.

"Until recently, most of our students have been commuters," Ms. Afolayan said. "Now we're seeing a sharp increase in the number of applicants who request campus housing. — [3] —. The high-rise dormitory we built last spring has helped to some extent. But when this project is completed, we'll be in a much better position to serve our students."

Several retailers have already expressed interest in leasing space in the complex, including a number of clothing stores and restaurants. — [4] —. Vinh Ngo, Exner's chief planner, said that he has approached a large supermarket chain in the area about opening a small market. The complex and the campus will be connected by a scenic footpath.

### 確認問題

この記事の主な目的は何ですか？

(a) 大学学長の功績をたたえること
(b) 大学の移転を知らせること
(c) 大学の新施設を紹介すること

|  | 文書 |
| --- | --- |
| 語数 | 228 語 * |
| 目標リーディング時間 | 95 秒 * |
| 計測時間 ❶：STEP 1 | 秒 |
| 計測時間 ❷：STEP 5 | 秒 |

\* 挿入文が入った場合の語数と目標時間です。

赤い丸囲みの部分に注目しながら、文書と設問の概要をつかむことを目的に、全体をざっと読みましょう。

Questions 40-42 refer to the following article.

### New Housing Complex for Porterfield College

By Sandra Ting, Staff Reporter

April 4—A ground-breaking ceremony took place last Wednesday at the intersection of Highland Avenue and Route 19 in Leartown, where Porterfield College is building its new housing complex, Lear Heights. College president Nina Afolayan turned over the first shovelful of dirt at the site, located three miles north of the main campus. — [1] —.

Lear Heights is a joint venture between the college (a public institution) and the Exner Group (a local property-development firm). It will consist of seven mixed-use buildings. — [2] —. Exner will develop the site and manage the retail operations.

"Until recently, most of our students have been commuters," Ms. Afolayan said. "Now we're seeing a sharp increase in the number of applicants who request campus housing. — [3] —. The high-rise dormitory we built last spring has helped to some extent. But when this project is completed, we'll be in a much better position to serve our students."

Several retailers have already expressed interest in leasing space in the complex, including a number of clothing stores and restaurants. — [4] —. Vinh Ngo, Exner's chief planner, said that he has approached a large supermarket chain in the area about opening a small market. The complex and the campus will be connected by a scenic footpath.

---

### 1 指示文から、文書の種類を確認する

Questions 40-42 refer to the following <u>article</u>.

⇒ 文書は article「記事」だな。

### 2 タイトルから記事の概要を推測する

New Housing Complex

for Porterfield College

⇒ 大学の新しい住居施設について？

### 3 第1段落（リードパラグラフ）1文目の特徴的な語句に着目する

<u>A ground-breaking ceremony</u> took place last Wednesday at ......, where Porterfield College is building its new housing complex, <u>Lear Heights</u>.

⇒ 起工式が行われた？　新施設の？

⇒ 施設名は Lear Heights？

### 4 第2段落以降の冒頭をチェックする

Lear Heights is a joint venture between ...

⇒ Lear Heights は共同事業？

"Until recently, most of our students have been commuters," ...

⇒ 大半の学生は通学者だった。

Several retailers have already expressed interest in ...

⇒ 小売業者が関心を示していること？

## 5 設問文をチェックして、キーワードを頭に入れる

**40.** (Who) is (Ms. Afolayan)?

⇒ Ms. Afolayan とは？

**41.** What business does (the Exner Group) (hope to attract) to Lear Heights?

⇒ Exner Group が attract したい事業とは？

**42.** In which of the positions marked [1], [2], [3], and [4] does the following sentence best belong?

"Each will have retail space at the ground level and student apartments on the two upper floors."

⇒ 文挿入位置の問題だ。挿入文はこれか。

Each は何を指すのかな？

確認問題（p.163）の正解　（c）

Chapter 1 で学んだスラッシュ読みの手法を用いて、下記の英文を右の手順に従って学習しましょう。

▶▶ ここではスラッシュで区切ったチャンクで読む感覚を養います。

▶▶ 赤シートでスラッシュと訳語を隠して読むのも効果的です。

※―[1]―. から―[4]―. までのかっこ付きの番号は問題文書と同じにするため掲載しています。スラッシュ読みする際はあまり気にせず読んでください。もし、どの番号で情報が抜けていそうか気付いたら、番号に印を付けましょう。

===================================================================================

New Housing Complex /
新たな複合型住宅 /

for Porterfield College /
Porterfield 大学の /

By Sandra Ting, / Staff Reporter /
Sandra Ting 著、　 / 所属記者 /

April 4― / A ground-breaking ceremony / took place / last Wednesday /
4 月 4 日― / 起工式が　　　　　　　　 / 行われた　 / 先週水曜日に /

at the intersection / of Highland Avenue and Route 19 / in Leartown, /
交差点で　　　　　　　 / ハイランド大通りと 19 号線の　　　 / Leartown 市内の、 /

where Porterfield College is building / its new housing complex, / Lear Heights. //
そこでは、Porterfield 大学が建設している　 / その新しい複合型住宅を、　 / Lear ハイツという。//

College president Nina Afolayan / turned over / the first shovelful of dirt / at the site, /
大学学長の Nina Afolayan が　　　　　 / 掘り返した　 / 最初のシャベル 1 杯分の土を　 / その用地で、/

located three miles north / of the main campus. // ― [1] ―. //
3 マイル北側に位置する　　　 / メインキャンパスの。//

Lear Heights is a joint venture / between the college / (a public institution) /
Lear ハイツは共同事業だ　　　　　　 / 同大学と　　　　　 / (公的機関) /

and the Exner Group / (a local property-development firm). //
Exner グループとの　　　 / (地元の不動産開発会社)。//

It will consist of / seven mixed-use buildings. // ― [2] ―. //
それは、〜から成る予定だ / 7 棟の多目的ビル。//

Exner will develop the site / and manage the retail operations. //
Exner は用地を開発する予定だ　　　 / そして、小売事業を管理する (予定だ)。//

(次のページへ続く　⇒)

===================================================================================

1. スラッシュ読み練習

チャンクごとに、その内容をイメージしながら英文を読み進めましょう。

2. 音声を使ったスラッシュ読み練習　🔊35

チャンクごとの音声を聞きながら、英文を目で追いましょう。

3. 音読練習　🔊35

上で聞いた音声を参考に、チャンクの感覚を意識しながら音読しましょう。

音声を流しながら、チャンクごとに一時停止してリピートするのもお薦めです。

===================================================================================

"Until recently, / most of our students have been commuters," / Ms. Afolayan said. //
「最近まで、　　　／ 私たちの学生の大半は通学者でした」　　　　　　　　／ と Afolayan 氏は述べた。//

"Now / we're seeing a sharp increase / in the number of applicants /
「現在　／ 私たちは急激な増加を見ています　　　／ 志願者の数の /

who request campus housing. // — [3] —. //
キャンパス内の住宅を要望する。//

The high-rise dormitory / we built last spring /
高層の寮は　　　　　　　　　／ 私たちが昨年春に建てた /

has helped / to some extent. //
役立っています / ある程度は。//

But / when this project is completed, /
しかし / このプロジェクトが完了したら、/

we'll be in a much better position / to serve our students." //
私たちはずっと良い状況にいるでしょう　　　／ 学生のニーズに応える上で」//


Several retailers / have already expressed interest / in leasing space / in the complex, /
幾つかの小売業者は　／ 既に関心を示している　　　　　　　／ スペースを賃借することに / その複合施設内に、/

including a number of clothing stores / and restaurants. // — [4] —. //
幾つかの衣料品店を含め　　　　　　　　／ そして飲食店を。//

Vinh Ngo, / Exner's chief planner, / said that /
Vinh Ngo は、/ Exner の主任プランナーである、/ ～だと語った /

he has approached / a large supermarket chain / in the area /
彼は話を持ち掛けている　　　／ 大手スーパーマーケットチェーンに　／ 地域の /

about opening a small market. //
小規模なスーパーを開くことに関して。//

The complex and the campus / will be connected / by a scenic footpath. //
その複合施設とキャンパスは　　　　　　／ つながる予定だ　　　　／ 景観のよい歩行者用通路で。//

===================================================================================

# STEP 4 ▼設問の正解を探す

Step 3 で理解した文書の内容に基づき、実際の設問に答えてみましょう。

Questions 40-42 refer to the following article.

## New Housing Complex for Porterfield College

By Sandra Ting, Staff Reporter

❶ April 4—A ground-breaking ceremony took place last Wednesday at the intersection of Highland Avenue and Route 19 in Leartown, where Porterfield College is building its new housing complex, Lear Heights. College president Nina Afolayan turned over the first shovelful of dirt at the site, located three miles north of the main campus. — [1] —.

❷ Lear Heights is a joint venture between the college (a public institution) and the Exner Group (a local property-development firm). It will consist of seven mixed-use buildings. — [2] —. Exner will develop the site and manage the retail operations.

❸ "Until recently, most of our students have been commuters," Ms. Afolayan said. "Now we're seeing a sharp increase in the number of applicants who request campus housing. — [3] —. The high-rise dormitory we built last spring has helped to some extent. But when this project is completed, we'll be in a much better position to serve our students."

❹ Several retailers have already expressed interest in leasing space in the complex, including a number of clothing stores and restaurants. — [4] —. Vinh Ngo, Exner's chief planner, said that he has approached a large supermarket chain in the area about opening a small market. The complex and the campus will be connected by a scenic footpath.

---

**40.** Who is Ms. Afolayan?

(A) An architect
(B) A property developer
(C) A college administrator
(D) A store owner

**41.** What business does the Exner Group hope to attract to Lear Heights?

(A) A grocery store
(B) A fitness club
(C) A movie theater
(D) A bookstore

**42.** In which of the positions marked [1], [2], [3], and [4] does the following sentence best belong?

"Each will have retail space at the ground level and student apartments on the two upper floors."

(A) [1]
(B) [2]
(C) [3]
(D) [4]

⇒ 全訳は p.172

## 40

Afolayan さんに関する記述を見つける。

❶5 ～ 8 行目に、「大学学長の Nina Afolayan が、メインキャンパスの 3 マイル北側に位置するその用地で、最初のシャベル 1 杯分の土を掘り返した」とあるので、college president を college administrator と表している (C) が正解。administrator「管理者」。

(A) architect「建築家」。

(B) ❷で、不動産開発会社の Exner グループに言及があるが、Afolayan さんがそこに所属しているという記述はない。property developer「不動産開発会社」。

## 41

Exner グループが Lear Heights に誘致したい業種を見つける。

Lear Heights とは、❶1 ～ 5 行目より、Porterfield 大学が新規建設中の複合型住宅の名称、また the Exner Group とは、❷1 ～ 4 行目より、この建設計画を手掛ける会社。❹4 ～ 7 行目で、Exner グループの主任プランナーである Vinh Ngo が、小規模なスーパーの開設の件で、地域のある大手スーパーマーケットチェーンと交渉を始めていると語ったことが述べられているので、a small market を a grocery store と言い換えている (A) が正解。attract ～ to …「～を…に誘致する」。grocery store「食料雑貨店」。

## 42

挿入文を入れるのに最適な位置を選ぶ。

挿入文は地上階および上層階のスペースについて述べたものであり、主語が代名詞 Each「それぞれのもの」であることに着目。❷4 ～ 5 行目に、Porterfield 大学が新規建設中の複合型住宅について、「それは、7 棟の多目的ビルから成る予定だ」とある。この直後の [2] に挿入文を入れると、Each が 7 棟の多目的ビルの各々を指し、各棟の地上階と 2 ～ 3 階のフロア構成を説明する内容となり、文脈に合う。(B) が正解。ground level「地上階」、upper「上の」、floor「階」。

---

### 文書の語注

housing 住宅　　complex 複合施設
❶ ground-breaking ceremony 起工式　　take place 行われる　　intersection 交差点　　Route ～ 〈道路名で〉～号線
　～ Heights 〈建物名などで〉～ハイツ　　turn over ～ ～をひっくり返す　　shovelful シャベル 1 杯　　dirt 土
　site 予定地、用地　　campus キャンパス、構内
❷ joint venture 共同事業　　institution 機関　　local 地元の　　property-development 不動産開発の　　firm 会社
　consist of ～ ～から成る　　mixed-use 多目的な、雑居の　　develop ～を開発する　　manage ～を管理する
　retail 小売りの　　operation 事業、経営
❸ recently 最近　　commuter 通学者、通勤者　　sharp 急激な　　increase 上昇　　applicant 志願者、応募者
　request ～を要請する　　high-rise 高層建築の　　dormitory 寮　　to some extent ある程度は
　project プロジェクト、計画　　complete ～を完了する　　position 状況、立場　　serve ～の需要に応える
❹ retailer 小売業者　　express ～を表す　　lease ～を賃借りする　　include ～を含む、～を含有する
　a number of ～ 幾つかの、多数の～　　clothing 衣料品　　chief 最高位の　　planner プランナー、計画者
　approach ～に話を持ち掛ける、～に接近する　　chain チェーン（店）　　market スーパーマーケット
　connect ～をつなぐ　　scenic 景観のよい　　footpath 歩行者用通路

---

問題 (p.168) の正解　40 (C)　41 (A)　42 (B)

スラッシュ読みの手法を念頭に置き、下記の手順で、読むスピードを上げる練習をしましょう。

Questions 40-42 refer to the following article.

### New Housing Complex for Porterfield College

By Sandra Ting, Staff Reporter

April 4—A ground-breaking ceremony took place last Wednesday at the intersection of Highland Avenue and Route 19 in Leartown, where Porterfield College is building its new housing complex, Lear Heights. College president Nina Afolayan turned over the first shovelful of dirt at the site, located three miles north of the main campus.

Lear Heights is a joint venture between the college (a public institution) and the Exner Group (a local property-development firm). It will consist of seven mixed-use buildings. *Each will have retail space at the ground level and student apartments on the two upper floors. Exner will develop the site and manage the retail operations.

"Until recently, most of our students have been commuters," Ms. Afolayan said. "Now we're seeing a sharp increase in the number of applicants who request campus housing. The high-rise dormitory we built last spring has helped to some extent. But when this project is completed, we'll be in a much better position to serve our students."

Several retailers have already expressed interest in leasing space in the complex, including a number of clothing stores and restaurants. Vinh Ngo, Exner's chief planner, said that he has approached a large supermarket chain in the area about opening a small market. The complex and the campus will be connected by a scenic footpath.

\* 問題 42 の挿入文

### 1. スラッシュ読み練習

チャンクを意識しながら読みましょう。

※STEP 3 のように、自分でスラッシュを書き込んでもよいでしょう。

### 2. 音声を使ったリーディングスピードアップ練習　🔊36

理想スピードの音声を聞きながら、同じスピードで英文を目で追って、文書を読みましょう。

※ 音声のスピードが速過ぎると感じる場合は、アプリ等のスピード変換機能で調整してください。

### 3. リーディング所要時間の再計測

速読を意識して文書全体をもう一度読み、p.163 の表の計測時間❷に書き込んで計測時間❶と比較しましょう。

※ 表の目標リーディング時間に近づくまで、2 のスピードを意識しながら、繰り返し練習をしてみましょう。

Unit 7 - 文書 B までの累計：**17,400 語突破！**

| 5,000 | 10,000 | 15,000 | 20,000 | 25,000 | 30,000 |

▼文書の訳

問題 36-39 は次の記事に関するものです。

=================================================================================

メルボルン（5月14日）──メルボルンに本社を構える大手看板会社である Maria's Signs 社は、100 年前に Trevor Crayford によって創業され、彼は妻の名にちなんで会社を命名した。当時、同社はメルボルン市内の店舗で、地元企業向けに簡素な金属製および木製の看板を製作していた。

今日、同社はグラフィックデザインのソフトウエアおよびレーザー加工技術を使用してあらゆる種類の看板を製作しており、幾つかの主要都市の支店店舗を拠点に国中の企業にサービスを提供している。Maria's Signs 社が初めてメルボルンの外に構えた店舗は、アデレード市内にあった。* その後すぐ、同社はシドニーで営業を開始した。6月には、Maria's Signs 社は 10 番目の支店をパースに開設することによって拡大路線を継続する予定だ。

Maria's Signs 社の最高経営責任者であり、Trevor Crayford の孫息子でもある Prentice Greene は、会社の将来について楽観的だ。彼は、「オーストラリアにおいて商売は重要であり、企業は決まって看板を必要とするものなので、Maria's Signs 社は創業 2 世紀目に入るに際し、引き続き繁栄するはずです」と述べた。

*問題 39 の挿入文の訳

=================================================================================

▼設問の訳

**36** 記事の目的は何ですか。

    (A) 業界の動向について報道すること
    (B) イベントを宣伝すること
    (C) 最近の雇用について論じること
    (D) 会社の紹介を書くこと

**37** Crayford さんとは誰ですか。

    (A) マーケティングの専門家
    (B) 店の創業者
    (C) グラフィックデザイナー
    (D) 科学技術コンサルタント

**38** 6 月に何が行われる予定ですか。

    (A) 製造技術が最新化される。
    (B) 戦略計画が発表される。
    (C) 新しい最高経営責任者が任命される。
    (D) さらなる店舗が開店する。

**39** [1]、[2]、[3]、[4] と記載された箇所のうち、次の文が入るのに最もふさわしいのはどれですか。

    「その後すぐ、同社はシドニーで営業を開始した」

    (A) [1]
    (B) [2]
    (C) [3]
    (D) [4]

問題 40-42 は次の記事に関するものです。

==================================================================================

**Porterfield 大学の新たな複合型住宅**

Sandra Ting 著、所属記者

　4月4日——Leartown 市内のハイランド大通りと 19 号線が交差する場所で、先週水曜日に起工式が行われた。同地では Porterfield 大学が同学の複合型住宅である Lear ハイツを新たに建設している。同大学学長の Nina Afolayan が、メインキャンパスの 3 マイル北側に位置するその用地で、最初のシャベル 1 杯分の土を掘り返した。

　Lear ハイツは、同大学（公的機関）と Exner グループ（地元の不動産開発会社）との共同事業だ。それは、7 棟の多目的ビルから成る予定である。＊各々には、地上階に小売店用スペースが、上の 2 つの階には学生用住居が入る予定だ。Exner が用地を開発し、小売事業を管理することになっている。

　「最近まで、本校の学生の大半は通学者でした」と Afolayan 氏は述べた。「現在、キャンパス内の住宅を要望する志願者の数が急増しています。本校が昨年春に建てた高層の寮は、ある程度は役立っています。しかし、本プロジェクトが完了すれば、学生のニーズに応える上でずっと良い状況になるでしょう」

　何店舗かの衣料品店や飲食店を含め、何社かの小売業者は既に、同複合施設内のスペースを借りることに関心を示している。Exner の主任プランナーである Vinh Ngo は、小規模なスーパーを開設することに関し、地域のある大手スーパーマーケットチェーンと交渉を始めていると語った。同複合施設とキャンパスは景観のよい歩行者用通路でつながる予定だ。

＊ 問題 42 の挿入文の訳

==================================================================================

▼設問の訳

**40**　Afolayan さんとは誰ですか。

(A) 建築家
(B) 不動産開発業者
(C) 大学の管理者
(D) 店舗所有者

**41**　Exner グループは、どのような店舗を Lear ハイツに誘致することを望んでいますか。

(A) 食料雑貨店
(B) フィットネスクラブ
(C) 映画館
(D) 書店

**42**　[1]、[2]、[3]、[4] と記載された箇所のうち、次の文が入るのに最もふさわしいのはどれですか。
　「各々には、地上階に小売店用スペースが、上の 2 つの階には学生用住居が入る予定だ」

(A) [1]
(B) [2]
(C) [3]
(D) [4]

# CHAPTER 2

文書タイプ別　速読演習

# Unit 8

# ２文書の問題

double passages

# 2文書の問題の特徴

Unit 8～9では、関連のある複数の文書（パッセージ）が組み合わせになったものを扱います。本番のテストでは、まず2文書の問題が2セット、次に3文書の問題が3セット出題されます。これまでのユニットで学んだような各種の文書が登場し、組み合わせもさまざまです。時刻表や請求書など表形式のものも出てきます。組み合わせになった文書は時系列順に並んでいるので、それを念頭に置いて読んでいきましょう。

設問は、2文書の問題も3文書の問題も5問出題されます。1つの文書の情報から解答できる設問と、複数の文書の情報を関連付けないと解答できない設問があります。1つの文書の情報から解く設問には、According to the e-mail, ...など、参照すべき文書名が示されていることもあるので、その場合は即座に該当の文書に集中しましょう。参照すべき文書が示されていない場合は、設問を読んで、当たりをつけた文書の情報から答えを探したり、別の文書の中に関連する箇所を探して情報を結び付け、答えを割り出しましょう。

## 文書A STEP 1 ▼リーディング所要時間を測る

まず、読みやすいスピードで2つの文書全体を読み、かかった時間を次ページの表に書き込んでください。その後で確認問題を解いてみましょう。　　　　　　　　　　　　　　　　　⇒ 正解は p.177

Questions 43-47 refer to the following advertisement and e-mail.

### Stavenga Automotive

In addition to stocking supplies for all your car maintenance and repair needs, every Stavenga Automotive store offers premium oil change service. At our service centers, our certified technicians can change your vehicle's oil, inspect the engine for leaks, and top off all fluid levels. And to avoid waiting at the store, you can even make an appointment in advance on our Web site.

At your first oil change, you can sign up for a Stavenga Automotive membership card, which will be mailed with a letter to your home address. The next time you have your vehicle's oil changed with us, just present your card to receive a $20.00 electronic discount coupon that can be redeemed at a following visit to any Stavenga Automotive store.

**2**

## *E-mail*

| To: | Dennis Karnas <dkarnas@mailstation.com.au> |
|---|---|
| From: | Stavenga Automotive <noreply@stavengaauto.com.au> |
| Date: | 7 July |
| Subject: | Your recent oil change |

Dear Mr. Karnas,

Thank you for relying on Stavenga Automotive for your service needs. In recognition of your service visit on 6 July, a $20.00 discount coupon has been added to your account. You may use it when paying for maintenance services or shopping at any Stavenga Automotive store by 30 November.

We hope you will visit us again when it comes time for your next oil change. If in doubt about when to have your vehicle's oil changed, just stop in for a complimentary check. We will give your engine a quick look and recommend the best time for your next visit.

Stavenga Automotive

This e-mail is an automated message. Replies will not be answered. If you wish to reach one of our service technicians, please call 1800 975 708.

---

### 確認問題

2つの文書に関係する主題は何ですか？

(a) 自動車専門誌の定期購読
(b) 車のメンテナンスサービス
(c) 中古車のオンライン販売

|  | 文書 |
|---|---|
| 語数 | 275 語 |
| 目標リーディング時間 | 118 秒 |
| 計測時間 ❶：STEP 1 | 秒 |
| 計測時間 ❷：STEP 5 | 秒 |

表形式の場合、音声の読み上げ時間は目標リーディング時間より長くなることがあります。

赤い丸囲みの部分に注目しながら、2つの文書と設問の概要をつかむことを目的に、全体をざっと読みましょう。

Questions 43-47 refer to the following advertisement and e-mail.

**1**

## Stavenga Automotive

In addition to stocking supplies for all your car maintenance and repair needs, every Stavenga Automotive store offers premium oil change service. At our service centers, our certified technicians can change your vehicle's oil, inspect the engine for leaks, and top off all fluid levels. And to avoid waiting at the store, you can even make an appointment in advance on our Web site.

At your first oil change, you can sign up for a Stavenga Automotive membership card, which will be mailed with a letter to your home address. The next time you have your vehicle's oil changed with us, just present your card to receive a $20.00 electronic discount coupon that can be redeemed at a following visit to any Stavenga Automotive store.

**2**

### *E-mail*

| To: | Dennis Karnas <dkarnas@mailstation.com.au> |
| From: | Stavenga Automotive <noreply@stavengaauto.com.au> |
| Date: | 7 July |
| Subject: | Your recent oil change |

Dear Mr. Karnas,

Thank you for relying on Stavenga Automotive for your service needs. In recognition of your service visit on 6 July, a $20.00 discount coupon has been added to your account. You may use it when paying for maintenance services or shopping at any Stavenga Automotive store by 30 November.

We hope you will visit us again when it comes time for your next oil change. If in doubt about when to have your vehicle's oil changed, just stop in for a complimentary check. We will give your engine a quick look and recommend the best time for your next visit.

Stavenga Automotive

This e-mail is an automated message. Replies will not be answered. If you wish to reach one of our service technicians, please call 1800 975 708.

## 1 指示文から、それぞれの文書の種類を確認する

Questions 43-47 refer to the following <u>advertisement</u> and <u>e-mail</u>.

⇒ 1つ目の文書 **1** は「広告」、

2つ目の文書 **2** は「Eメール」だな。

## 2 見出しやヘッダーなどから、文書の内容は何かなどを把握する

⇒ **1** 「広告」は Stavenga Automotive という自動車用品店のものらしい。

**2** 「Eメール」の受信者は Dennis Karnas という人、送信者は **1** の自動車用品店か。

件名は「あなた（＝受信者）の最近のオイル交換」、顧客宛てだな。

## 3 設問文をチェックして、キーワードを頭に入れる

**43.** What are customers invited to do online?

⇒ customers が勧められていること？ online で？

**44.** What did Mr. Karnas present on July 6?

⇒ Mr. Karnas が示したもの？ July 6 に？

**45.** What is Mr. Karnas advised to do by November 30?

⇒ Mr. Karnas が勧められていること？ November 30 までに？

**46.** What is Mr. Karnas offered for free?

⇒ Mr. Karnas がオファーされていること？　無料で？

**47.** According to the e-mail, how can Mr. Karnas contact a Stavenga Automotive service technician?

⇒ **2** の「Eメール」を見る。Mr. Karnas が service technician に連絡する方法？

確認問題（p.175）の正解　（b）

Step 2 で理解した文書のポイントを念頭に置いた上で、Unit 1〜7 で練習したスラッシュ読みの要領で 2 つの文書全体を速読し、実際の設問に答えてみましょう。

Questions 43-47 refer to the following advertisement and e-mail.

**1**

### ❶ Stavenga Automotive

❷ In addition to stocking supplies for all your car maintenance and repair needs, every Stavenga Automotive store offers premium oil change service. At our service centers, our certified technicians can change your vehicle's oil, inspect the engine for leaks, and top off all fluid levels. And to avoid waiting at the store, you can even make an appointment in advance on our Web site.

❸ At your first oil change, you can sign up for a Stavenga Automotive membership card, which will be mailed with a letter to your home address. The next time you have your vehicle's oil changed with us, just present your card to receive a $20.00 electronic discount coupon that can be redeemed at a following visit to any Stavenga Automotive store.

**2**

### *E-mail*

❶ To:      Dennis Karnas <dkarnas@mailstation.com.au>

From:    Stavenga Automotive <noreply@stavengaauto.com.au>

Date:    7 July

Subject:  Your recent oil change

Dear Mr. Karnas,

❷ Thank you for relying on Stavenga Automotive for your service needs. In recognition of your service visit on 6 July, a $20.00 discount coupon has been added to your account. You may use it when paying for maintenance services or shopping at any Stavenga Automotive store by 30 November.

❸ We hope you will visit us again when it comes time for your next oil change. If in doubt about when to have your vehicle's oil changed, just stop in for a complimentary check. We will give your engine a quick look and recommend the best time for your next visit.

Stavenga Automotive

❹ This e-mail is an automated message. Replies will not be answered. If you wish to reach one of our service technicians, please call 1800 975 708.

43. What are customers invited to do online?

    (A) Request membership cards
    (B) Schedule a service visit
    (C) Order automotive supplies
    (D) Post comments

44. What did Mr. Karnas present on July 6?

    (A) A printed coupon
    (B) A payment receipt
    (C) A membership card
    (D) A vehicle inspection report

45. What is Mr. Karnas advised to do by November 30?

    (A) Redeem a coupon
    (B) Transfer a payment
    (C) Schedule an oil change
    (D) Renew a membership

46. What is Mr. Karnas offered for free?

    (A) A check of his engine's oil
    (B) Minor repair service
    (C) The replacement of old vehicle parts
    (D) Home delivery of an order

47. According to the e-mail, how can Mr. Karnas contact a Stavenga Automotive service technician?

    (A) By letter
    (B) By e-mail
    (C) By phone
    (D) By online form

# STEP 3-4 ▼ （解説）

**43**

顧客がオンラインで行うよう勧められていることに注目。

**1**は Stavenga 自動車用品店の広告。**2**1〜4行目より、同店は実店舗で用品を取り揃え、車の整備や修理、オイル交換などのサービスを提供していると分かる。同4〜5行目に「店舗で待たないで済むよう、当店ウェブサイト上で事前予約もできる」とあるので、(B) が正解。本文中の on our Web site が設問文中では online「オンラインで」と言い換えられている。invite 〜 to do「〜に…するよう勧める」。schedule「〜を予定に入れる」。

(A) **1**の**3**1〜2行目より、会員カードの申し込みができるのはオンライン上ではなく実店舗でのオイル交換時である。request「〜を要望する」。

(C) 自動車用品について、オンラインで購入可能だとは述べられていない。order「〜を注文する」。

(D) オンラインでの意見の投稿については述べられていない。post「〜を投稿する」、comment「意見、コメント」。

**44**

July 6 という特定の日付に言及している箇所を探す。

**2**の E メールは Stavenga 自動車用品店から Karnas さんに宛てられたもの。**2**の**2**1〜3行目に「7月6日の修理点検での来店に謝意を表して、20ドルの割引クーポンがあなたのアカウントに追加された」とある。一方、**1**の**3**1〜2行目で、オイル交換時に会員カードの申し込みが可能だと述べられた後、続く同2〜5行目で、「次回、当店で車のオイルを交換する際に、本カードを提示して、Stavenga 自動車用品店のどの店舗でも次の来店時に引き換え可能な20ドルのデジタル割引クーポンを受け取ってほしい」と説明されている。よって、Karnas さんは7月6日に、Stavenga 自動車用品店の実店舗にて会員カードを提示したと判断できるので、(C) が正解。

(A) **1**の**3**2〜5行目より、クーポンはデジタル式であることから、印刷の必要はないと考えられる。printed「印刷された」。

**45**

期限を示す by November 30 に注目し、勧められていることを探す。

Karnas さん宛ての E メールである**2**の**2**1〜3行目より、Karnas さんに対し、割引クーポンが発行されたことが分かる。同3〜4行目に、そのクーポンについて、「それは、11月30日まで、Stavenga 自動車用品店の全店舗で保守点検サービスや買い物の代金支払いに利用できる」とある。よって、そのことを redeem「〜（引換券など）を現金に換える」を使って言い換えた (A) が正解。advise 〜 to do「〜に…するよう勧める」。

(B) 代金振込については述べられていない。transfer「〜（代金）を振り込む、〜を移動させる」。

(C) **2**の**3**で、オイル交換のための来店を勧めているが、その期限は述べられていない。

(D) 会員資格更新については述べられていない。renew「〜を更新する」。

## 46

Karnas さんに無料提供されるものを探す。

Karnas さん宛ての E メールである **2**の**❸**1～3 行目で、車のオイル交換時期について迷う場合は、気軽に無料点検に立ち寄ってほしいと述べられている。続く同 3～4 行目で、来店店舗でエンジンを素早く見て、オイル交換の最適な時期を薦める、と説明されているので、(A) が正解。本文中の complimentary「無料の」は設問文中では for free と言い換えられている。

(B) **2**の**❸**1～3 行目より、無料提供されているのは点検であり、車の修理サービスではない。minor「小さな」。

(C) 部品交換への言及はない。replacement「交換」、part「部品」。

(D) 注文品の宅配に関する言及はない。home delivery「宅配」。

## 47

**2**の E メールから、自動車用品店の技術者への連絡方法を探す。

**2**の**❹**に「当店の修理点検技術者に連絡したい場合は、1800 975 708 に電話してほしい」とある。(C) が正解。

(A) 手紙については**1**の**❸**1～2 行目で言及されているが、申し込み済みの会員カードが手紙と一緒に自宅に郵送される、とあるのみ。

(B) **2**の**❹**1 行目に、この E メールは自動メッセージであり、返信には応答できないとある。

(D) オンライン上の入力フォームへの言及はない。online「オンラインの」、form「フォーム」。

---

**文書の語注**

**1** 広告　❶ automotive　自動車（関連）の
　　　❷ in addition to ～　～に加えて　　stock　～を補充する　　supplies　用品　　maintenance　整備、保守点検
　　　repair　修理　　needs　ニーズ、要求　　premium　上質な　　oil　オイル　　service　サービス、修理点検
　　　certified　資格を有する　　technician　技術者　　vehicle　車両
　　　inspect ～ for …　…がないかどうか～を点検する　　leak　漏れ　　top off ～　～を満タンにする
　　　fluid　液体　　level　量、レベル　　avoid doing　～することを避ける
　　　make an appointment　予約をする　　in advance　事前に
　　　❸ sign up for ～　～に申し込む　　membership　会員資格　　mail　～を郵送する
　　　have ～ done　～を…させる　　present　～を提示する　　electronic　電子式の、デジタルの
　　　redeem　～（引換券など）を現金や商品に換える　　following　その次の
**2** Eメール　❶ recent　最近の
　　　❷ rely on ～　～に頼る　　in recognition of ～　～に謝意を表して　　add ～ to …　～を…に加える
　　　account　アカウント　　pay for ～　～の代金を支払う
　　　❸ when it comes time for ～　～の必要が生じたときに　　in doubt　迷って、不確かで　　stop in　立ち寄る
　　　complimentary　無料の　　check　点検、確認　　give ～ a quick look　～を素早く見る
　　　❹ automated　自動化された　　reply　返信　　wish to do　～したいと思う　　reach　～と連絡を取る

問題（p.178～179）の正解　43（B）　44（C）　45（A）　46（A）　47（C）

スラッシュ読みの手法を念頭に置き、次ページの手順で、読むスピードを上げる練習をしましょう。

---

Questions 43-47 refer to the following advertisement and e-mail.

**1**

### Stavenga Automotive

In addition to stocking supplies for all your car maintenance and repair needs, every Stavenga Automotive store offers premium oil change service. At our service centers, our certified technicians can change your vehicle's oil, inspect the engine for leaks, and top off all fluid levels. And to avoid waiting at the store, you can even make an appointment in advance on our Web site.

At your first oil change, you can sign up for a Stavenga Automotive membership card, which will be mailed with a letter to your home address. The next time you have your vehicle's oil changed with us, just present your card to receive a $20.00 electronic discount coupon that can be redeemed at a following visit to any Stavenga Automotive store.

**2**

| *E-mail* |
|---|

| To: | Dennis Karnas <dkarnas@mailstation.com.au> |
|---|---|
| From: | Stavenga Automotive <noreply@stavengaauto.com.au> |
| Date: | 7 July |
| Subject: | Your recent oil change |

Dear Mr. Karnas,

Thank you for relying on Stavenga Automotive for your service needs. In recognition of your service visit on 6 July, a $20.00 discount coupon has been added to your account. You may use it when paying for maintenance services or shopping at any Stavenga Automotive store by 30 November.

We hope you will visit us again when it comes time for your next oil change. If in doubt about when to have your vehicle's oil changed, just stop in for a complimentary check. We will give your engine a quick look and recommend the best time for your next visit.

Stavenga Automotive

This e-mail is an automated message. Replies will not be answered. If you wish to reach one of our service technicians, please call 1800 975 708.

## 1. スラッシュ読み練習

自分でスラッシュを入れるつもりでチャンクを意識しながら、2 つの文書を通して 2 回読みましょう。

※ 実際にスラッシュを書き込んでもよいですし、頭の中でスラッシュを入れながら読んでもよいでしょう。

## 2. 音声を使ったリーディングスピードアップ練習　🔊37 〜 🔊38

理想スピードの音声を聞きながら、同じスピードで英文を目で追って、文書を読みましょう。2 つの文書を通して 2 回、聞きながら読みます。

※ 音声のスピードが速過ぎると感じる場合は、アプリ等のスピード変換機能で調整してください。

## 3. リーディング所要時間の再計測

速読を意識して文書全体をもう一度読み、p.175 の表の計測時間❷に書き込んで計測時間❶と比較しましょう。

※ 表の目標リーディング時間に近づくまで、2 のスピードを意識しながら、繰り返し練習をしてみましょう。

Unit 8 - 文書 A までの累計：**19,300 語突破！**

5,000　　10,000　　15,000　　20,000　　25,000　　30,000

**文書A**

▼文書の訳

問題 43-47 は次の広告とEメールに関するものです。

**1**

=================================================================================

Stavenga 自動車用品店

Stavenga 自動車用品店の各店舗は、お車の整備と修理のあらゆるニーズにお応えする用品を取り揃えているほか、上質なオイル交換サービスをご提供しています。各サービス拠点では、当店の有資格技術者がお車のオイル交換、エンジンの漏れの点検、およびあらゆる液体の最大限の補充をいたします。また、店舗でお待ちいただかずに済むよう、お客さまは当店ウェブサイト上で事前予約もできます。

初回のオイル交換時に、お客さまは Stavenga 自動車用品店の会員カードにお申し込みいただけます。カードはご自宅住所宛てに手紙と一緒に郵送されます。次回、当店でお車のオイル交換をご依頼になる際に、本カードをご提示になり、Stavenga 自動車用品店のどの店舗でも次回ご来店時にお引き換え可能な 20 ドルのデジタル割引クーポンをお受け取りください。

=================================================================================

**2**

=================================================================================

受信者：Dennis Karnas <dkarnas@mailstation.com.au>

送信者：Stavenga 自動車用品店 <noreply@stavengaauto.com.au>

日付： 7 月 7 日

件名： お客さまの最近のオイル交換

Karnas 様

お客さまの修理点検のご要望を Stavenga 自動車用品店にお任せくださりありがとうございます。7 月 6 日の修理点検でのご来店に謝意を表しまして、20 ドルの割引クーポンをお客さまのアカウントに追加させていただきました。そちらは、11 月 30 日まで、Stavenga 自動車用品店の全店舗で保守点検サービスやお買い物の代金お支払いにご利用いただけます。

次回、オイル交換の必要が生じた際に、当店に再びご来店いただけることを願っております。お車のオイル交換の時期について迷われる場合には、お気軽に無料点検にお立ち寄りください。私どもが、エンジンを素早く拝見し、最適な次回ご来店時期をお薦めいたします。

Stavenga 自動車用品店

このEメールは自動メッセージです。ご返信にはお答えできません。当店の修理点検技術者に連絡されたい場合は、1800 975 708 にお電話ください。

=================================================================================

**43** 顧客はオンラインで何をするよう勧められていますか。

   (A) 会員カードを要望する
   (B) 修理点検来店の予約を入れる
   (C) 自動車用品を注文する
   (D) 意見を投稿する

**44** Karnas さんは 7 月 6 日に何を提示しましたか。

   (A) 印刷されたクーポン
   (B) 支払いの領収書
   (C) 会員カード
   (D) 車両点検の報告書

**45** Karnas さんは 11 月 30 日までに何をするよう勧められていますか。

   (A) クーポンを引き換える
   (B) 支払代金を振り込む
   (C) オイル交換の予約を入れる
   (D) 会員資格を更新する

**46** Karnas さんに無料で提供されるものは何ですか。

   (A) エンジンオイルの点検
   (B) ちょっとした修理サービス
   (C) 車両の古い部品の交換
   (D) 注文品の宅配

**47** Eメールによると、Karnas さんはどのようにして、Stavenga 自動車店の修理点検技術者と連絡を取ることができますか。

   (A) 手紙で
   (B) Eメールで
   (C) 電話で
   (D) オンライン上の入力フォームで

CHAPTER 2　Unit 8　2文書の問題

まず、読みやすいスピードで2つの文書全体を読み、かかった時間を次ページの表に書き込んでください。その後で確認問題を解いてみましょう。

⇒ 正解は p.189

Questions 48-52 refer to the following Web page and form.

## Coming up soon at Wynhollow Ltd.

| Event, date, and time | Description | Cost |
|---|---|---|
| Strategies for Start-Ups 30 May, 9:00 A.M.–4:00 P.M. | Workshop led by successful start-up founders. Learn from others who were once in your position! | £10 |
| Video Marketing 31 May, 10:00 A.M.–1:00 P.M. | Short introduction to the power of videos in growing the customer base for your business. | Free |
| Sales Coaching 3, 10, and 17 June, 4:00 P.M.–6:00 P.M. | Customized course on getting started in sales, tailored perfectly to you and the company you work for, delivered over three sessions. | £50 |
| Social Media 11 June, 11:00 A.M.–3:00 P.M. | One-day introductory course in using social media to engage and involve your potential customers. | Free |
| Carbon-Neutral Future 24 June, 5:00 P.M.–7:00 P.M. | Special talk on strategies for businesses to meet environmental goals. No experience necessary. | Free |

**How to find us:** We are just a two-minute walk from the Rosevale railway station or a five-minute walk from the parking area at Rosevale Shopping Centre.

https://www.wynhollowltd.co.uk/events

Home | About Us | Events | Contact Us

**2**

## Reimbursement for work-related expenses

This form is to be used for claiming expenses in accordance with Mather Tech company policy. Please refer to the Expenses Policy document for full details of eligibility. All claims must be supported by receipts. You must keep a copy of the form and receipts. Claims can be audited for up to three years.

| Payable to: | Dominique Rouhi |
| --- | --- |
| E-mail: | drouhi@mathertech.co.uk |
| Mailing address: | 126 Leamington Road, Meynell ME3 7BD |

| Date | Description of expense | Amount |
| --- | --- | --- |
| 11 June | Taxi from Mather Tech office to Meynell railway station | £10.00 |
| 11 June | Standard-class return rail ticket from Meynell to Rosevale | £35.60 |
| 11 June | Taxi from Meynell railway station to my home | £12.00 |
| | **TOTAL** | **£57.60** |

**Reason for reimbursement**

Travel to and from Rosevale for a Wynhollow Ltd. course that I attended on the advice of my supervisor at Mather Tech, as part of my Early Careers Development Programme.

**Requestor signature:** _Dominique Rouhi_

---

確認問題

2つの文書に関係する主題は何ですか？

(a) 新興企業の会社説明会
(b) 海外出張申請書の変更
(c) ビジネス講習会

| | 文書 |
| --- | --- |
| 語数 | 323 語 |
| 目標リーディング時間 | 154 秒 |
| 計測時間 ❶：STEP 1 | 秒 |
| 計測時間 ❷：STEP 5 | 秒 |

表形式の場合、音声の読み上げ時間は目標リーディング時間より長くなることがあります。

赤い丸囲みの部分に注目しながら、2つの文書と設問の概要をつかむことを目的に、全体をざっと読みましょう。

Questions 48-52 refer to the following Web page and form.

**1**

https://www.wynhollowltd.co.uk/events

| Home | About Us | Events | Contact Us |

## Coming up soon at Wynhollow Ltd.

| Event, date, and time | Description | Cost |
|---|---|---|
| Strategies for Start-Ups<br>30 May, 9:00 A.M.–4:00 P.M. | Workshop led by successful start-up founders. Learn from others who were once in your position! | £10 |
| Video Marketing<br>31 May, 10:00 A.M.–1:00 P.M. | Short introduction to the power of videos in growing the customer base for your business. | Free |
| Sales Coaching<br>3, 10, and 17 June,<br>4:00 P.M.–6:00 P.M. | Customized course on getting started in sales, tailored perfectly to you and the company you work for, delivered over three sessions. | £50 |
| Social Media<br>11 June, 11:00 A.M.–3:00 P.M. | One-day introductory course in using social media to engage and involve your potential customers. | Free |
| Carbon-Neutral Future<br>24 June, 5:00 P.M.–7:00 P.M. | Special talk on strategies for businesses to meet environmental goals. No experience necessary. | Free |

**How to find us:** We are just a two-minute walk from the Rosevale railway station or a five-minute walk from the parking area at Rosevale Shopping Centre.

**2**

## Reimbursement for work-related expenses

This form is to be used for claiming expenses in accordance with Mather Tech company policy. Please refer to the Expenses Policy document for <u>full</u> details of eligibility. All claims must be supported by receipts. You must keep a copy of the form and receipts. Claims can be audited for up to three years.

| | |
|---|---|
| **Payable to:** | Dominique Rouhi |
| **E-mail:** | drouhi@mathertech.co.uk |
| **Mailing address:** | 126 Leamington Road, Meynell ME3 7BD |

| Date | Description of expense | Amount |
|---|---|---|
| 11 June | Taxi from Mather Tech office to Meynell railway station | £10.00 |
| 11 June | Standard-class return rail ticket from Meynell to Rosevale | £35.60 |
| 11 June | Taxi from Meynell railway station to my home | £12.00 |
| | **TOTAL** | £57.60 |

**Reason for reimbursement**

Travel to and from Rosevale for a Wynhollow Ltd. course that I attended on the advice of my supervisor at Mather Tech, as part of my Early Careers Development Programme.

**Requestor signature:** *Dominique Rouhi*

**1** 指示文から、それぞれの文書の種類を確認する

Questions 48-52 refer to the following Web page and form.

⇒ 1 つ目の文書 **1** は「ウェブページ」、

2 つ目の文書 **2** は「用紙」だな。

**2** URL や見出しなどから、文書の内容は何かを把握する

⇒ **1** は Wynhollow という会社の「ウェブページ」？ 今後開催されるイベント情報？

**2**「用紙」は経費の払い戻し用？ Dominique Rouhi という人が請求したものだな。

**3** 設問文をチェックして、キーワードを頭に入れる

48. In what industry does Wynhollow Ltd. most likely specialize?

⇒ Wynhollow 社が専門とする業界？

49. What is true about the event happening on June 24?

⇒ June 24 のイベントについて正しいこと？

50. In the form, the word "full" in paragraph 1, line 2, is closest in meaning to

⇒ full（**2** の第 1 段落・2 行目）の意味？

51. What event did Ms. Rouhi attend?

⇒ Ms. Rouhi が attend したイベント？

52. What is most likely true about Ms. Rouhi?

⇒ Ms. Rouhi について正しいこと？

確認問題（p.187）の正解　（c）

**189**

# STEP 3-4 ▼文書全体を読み、設問の正解を探す

Step 2 で理解した文書のポイントを念頭に置いた上で、Unit 1～7 で練習したスラッシュ読みの要領で 2 つの文書全体を速読し、実際の設問に答えてみましょう。

---

Questions 48-52 refer to the following Web page and form.

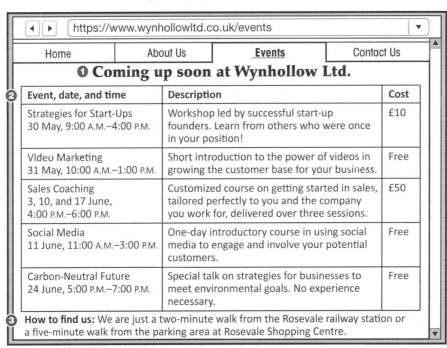

**1**

❶ **Coming up soon at Wynhollow Ltd.**

https://www.wynhollowltd.co.uk/events

| Home | About Us | **Events** | Contact Us |

❷
| Event, date, and time | Description | Cost |
|---|---|---|
| Strategies for Start-Ups<br>30 May, 9:00 A.M.–4:00 P.M. | Workshop led by successful start-up founders. Learn from others who were once in your position! | £10 |
| Video Marketing<br>31 May, 10:00 A.M.–1:00 P.M. | Short introduction to the power of videos in growing the customer base for your business. | Free |
| Sales Coaching<br>3, 10, and 17 June,<br>4:00 P.M.–6:00 P.M. | Customized course on getting started in sales, tailored perfectly to you and the company you work for, delivered over three sessions. | £50 |
| Social Media<br>11 June, 11:00 A.M.–3:00 P.M. | One-day introductory course in using social media to engage and involve your potential customers. | Free |
| Carbon-Neutral Future<br>24 June, 5:00 P.M.–7:00 P.M. | Special talk on strategies for businesses to meet environmental goals. No experience necessary. | Free |

❸ **How to find us:** We are just a two-minute walk from the Rosevale railway station or a five-minute walk from the parking area at Rosevale Shopping Centre.

**2**

❶ **Reimbursement for work-related expenses**

❷ This form is to be used for claiming expenses in accordance with Mather Tech company policy. Please refer to the Expenses Policy document for full details of eligibility. All claims must be supported by receipts. You must keep a copy of the form and receipts. Claims can be audited for up to three years.

❸ **Payable to:** Dominique Rouhi
**E-mail:** drouhi@mathertech.co.uk
**Mailing address:** 126 Leamington Road, Meynell ME3 7BD

❹
| Date | Description of expense | Amount |
|---|---|---|
| 11 June | Taxi from Mather Tech office to Meynell railway station | £10.00 |
| 11 June | Standard-class return rail ticket from Meynell to Rosevale | £35.60 |
| 11 June | Taxi from Meynell railway station to my home | £12.00 |
| | **TOTAL** | £57.60 |

❺ **Reason for reimbursement**
Travel to and from Rosevale for a Wynhollow Ltd. course that I attended on the advice of my supervisor at Mather Tech, as part of my Early Careers Development Programme.
**Requestor signature:** _Dominique Rouhi_

**48.** In what industry does Wynhollow Ltd. most likely specialize?

(A) Scientific research
(B) Entertainment
(C) Computer software
(D) Employee training

**49.** What is true about the event happening on June 24?

(A) It can be attended at no charge.
(B) It is also offered on other dates.
(C) It takes place at Rosevale Shopping Centre.
(D) It requires knowledge of environmental policy.

**50.** In the form, the word "full" in paragraph 1, line 2, is closest in meaning to

(A) lively
(B) crowded
(C) generous
(D) complete

**51.** What event did Ms. Rouhi attend?

(A) Strategies for Start-Ups
(B) Video Marketing
(C) Sales Coaching
(D) Social Media

**52.** What is most likely true about Ms. Rouhi?

(A) She lives in Rosevale.
(B) She regularly takes a taxi to work.
(C) She was hired recently by Mather Tech.
(D) She bought her rail ticket in advance.

# STEP 3-4 ▼（解説）

⇒ 全訳は p.196〜197

## 48

specialize in 〜は「〜に特化する」という意味なので、Wynhollow 社の業界に注目する。

**1**のウェブページの**❶**の見出しに「Wynhollow 社にて近日開催予定」とあり、「イベント」のタブが開かれていることから、このウェブページは、Wynhollow 社で近々開催されるイベントを紹介しているものだと分かる。また、**❷**には「新興企業のための戦略」「動画マーケティング」「営業コーチング」「ソーシャルメディア」「カーボンニュートラルな将来」という 5 つのイベントについて記載されており、その内容説明欄から、イベントはビジネス分野に関する講習会や研修会だと判断できる。よって、イベント提供元である同社は、ビジネス関連の教育・研修に特化していると考えられるので、(D) が正解。industry「産業、業界」。

(A) scientific「科学的な」、research「研究」。

## 49

「6 月 24 日に行われるイベント」について正しいものを探す。

**1**のウェブページでイベントの情報を確認すると、**❷**の 5 番目の「カーボンニュートラルな将来」の欄に、24 June とある。右端の Cost の欄に Free とあるので、このイベントは無料で出席可能だと分かる。無料であることを at no charge「無料で」を用いて表している (A) が正解。

(B) このテーマのイベントは、6 月 24 日以外での開催は記載されていない。

(C) **1**の**❸**に、Rosevale ショッピングセンターの駐車場からの距離について記載があるのみ。take place「開催される」。

(D) **1**の**❷**の 5 番目の内容説明欄より、このイベントは経験不問である。require「〜を必要とする」、knowledge「知識」。

## 50

この full が表す意味を、文脈から読み取る。

**2**の用紙は、**❶**の見出しと**❷**1 〜 2 行目より、Mather Tech 社の業務関連費用の払い戻しの申請に用いられるものだと分かる。該当語 full を含む文は、請求資格の詳細の参照先として、「費用方針」の文書を案内しており、full details は「全詳細」の意味だと考えられる。よって、直後の details「詳細」を修飾する形容詞として最も意味が近いのは、(D) complete「完全な」。

## 51

Rouhi さんが参加したイベントを見つける。

イベント一覧は**1**に、Rouhi さんの名前は**2**に書かれているので、2 つの文書を関連付ける。Rouhi さんの名前は**2**の用紙の**③**1 行目にある。**2**の**①**の見出しおよび**③**の「支払先」から、この文書は Rouhi さんによって作成された業務関連費用の払い戻しの申請用紙だと分かる。**④**の日付欄が全て「6 月 11 日」であることに着目する。一方、Wynhollow 社が提供する**1**のイベントの中で、日付が 6 月 11 日なのは**②**の 4 番目の「ソーシャルメディア」なので、Rouhi さんが出席したのはこのイベントだと判断できる。よって、(D) が正解。

(A) (B) (C) **1**の**②**より、いずれも開催日は 6 月 11 日ではない。

## 52

Rouhi さんについて正しい記述を選ぶ問題。

Rouhi さんは**2**の**⑤**で、費用の払い戻し理由として、「初期キャリア開発プログラムの一環で、Mather Tech 社の上司の助言に従い出席した、Wynhollow 社の講座のための Rosevale までの行き来」と書いている。このことから、Rouhi さんは Mather Tech 社で働き始めて日が浅いと考えられるので、(C) が正解。

(A)　**1**の**③**および**2**の**④**・**⑤**より、Rosevale は Wynhollow 社の所在地。

(B)　タクシーについては**2**の**④**に記載があるが、Rouhi さんが 6 月 11 日に講座受講のために利用した移動手段として示されているのみ。regularly「定期的に」、work「職場」。

(D)　**2**の**④**より、Rouhi さんは鉄道乗車券を購入したと分かるが、事前に入手していたかどうかは本文からは読み取れない。in advance「事前に」。

---

**文書の語注**

**1 ウェブページ**
**①** come up　近づく　　～ Ltd.　～社　★ limited「有限責任の」の略
**②** description　説明　　strategy　戦略　　start-up　新興企業　　lead　～を主宰する
successful　成功した　　founder　創業者　　position　境遇、立場　　introduction　紹介、入門
grow　～を拡大する　　customer base　顧客層　　customized　特別注文で作られた、カスタマイズされた
get started　始める　　tailored　(特定の需要などに) 合わせて作られた　　perfectly　完全に
deliver　～ (講演など) をする　　session　集まり　　introductory　入門的な　　engage　～を引き付ける
involve　～を密接に関わらせる　　potential　潜在的な
carbon-neutral　カーボンニュートラルな　★二酸化炭素排出量から吸収量を引いた値をゼロにすること
meet　～ (目標など) を達成する　　environmental　環境上の
**③** railway　鉄道 (の)　　parking area　駐車場
shopping centre　ショッピングセンター　★ centre は center の英国表記

**2 用紙**
**①** reimbursement　払い戻し　　work-related　仕事関連の　　expenses　費用、必要経費
**②** be to *do*　～するためのものである　　claim　～を請求する　　in accordance with ～　～に沿って
tech　科学技術　★ technology などの略　　policy　方針　　refer to ～　～を参照する　　document　文書
full　完全な、詳細な　　details　詳細な情報　　eligibility　資格　　claim　請求　　support　～を裏付ける
receipt　領収書　　a copy of ～　1 部の～　　audit　～の会計監査をする　　up to ～　最大～まで
**③** payable　支払うべき　　mailing　郵送 (用の)
**④** standard-class　普通乗車席の　　return ticket　往復乗車券　★米国英語では round-trip ticket
rail　鉄道 (の)　　total　総額、合計
**⑤** attend　～に出席する　　supervisor　上司、監督者　　career　キャリア、(生涯の) 職業
programme　プログラム　★ program の英国表記　　requestor　請求人、要請者　　signature　署名

---

問題 (p.190～191) の正解　48 (D)　49 (A)　50 (D)　51 (D)　52 (C)

スラッシュ読みの手法を念頭に置き、次ページの手順で、読むスピードを上げる練習をしましょう。

Questions 48-52 refer to the following Web page and form.

**1**

https://www.wynhollowltd.co.uk/events

| Home | About Us | **Events** | Contact Us |

## Coming up soon at Wynhollow Ltd.

| Event, date, and time | Description | Cost |
|---|---|---|
| Strategies for Start-Ups 30 May, 9:00 A.M.–4:00 P.M. | Workshop led by successful start-up founders. Learn from others who were once in your position! | £10 |
| Video Marketing 31 May, 10:00 A.M.–1:00 P.M. | Short introduction to the power of videos in growing the customer base for your business. | Free |
| Sales Coaching 3, 10, and 17 June, 4:00 P.M.–6:00 P.M. | Customized course on getting started in sales, tailored perfectly to you and the company you work for, delivered over three sessions. | £50 |
| Social Media 11 June, 11:00 A.M.–3:00 P.M. | One-day introductory course in using social media to engage and involve your potential customers. | Free |
| Carbon-Neutral Future 24 June, 5:00 P.M.–7:00 P.M. | Special talk on strategies for businesses to meet environmental goals. No experience necessary. | Free |

**How to find us:** We are just a two-minute walk from the Rosevale railway station or a five-minute walk from the parking area at Rosevale Shopping Centre.

**2**

## Reimbursement for work-related expenses

This form is to be used for claiming expenses in accordance with Mather Tech company policy. Please refer to the Expenses Policy document for full details of eligibility. All claims must be supported by receipts. You must keep a copy of the form and receipts. Claims can be audited for up to three years.

**Payable to:** Dominique Rouhi

**E-mail:** drouhi@mathertech.co.uk

**Mailing address:** 126 Leamington Road, Meynell ME3 7BD

| Date | Description of expense | Amount |
|---|---|---|
| 11 June | Taxi from Mather Tech office to Meynell railway station | £10.00 |
| 11 June | Standard-class return rail ticket from Meynell to Rosevale | £35.60 |
| 11 June | Taxi from Meynell railway station to my home | £12.00 |
| | **TOTAL** | £57.60 |

**Reason for reimbursement**

Travel to and from Rosevale for a Wynhollow Ltd. course that I attended on the advice of my supervisor at Mather Tech, as part of my Early Careers Development Programme.

**Requestor signature:** _Dominique Rouhi_

## 1. スラッシュ読み練習

自分でスラッシュを入れるつもりでチャンクを意識しながら、2 つの文書を通して 2 回読みましょう。

※ 実際にスラッシュを書き込んでもよいですし、頭の中でスラッシュを入れながら読んでもよいでしょう。

## 2. 音声を使ったリーディングスピードアップ練習　🔊39 ～ 🔊40

理想スピードの音声を聞きながら、同じスピードで英文を目で追って、文書を読みましょう。2 つの文書を通して 2 回、聞きながら読みます。

※ 音声のスピードが速過ぎると感じる場合は、アプリ等のスピード変換機能で調整してください。

## 3. リーディング所要時間の再計測

速読を意識して文書全体をもう一度読み、p.187 の表の計測時間❷に書き込んで計測時間❶と比較しましょう。

※ 表の目標リーディング時間に近づくまで、2 のスピードを意識しながら、繰り返し練習をしてみましょう。

―――― Unit 8 - 文書 B までの累計：**21,600 語突破！** ――――

| 5,000 | 10,000 | 15,000 | 20,000 | 25,000 | 30,000 |

▼文書の訳

問題 48-52 は次のウェブページと用紙に関するものです。

**1**

================================================================

https://www.wynhollowltd.co.uk/events

ホーム　　　　当社について　　　**イベント**　　　お問い合わせ

### Wynhollow 社にて近日開催予定

| イベント、日付、時間 | 説明 | 費用 |
|---|---|---|
| 新興企業のための戦略<br>5 月 30 日、午前 9 時〜午後 4 時 | 成功を収めた新興企業の創業者によって主導される講習会。かつてはあなたと同じ境遇にあった人々から学びとってください！ | 10 ポンド |
| 動画マーケティング<br>5 月 31 日、午前 10 時〜午後 1 時 | あなたの事業の顧客層を広げる上での動画の力を簡潔に紹介。 | 無料 |
| 営業コーチング<br>6 月 3 日、10 日、17 日<br>午後 4 時〜午後 6 時 | 営業キャリア開始のためのカスタマイズされた講座。あなたやあなたの勤務先企業のニーズに対応。3 回にわたって開催。 | 50 ポンド |
| ソーシャルメディア<br>6 月 11 日、午前 11 時〜午後 3 時 | あなたの潜在顧客を引き付け、取り込むためのソーシャルメディア活用に関する 1 日の入門講座。 | 無料 |
| カーボンニュートラルな将来<br>6 月 24 日、午後 5 時〜午後 7 時 | 企業が環境目標を達成する戦略についての特別講演。経験不問。 | 無料 |

**当社への行き方**：当社は、Rosevale 鉄道駅よりわずか徒歩 2 分、もしくは Rosevale ショッピングセンターの駐車場から徒歩 5 分です。

================================================================

**2**

================================================================

### 業務関連費用の払い戻し

本用紙は、Mather Tech 社の方針に則した費用請求に使用するためのものです。請求資格の全詳細については、「費用方針」の文書を参照してください。請求は全て、領収書による証明が必要です。本用紙および各種領収書は控えを保管することが求められます。請求は最長 3 年まで監査の対象となる可能性があります。

**支払先：**　　　Dominique Rouhi

**E メール：**　　drouhi@mathertech.co.uk

**郵送先住所：**　リーミントン通り 126 番地、Meynell ME3 7BD

| 日付 | 費用の説明 | 金額 |
|---|---|---|
| 6 月 11 日 | Mather Tech 社のオフィスから Meynell 鉄道駅までのタクシー | 10 ポンド |
| 6 月 11 日 | Meynell から Rosevale までの普通席往復乗車券 | 35.60 ポンド |
| 6 月 11 日 | Meynell 鉄道駅から自宅までのタクシー | 12 ポンド |
| | 総額 | 57.60 ポンド |

**払い戻し理由**

初期キャリア開発プログラムの一環として、Mather Tech 社の上司の助言に従い出席した、Wynhollow 社の講座のための Rosevale までの行き来。

**請求人署名：** <u>Dominique Rouhi</u>

================================================================

**48** Wynhollow 社はどんな業界に特化していると考えられますか。

    (A) 科学的研究
    (B) エンターテインメント
    (C) コンピューターソフトウエア
    (D) 従業員研修

**49** 6月24日に行われるイベントについて何が正しいですか。

    (A) 無料で出席可能である。
    (B) 別の日にも提供される。
    (C) Rosevale ショッピングセンターで開催される。
    (D) 環境政策の知識を必要とする。

**50** 用紙の、第1段落・2行目にある "full" に最も意味が近いのは

    (A) 生き生きとした
    (B) 混雑した
    (C) 寛大な
    (D) 完全な

**51** Rouhi さんはどのイベントに出席しましたか。

    (A) 新興企業のための戦略
    (B) 動画マーケティング
    (C) 営業コーチング
    (D) ソーシャルメディア

**52** Rouhi さんについて何が正しいと考えられますか。

    (A) Rosevale に住んでいる。
    (B) 定期的にタクシーで職場に通っている。
    (C) 最近、Mather Tech 社に雇用された。
    (D) 事前に鉄道乗車券を購入した。

文書タイプ別 速読演習

# Unit 9

# 3文書の問題

triple passages

# Unit 9 ▸ 3文書の問題の特徴

3文書の問題は、文書量に圧倒されますが、まずは全体をざっと通し読みして、各文書間の関係を素早くつかみましょう。3つの文書はそれぞれが違う種類の文書の場合もあれば、3つのうち2つがEメールというようなパターンもあります。文書の種類に応じて着目するポイントを切り替え、迅速に全文書に通じる主題などの全体像を把握することが重要です。また、設問に応じて参照すべき文書を素早く選択し、情報を探しましょう。

## 文書A ▸ STEP 1 ▼リーディング所要時間を測る

まず、読みやすいスピードで3つの文書全体を読み、かかった時間を次ページの表に書き込んでください。その後で確認問題を解いてみましょう。　　　　　　　　　　　　　　　　　　　　　⇒ 正解は p.203

Questions 53-57 refer to the following Web page, e-mail, and invoice.

**1**

https://www.eastlarkhotel.com/conference-room-reservations　　　　— □ X

**Introduction**　　　　Conference Facilities　　　　Event Scheduling

Does your business need to conduct a meeting or host a celebration? A conference room at Eastlark Hotel is the ideal location for events large and small!

To reserve a room, go to the Event Scheduling page and follow these easy steps.

- Scroll through the list of room options. Select one with the capacity you need for your event.
- Open the online calendar for that room. If the space is available on the date you select, you will be able to enter the desired starting and ending times for your event.
- Before you save your reservation, indicate whether you require catering services from our caterer. Do this by clicking the box next to "Online catering."

The official caterer of Eastlark Hotel for over 30 years, Rafar Catering offers options to suit any occasion, from coffee and pastries to full-service dinners. Use the Catering Menu link on the Event Scheduling page to view a list of food and beverage options and to place your order.

For further information about catering orders, please contact one of our catering planners using the e-mail link on the Event Scheduling page. For information about room and equipment setup, please contact our facilities director using the e-mail link on the Conference Facilities page.

**2**

| From: | gachimota@plummerplastics.com |
|---|---|
| To: | kayleedurban@eastlarkhotel.com |
| Date: | September 4 |
| Subject: | Re: Event for Plummer Plastics |

Dear Ms. Durban,

Thank you for your reply. Since the link on your Event Scheduling page is still not working, I am hereby sending you the information you requested.

We wish to hold a client meeting on September 21 from noon to 4 P.M. Lunch will be served for 36 people. We would like grilled chicken sandwiches, vegetarian sandwiches, tossed salad, and a cookie platter. For beverages, we would like iced tea, bottled water, and coffee. Additionally, I have requested a small flower arrangement for each table.

Also, thank you for reaching out to Arielle Markus for me regarding my concern about the conference room. I had forgotten that her e-mail address was listed right on the Web site. She has responded to me and assures me that everything is in order.

George Achimota, Administrative Assistant
Plummer Plastics

**3**

# Rafar Catering

**Invoice No.:** 86753
**Date:** September 15
**Client:** Plummer Plastics, Attn: George Achimota

**Event Information**
**Date and Time:** September 21, 12:00–4:00 P.M.
**Number of Guests:** 36
**Location:** Eastlark Hotel, Shuster Conference Room

| Food/Beverages/Other | Price |
|---|---|
| 3 platters, grilled chicken sandwiches | $111 |
| 3 platters, vegetarian sandwiches | 90 |
| 2 bowls, tossed salad | 40 |
| 1 platter, cookies | 30 |
| 6 flower arrangements | 80 |
| Iced tea, water, coffee | 72 |
| **Total due** | **$423** |

確認問題

3つの文書に関係する主題は何ですか？

(a) 契約条件の変更
(b) イベントの開催
(c) 修理サービスの依頼

|  | 文書 |
|---|---|
| 語数 | 434 語 |
| 目標リーディング時間 | 197 秒 |
| 計測時間 ❶：STEP 1 | 秒 |
| 計測時間 ❷：STEP 5 | 秒 |

表形式の場合、音声の読み上げ時間は目標リーディング時間より長くなることがあります。

赤い丸囲みの部分に注目しながら、3つの文書と設問の概要をつかむことを目的に、全体をざっと読みましょう。

Questions 53-57 refer to the following Web page, e-mail, and invoice.

**1**

https://www.eastlarkhotel.com/conference-room-reservations

[ — ] [ □ ] [ X ]

Introduction

Conference Facilities

Event Scheduling

Does your business need to conduct a meeting or host a celebration? A conference room at Eastlark Hotel is the ideal location for events large and small!

To reserve a room, go to the Event Scheduling page and follow these easy steps.

- Scroll through the list of room options. Select one with the capacity you need for your event.
- Open the online calendar for that room. If the space is available on the date you select, you will be able to enter the desired starting and ending times for your event.
- Before you save your reservation, indicate whether you require catering services from our caterer. Do this by clicking the box next to "Online catering."

The official caterer of Eastlark Hotel for over 30 years, Rafar Catering offers options to suit any occasion, from coffee and pastries to full-service dinners. Use the Catering Menu link on the Event Scheduling page to view a list of food and beverage options and to place your order.

For further information about catering orders, please contact one of our catering planners using the e-mail link on the Event Scheduling page. For information about room and equipment setup, please contact our facilities director using the e-mail link on the Conference Facilities page.

**2**

| From: | gachimota@plummerplastics.com |
| To: | kayleedurban@eastlarkhotel.com |
| Date: | September 4 |
| Subject: | Re: Event for Plummer Plastics |

Dear Ms. Durban,

Thank you for your reply. Since the link on your Event Scheduling page is still not working, I am hereby sending you the information you requested.

We wish to hold a client meeting on September 21 from noon to 4 P.M. Lunch will be served for 36 people. We would like grilled chicken sandwiches, vegetarian sandwiches, tossed salad, and a cookie platter. For beverages, we would like iced tea, bottled water, and coffee. Additionally, I have requested a small flower arrangement for each table.

Also, thank you for reaching out to Arielle Markus for me regarding my concern about the conference room. I had forgotten that her e-mail address was listed right on the Web site. She has responded to me and assures me that everything is in order.

George Achimota, Administrative Assistant
Plummer Plastics

**3** **Rafar Catering**

**Invoice No.:** 86753
**Date:** September 15
**Client:** Plummer Plastics, Attn: George Achimota

**Event Information**
**Date and Time:** September 21, 12:00–4:00 P.M.
**Number of Guests:** 36
**Location:** Eastlark Hotel, Shuster Conference Room

| Food/Beverages/Other | Price |
| --- | --- |
| 3 platters, grilled chicken sandwiches | $111 |
| 3 platters, vegetarian sandwiches | 90 |
| 2 bowls, tossed salad | 40 |
| 1 platter, cookies | 30 |
| 6 flower arrangements | 80 |
| Iced tea, water, coffee | 72 |
| Total due | $423 |

---

**1** 指示文から、それぞれの文書の種類を確認する

Questions 53-57 refer to the following Web page, e-mail, and invoice.

⇒ 1つ目の文書 **1** は「ウェブページ」、2つ目の文書 **2** は「Eメール」、3つ目の文書 **3** は「請求書」だな。

**2** 各文書の内容をざっと確認する

⇒ **1**「ウェブページ」は URL の最後が conference-room-reservations。本文冒頭はホテル会議室の紹介？

**2**「Eメール」は、送信者が Plummer Plastics の人、受信者が Eastlark Hotel の人。

件名に Re: があるから返信？ Plummer Plastics のイベントについて？

**3**「請求書」は、Rafar Catering から Plummer Plastics 宛て。イベントの請求書？ケータリングの分だな。

**3** 設問文をチェックして、キーワードを頭に入れる

**53.** What does the Web page describe?

⇒ **1** のウェブページが describe していること？　describe「～を説明する」。

**54.** What does the Web page mention about Rafar Catering?

⇒ **1** のウェブページが Rafar Catering について mention していること？　mention「～に言及する」。

**55.** Who most likely is Ms. Markus?

⇒ Ms. Markus とは？

**56.** What does Mr. Achimota indicate in his e-mail?

⇒ **2** のEメールで、Mr. Achimota が indicate していること？　indicate「～を示す」。

**57.** What is suggested about the guests at the Plummer Plastics event?

⇒ Plummer Plastics のイベントの客について suggest されていること？　suggest「～を示唆する」。

確認問題（p.201）の正解　（b）

# STEP 3-4 ▼文書全体を読み、設問の正解を探す

Step 2 で理解した文書のポイントを念頭に置いた上で、Unit 1〜7 で練習したスラッシュ読みの要領で 3 つの文書全体を速読し、実際の設問に答えてみましょう。

---

Questions 53-57 refer to the following Web page, e-mail, and invoice.

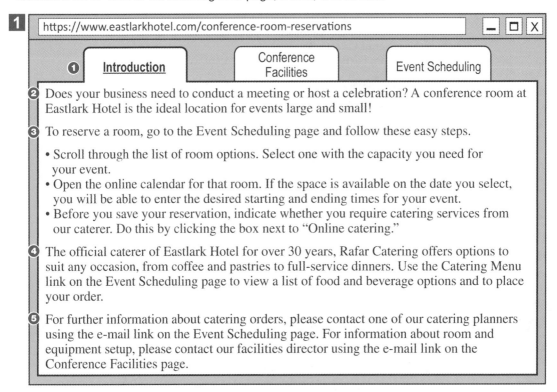

**1**

https://www.eastlarkhotel.com/conference-room-reservations

❶ **Introduction**  Conference Facilities  Event Scheduling

❷ Does your business need to conduct a meeting or host a celebration? A conference room at Eastlark Hotel is the ideal location for events large and small!

❸ To reserve a room, go to the Event Scheduling page and follow these easy steps.

- Scroll through the list of room options. Select one with the capacity you need for your event.
- Open the online calendar for that room. If the space is available on the date you select, you will be able to enter the desired starting and ending times for your event.
- Before you save your reservation, indicate whether you require catering services from our caterer. Do this by clicking the box next to "Online catering."

❹ The official caterer of Eastlark Hotel for over 30 years, Rafar Catering offers options to suit any occasion, from coffee and pastries to full-service dinners. Use the Catering Menu link on the Event Scheduling page to view a list of food and beverage options and to place your order.

❺ For further information about catering orders, please contact one of our catering planners using the e-mail link on the Event Scheduling page. For information about room and equipment setup, please contact our facilities director using the e-mail link on the Conference Facilities page.

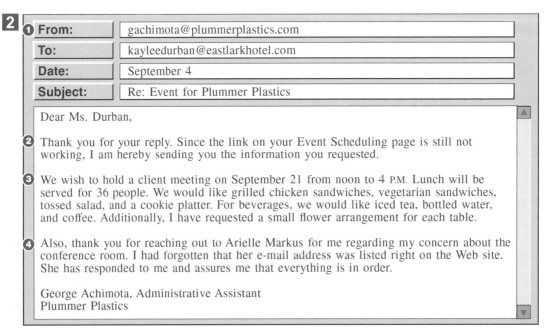

**2**

| **From:** | gachimota@plummerplastics.com |
| **To:** | kayleedurban@eastlarkhotel.com |
| **Date:** | September 4 |
| **Subject:** | Re: Event for Plummer Plastics |

Dear Ms. Durban,

❷ Thank you for your reply. Since the link on your Event Scheduling page is still not working, I am hereby sending you the information you requested.

❸ We wish to hold a client meeting on September 21 from noon to 4 P.M. Lunch will be served for 36 people. We would like grilled chicken sandwiches, vegetarian sandwiches, tossed salad, and a cookie platter. For beverages, we would like iced tea, bottled water, and coffee. Additionally, I have requested a small flower arrangement for each table.

❹ Also, thank you for reaching out to Arielle Markus for me regarding my concern about the conference room. I had forgotten that her e-mail address was listed right on the Web site. She has responded to me and assures me that everything is in order.

George Achimota, Administrative Assistant
Plummer Plastics

**3** **Rafar Catering**

**❶** **Invoice No.:** 86753
**Date:** September 15
**Client:** Plummer Plastics, Attn: George Achimota

**❷** **Event Information**
**Date and Time:** September 21, 12:00–4:00 P.M.
**Number of Guests:** 36
**Location:** Eastlark Hotel, Shuster Conference Room

**❸** | Food/Beverages/Other | Price |
|---|---|
| 3 platters, grilled chicken sandwiches | $111 |
| 3 platters, vegetarian sandwiches | 90 |
| 2 bowls, tossed salad | 40 |
| 1 platter, cookies | 30 |
| 6 flower arrangements | 80 |
| Iced tea, water, coffee | 72 |
| **Total due** | **$423** |

**53.** What does the Web page describe?

(A) How to schedule an event at the hotel
(B) How to book a hotel room for an overnight stay
(C) How to make reservations at the hotel restaurant
(D) How to find parking near the hotel during conferences

**54.** What does the Web page mention about Rafar Catering?

(A) It is part of a national restaurant chain.
(B) It has worked with the hotel for many years.
(C) It requires a minimum number of guests.
(D) It requires payment in cash.

**55.** Who most likely is Ms. Markus?

(A) A fitness center manager
(B) An administrative assistant
(C) A catering planner
(D) A facilities director

**56.** What does Mr. Achimota indicate in his e-mail?

(A) A telephone message that he left was not answered.
(B) The baked goods that he ordered were not delivered.
(C) He needs to choose a larger room.
(D) He had a problem while using the hotel's Web site.

**57.** What is suggested about the guests at the Plummer Plastics event?

(A) They will receive hotel reward points.
(B) They will stay at the hotel overnight.
(C) They will be seated at six tables.
(D) They will not be using room equipment.

# STEP 3-4 ▼ （解説）

⇒ 全訳は p.210〜211

**53**

**1** のウェブページの説明から正解を探す。

**1** の **2** に、Eastlark ホテルの会議室は大小のイベント開催に理想の場所だとあり、**3** では予約の手順が示されている。また、**4** ではケータリングの注文方法が、**5** では各種詳細情報を知るための手段が書かれている。つまり、このウェブページは、イベント会場としてホテルの会議室を予約する方法およびケータリングの手配について説明しているものなので、(A) が正解。describe「〜を説明する」。

(B) **2** より、ウェブページで説明されているのは、宿泊用の部屋の予約方法ではなく、イベント用の会議室の予約方法。book「〜を予約する」、overnight「1 泊の」、stay「滞在」。

(C) **4** より、ウェブページで説明されているのは、レストランの予約方法ではなく、ケータリングの注文方法。make a reservation「予約をする」。

(D) parking「駐車場」。

**54**

**1** のウェブページで Rafar ケータリング社の情報を探す。

**1** の **4** 1 〜 2 行目に「30 年以上にわたり Eastlark ホテル公認のケータリング業者である Rafar ケータリング社は、コーヒーや焼き菓子からフルサービスのディナーに至るまで、どんな場面にもふさわしい選択肢を提供している」とある。ホテルとの連携期間である for over 30 years を for many years と言い換えている (B) が正解。

(C) 利用最少人数は述べられていない。minimum「最小限の」。

(D) 支払方法の要件は述べられていない。payment「支払い」、in cash「現金で」。

**55**

Markus さんに関する情報を見つける。

Markus という名前は **2** の **4** 1 行目にある。**2** の E メールは、Plummer プラスチック製品社の Achimota さんが、Eastlark ホテルの Durban さん宛てに送信したもの。Achimota さんは、**4** 1 〜 3 行目で、会議室について抱いていた懸念の件で、Arielle Markus さんと連絡を取ってくれたことに謝意を述べ、Markus さんから回答を得た旨を伝えている。また、同 2 行目では、Markus さんの E メールアドレスはウェブサイト上に記載があるのを失念していたと書いている。一方、同ホテルのウェブページである **1** の **5** 2 〜 4 行目に「部屋および設備一式に関する情報は、『会議設備』のページ上の E メールリンクを使用して、当ホテルの施設管理者に連絡してほしい」とある。よって、Achimota さんに連絡をくれた Markus さんとは、Eastlark ホテルの施設管理者だと判断できるので、(D) が正解。

(B) **2** の最下部の送信者署名より、administrative assistant は Achimota さんの職位。

## 56

**2**の E メールで Achimota さんが示していることを確認する。

Achimota さんは**2**の**2**1〜2 行目で、ホテル側に求められている情報を E メールで送る理由として、「御社の『イベントのスケジューリング』のページ上のリンクがまだ有効になっていないため」と説明している。よって、Achimota さんが会議室の予約のためにホテルのウェブサイトを利用している最中に問題が生じたことが読み取れるので、(D) が正解。

(B)　Achimota さんがこの E メールを書いている時点では、イベントはまだ開かれていない。

## 57

イベントの客に関して読み取れる情報を探す。

**3**は、見出しと**1**から Plummer プラスチック製品社の Achimota さん宛てに作成された Rafar ケータリング社発行の請求書だと分かる。同**2**・**3**に示されている情報が、**2**の E メールの**3**で Achimota さんが依頼している内容と一致していることに着目する。Achimota さんは、**2**の**3**4 行目で、各テーブルに置く小ぶりなフラワーアレンジメントを要望しており、これは**3**の**3**5 項目めの 6 flower arrangements に相当する。よって、Plummer プラスチック製品社のイベントのテーブル数は 6 台だと考えられるので、(C) が正解。seat「〜を着席させる」。

(A)　reward point「ポイント」。

(B)　overnight「1 泊、夜通し」。

---

### 文書の語注

**1 ウェブページ**　**1** introduction 紹介　conference 会議　facilities 設備、施設　★複合的なものは通例複数形
**2** conduct 〜を行う　host 〜を主催する　celebration 式典　ideal 理想的な　location 場所
**3** follow 〜に従う　step 手順　scroll through 〜 〜をスクロールする　★上下左右に動かして見ること
option 選択肢　select 〜を選択する　capacity 収容能力、定員　available 利用可能な
be able to do 〜することができる　enter 〜を入力する　desired 望ましい　save 〜を保存する
indicate 〜を示す　catering ケータリング、仕出し　caterer ケータリング業者
click 〜をクリックする　box （四角の）チェック欄　next to 〜 〜の隣に
**4** official 公認の、公式の　suit 〜に合う　occasion 場面、機会　pastry （ケーキなどの）焼き菓子
full-service フルサービスの、総合的サービスをする　view 〜を見る　beverage 飲み物
place an order 注文をする
**5** further さらなる　planner プランナー、計画者　link リンク　equipment 設備、備品
setup 道具一式　director 管理者
**2 Eメール**　**1** plastics プラスチック製品
**2** reply 返事　work 機能する　hereby このようにして　request 〜を求める
**3** wish to do 〜したいと思う　serve 〜（飲食物）を提供する　grilled chicken 網焼きチキン
vegetarian 菜食主義者向けの　tossed salad トスサラダ　★ドレッシングであえたサラダ
platter 大皿に盛り合わせた料理、大皿　bottled water ボトル入りの水　additionally さらに
flower arrangement フラワーアレンジメント、生け花
**4** reach out to 〜 〜と接触しようとする　regarding 〜に関して　concern 懸念　list 〜を載せる
respond to 〜 〜に返答する　assure 〜 that … 〜に…ということを請け合う
in order 順調で、申し分のない状態で　administrative assistant 管理課スタッフ
**3 請求書**　**1** Attn: 〜 〜宛て　★Attn は Attention の略
**3** bowl ボウル　total 合計金額　due 支払われるべき

---

問題 (p.204〜205) の正解　53 (A)　54 (B)　55 (D)　56 (D)　57 (C)

スラッシュ読みの手法を念頭に置き、次ページの手順で、読むスピードを上げる練習をしましょう。

Questions 53-57 refer to the following Web page, e-mail, and invoice.

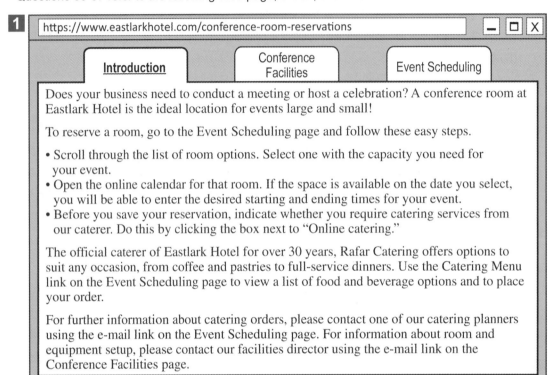

**1**

https://www.eastlarkhotel.com/conference-room-reservations

**Introduction** | Conference Facilities | Event Scheduling

Does your business need to conduct a meeting or host a celebration? A conference room at Eastlark Hotel is the ideal location for events large and small!

To reserve a room, go to the Event Scheduling page and follow these easy steps.

- Scroll through the list of room options. Select one with the capacity you need for your event.
- Open the online calendar for that room. If the space is available on the date you select, you will be able to enter the desired starting and ending times for your event.
- Before you save your reservation, indicate whether you require catering services from our caterer. Do this by clicking the box next to "Online catering."

The official caterer of Eastlark Hotel for over 30 years, Rafar Catering offers options to suit any occasion, from coffee and pastries to full-service dinners. Use the Catering Menu link on the Event Scheduling page to view a list of food and beverage options and to place your order.

For further information about catering orders, please contact one of our catering planners using the e-mail link on the Event Scheduling page. For information about room and equipment setup, please contact our facilities director using the e-mail link on the Conference Facilities page.

**2**

| From: | gachimota@plummerplastics.com |
| To: | kayleedurban@eastlarkhotel.com |
| Date: | September 4 |
| Subject: | Re: Event for Plummer Plastics |

Dear Ms. Durban,

Thank you for your reply. Since the link on your Event Scheduling page is still not working, I am hereby sending you the information you requested.

We wish to hold a client meeting on September 21 from noon to 4 P.M. Lunch will be served for 36 people. We would like grilled chicken sandwiches, vegetarian sandwiches, tossed salad, and a cookie platter. For beverages, we would like iced tea, bottled water, and coffee. Additionally, I have requested a small flower arrangement for each table.

Also, thank you for reaching out to Arielle Markus for me regarding my concern about the conference room. I had forgotten that her e-mail address was listed right on the Web site. She has responded to me and assures me that everything is in order.

George Achimota, Administrative Assistant
Plummer Plastics

## 3 Rafar Catering

**Invoice No.:** 86753
**Date:** September 15
**Client:** Plummer Plastics, Attn: George Achimota

**Event Information**
**Date and Time:** September 21, 12:00–4:00 P.M.
**Number of Guests:** 36
**Location:** Eastlark Hotel, Shuster Conference Room

| Food/Beverages/Other | Price |
|---|---|
| 3 platters, grilled chicken sandwiches | $111 |
| 3 platters, vegetarian sandwiches | 90 |
| 2 bowls, tossed salad | 40 |
| 1 platter, cookies | 30 |
| 6 flower arrangements | 80 |
| Iced tea, water, coffee | 72 |
| **Total due** | **$423** |

### 1. スラッシュ読み練習

自分でスラッシュを入れるつもりでチャンクを意識しながら、3 つの文書を通して 2 回読みましょう。

※ 実際にスラッシュを書き込んでもよいですし、頭の中でスラッシュを入れながら読んでもよいでしょう。

### 2. 音声を使ったリーディングスピードアップ練習　🔊41〜🔊43

理想スピードの音声を聞きながら、同じスピードで英文を目で追って、文書を読みましょう。3 つの文書を通して 2 回、聞きながら読みます。

※ 音声のスピードが速過ぎると感じる場合は、アプリ等のスピード変換機能で調整してください。

### 3. リーディング所要時間の再計測

速読を意識して文書全体をもう一度読み、p.201 の表の計測時間❷に書き込んで計測時間❶と比較しましょう。

※ 表の目標リーディング時間に近づくまで、2 のスピードを意識しながら、繰り返し練習をしてみましょう。

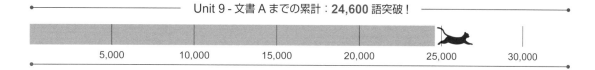

Unit 9 - 文書 A までの累計：**24,600** 語突破！

| | | | | | |
|---|---|---|---|---|---|
| 5,000 | 10,000 | 15,000 | 20,000 | 25,000 | 30,000 |

▼文書の訳

問題 53-57 は次のウェブページ、Eメール、請求書に関するものです。

**1**

================================================================================

https://www.eastlarkhotel.com/conference-room-reservations
ご紹介　　　　会議設備　　　　イベントのスケジューリング

御社では、会議を行ったり式典を主催したりする必要はありますか？ Eastlark ホテルの会議室は大小のイベントに理想の場所です！

部屋を予約するには、「イベントのスケジューリング」のページに進み、以下の簡単な手順に従ってください。

・部屋の選択肢の一覧表をスクロールします。お客さまのイベントに必要な収容能力のあるものを選択してください。
・その部屋のオンラインカレンダーを開いてください。その場所が選択した日付でご利用可能な場合、お客さまのイベントのご希望の開始・終了時刻を入力することができます。
・ご予約を確定する前に、当ホテルのケータリング業者によるケータリングサービスがご入用かどうかをお示しください。「オンラインケータリング」の隣にあるチェック欄をクリックして、これを行ってください。

30 年以上にわたり Eastlark ホテル公認のケータリング業者である Rafar ケータリング社は、コーヒーと焼き菓子からフルサービスのディナーに至るまで、どんな場面にもふさわしい選択肢を提供しています。お食事・お飲み物の一覧表の閲覧やご注文をされるには、「イベントのスケジューリング」のページ上で「ケータリングメニュー」のリンクにアクセスしてください。

ケータリングの注文に関する詳細情報につきましては、「イベントのスケジューリング」のページ上のEメールリンクをご使用になり、当ホテルのケータリングプランナーにご連絡ください。部屋および設備一式に関する情報につきましては、「会議設備」のページ上のEメールリンクをご使用になり、当ホテルの施設管理者にご連絡ください。

================================================================================

**2**

================================================================================

送信者：gachimota@plummerplastics.com
受信者：kayleedurban@eastlarkhotel.com
日付：9 月 4 日
件名： Re: Plummer プラスチック製品社のイベント

Durban 様

ご返信いただきありがとうございます。御社の「イベントのスケジューリング」のページ上のリンクがまだ有効になっていないため、このような形でご依頼の情報をお送りしています。

当社は、9 月 21 日の正午から午後 4 時まで、顧客との会合を開きたいと思っています。36 名に昼食が提供される予定です。網焼きチキンサンドイッチ、ベジタリアン向けサンドイッチ、トスサラダ、クッキーの盛り合わせを希望します。飲み物には、アイスティー、ボトル入りミネラルウォーター、コーヒーをお願いします。さらに、各テーブルに置くための小ぶりなフラワーアレンジメントも希望しています。

また、会議室について私が抱いていた懸念の件で、代わりに Arielle Markus さんと連絡を取っていただきありがとうございました。私は、彼女のEメールアドレスがまさにウェブサイト上に載っていたことを失念しておりました。彼女は私に返答してくださり、万事順調であると請け合ってくださっています。

George Achimota、管理課スタッフ
Plummer プラスチック製品社

================================================================================

**3**

==================================================================================

**Rafar ケータリング社**

**請求書番号**：86753
**日付**：　　　9 月 15 日
**顧客**：　　　Plummer プラスチック製品社、George Achimota 様宛て

**イベント情報**
**日時**：9 月 21 日、正午〜午後 4 時
**客数**：36 名
**場所**：Eastlark ホテル、Shuster 会議室

| 料理／飲み物／その他 | 値段 |
| --- | --- |
| 大皿 3、網焼きチキンサンドイッチ | 111 ドル |
| 大皿 3、ベジタリアン向けサンドイッチ | 90 |
| ボウル 2、トスサラダ | 40 |
| 大皿 1、クッキー | 30 |
| フラワーアレンジメント 6 点 | 80 |
| アイスティー、水、コーヒー | 72 |
| **合計請求金額** | 423 ドル |

==================================================================================

▼設問の訳

**53**　ウェブページは何を説明していますか。

　(A)　ホテルでのイベントの予定を組む方法
　(B)　ホテルの部屋を 1 泊で予約する方法
　(C)　ホテル内のレストランを予約する方法
　(D)　会議期間中にホテル近辺の駐車場を見つける方法

**54**　ウェブページは Rafar ケータリング社について何と述べていますか。

　(A)　全国展開しているレストランチェーンの一部である。
　(B)　長年にわたりホテルと提携している。
　(C)　最小限の客数の条件を設けている。
　(D)　現金払いを求めている。

**55**　Markus さんとは誰だと考えられますか。

　(A)　フィットネスセンターの責任者
　(B)　管理課スタッフ
　(C)　ケータリングプランナー
　(D)　施設管理者

**56**　Achimota さんは彼の E メールで何を示していますか。

　(A)　残した電話メッセージへの回答がなかった。
　(B)　注文した焼き菓子商品が配達されなかった。
　(C)　もっと広い部屋を選ぶ必要がある。
　(D)　ホテルのウェブサイトの利用中に問題が生じた。

**57**　Plummer プラスチック製品社のイベントの客について、何が分かりますか。

　(A)　ホテルのお得意さまポイントを受け取る。
　(B)　ホテルに 1 泊する。
　(C)　6 台のテーブルに着席する。
　(D)　部屋の設備を利用しない。

まず、読みやすいスピードで 3 つの文書全体を読み、かかった時間を次ページの表に書き込んでください。その後で確認問題を解いてみましょう。
⇒ 正解は p.215

---

Questions 58-62 refer to the following e-mail, policy, and survey.

**1**

| | *E-mail* |
|---|---|
| From: | Kira McKay <kmckay@manzanosystems.ca> |
| To: | All Staff <staff@manzanosystems.ca> |
| Date: | 10 September |
| Subject: | Energy and cost savings |
| Attachment: | 📎 Guidelines |

Dear colleagues,

The implementation of energy-saving practices at Manzano Systems will help our company to be more energy efficient while reducing our operating costs. I would like to ask everyone to fully support these practices.

I have attached a document with a summary of guidelines, to become effective immediately. In October, we will take additional steps by installing energy-efficient lighting throughout our building and motion-activated lighting in all corridors. In December, our current desktop monitors will be replaced with more energy-efficient models.

Managers will be asked to provide feedback about these initiatives in a November survey. Feedback from all other employees will be solicited in December. Thank you for your cooperation.

Kira McKay, Chief Financial Officer

**2**

**Manzano Systems**
**Energy Policy Guidelines**

| GUIDELINE | DESCRIPTION |
|---|---|
| 1 | Keep lights off in rooms that are not in use, including offices, conference rooms, and kitchenettes. |
| 2 | Switch computers to hibernation mode when they will not be used for an hour or more, such as during out-of-office meetings or during other long breaks away from work spaces. |
| 3 | Print documents only when necessary. Most documents can be shared by e-mail or stored online. This will save wear and tear on printers and reduce energy usage. |
| 4 | Whenever possible, use technology to hold virtual meetings and give presentations virtually. This reduces travel expenses related to the cost of flights and rental vehicles. |
| 5 | Increase recycling. Avoid placing materials that can be recycled in regular trash bins. Currently at Manzano Systems, the collection of recycled materials costs less than our regular trash pickup, so expenses are reduced while we contribute to a healthier environment. |

**3**

**Manzano Systems**

**Name:** Benjiro Yamamoto
**Department:** Sales
**Date:** 5 November

**What policy has been easiest to implement?**

I have found many ways to reduce printer usage, including posting many documents on the shared drive.

**What policy has been the most challenging to implement?**

Although I am comfortable using technology, not all clients or coworkers are. I would like to plan more meetings that would be conducted virtually. Unfortunately, some of my clients express a preference for one-on-one, in-person meetings.

**Do you have any suggestions for improving our energy-saving initiatives?**

Additional recycling bins are needed around the building because the ones we have now are usually overflowing.

---

確認問題

3つの文書に関係する主題は何ですか？

(a) 省エネ機器展示会の開催
(b) 会社の新しい方針
(c) 経営幹部の交替

| | 文書 |
|---|---|
| 語数 | 391 語 |
| 目標リーディング時間 | 177 秒 |
| 計測時間 ❶：STEP 1 | 秒 |
| 計測時間 ❷：STEP 5 | 秒 |

表形式の場合、音声の読み上げ時間は目標リーディング時間より長くなることがあります。

赤い丸囲みの部分に注目しながら、3つの文書と設問の概要をつかむことを目的に、全体をざっと読みましょう。

Questions 58-62 refer to the following e-mail, policy, and survey.

**1**

| *E-mail* |
|---|

| From: | Kira McKay <kmckay@manzanosystems.ca> |
|---|---|
| To: | All Staff <staff@manzanosystems.ca> |
| Date: | 10 September |
| Subject: | Energy and cost savings |
| Attachment: | 📎 Guidelines |

Dear colleagues,

The implementation of energy-saving practices at Manzano Systems will help our company to be more energy efficient while reducing our operating costs. I would like to ask everyone to fully support these practices.

I have attached a document with a summary of guidelines, to become effective immediately. In October, we will take additional steps by installing energy-efficient lighting throughout our building and motion-activated lighting in all corridors. In December, our current desktop monitors will be replaced with more energy-efficient models.

Managers will be asked to provide feedback about these initiatives in a November survey. Feedback from all other employees will be solicited in December. Thank you for your cooperation.

Kira McKay, Chief Financial Officer

**2**

### Manzano Systems
### Energy Policy Guidelines

| GUIDELINE | DESCRIPTION |
|---|---|
| 1 | Keep lights off in rooms that are not in use, including offices, conference rooms, and kitchenettes. |
| 2 | Switch computers to hibernation mode when they will not be used for an hour or more, such as during out-of-office meetings or during other long breaks away from work spaces. |
| 3 | Print documents only when necessary. Most documents can be shared by e-mail or stored online. This will save wear and tear on printers and reduce energy usage. |
| 4 | Whenever possible, use technology to hold virtual meetings and give presentations virtually. This reduces travel expenses related to the cost of flights and rental vehicles. |
| 5 | Increase recycling. Avoid placing materials that can be recycled in regular trash bins. Currently at Manzano Systems, the collection of recycled materials costs less than our regular trash pickup, so expenses are reduced while we contribute to a healthier environment. |

**3**　　　　　　　　　**Manzano Systems**

Name: Benjiro Yamamoto
Department: Sales
Date: 5 November

**What policy has been easiest to implement?**

I have found many ways to reduce printer usage, including posting many documents on the shared drive.

**What policy has been the most challenging to implement?**

Although I am comfortable using technology, not all clients or coworkers are. I would like to plan more meetings that would be conducted virtually. Unfortunately, some of my clients express a preference for one-on-one, in-person meetings.

**Do you have any suggestions for improving our energy-saving initiatives?**

Additional recycling bins are needed around the building because the ones we have now are usually overflowing.

---

**1** 指示文から、それぞれの文書の種類を確認する

Questions 58-62 refer to the following e-mail, policy, and survey.

⇒ 1つ目の文書**1**は「Eメール」、2つ目の文書**2**は「方針」、3つ目の文書**3**は「アンケート」だな。

**2** 各文書の内容をざっと確認する

⇒ **1**「Eメール」の送信者は manzanosystems（会社？）の McKay さん。受信者は同じ組織の All Staff。件名は Energy and cost savings。添付ファイルに「ガイドライン」とある。

**2**「方針」のタイトルは「エネルギー方針のガイドライン」。**1**の添付ファイルか？　5つの項目があるな。

**3**「アンケート」は Manzano Systems のもので、記入者名に Benjiro Yamamoto とあるな。

**3** 設問文をチェックして、キーワードを頭に入れる

**58.** According to the e-mail, what will happen in October?

⇒ **1**の「Eメール」を見る。10月に起きることをチェック。

**59.** What does the policy mention about recycling?

⇒ **2**の「方針」を見る。recycling について mention していること？

**60.** What is suggested about Mr. Yamamoto?

⇒ Mr. Yamamoto（**3**のアンケートの記入者）について suggest されていること？

**61.** Which company guideline did Mr. Yamamoto find easy to follow?

⇒ Mr. Yamamoto が簡単だと思ったガイドラインは？

**62.** According to the survey, what should Manzano Systems purchase?

⇒ **3**の「アンケート」を見る。Manzano Systems が purchase すべきもの？

確認問題（p.213）の正解　（b）

Step 2 で理解した文書のポイントを念頭に置いた上で、Unit 1〜7 で練習したスラッシュ読みの要領で 3 つの文書全体を速読し、実際の設問に答えてみましょう。

Questions 58-62 refer to the following e-mail, policy, and survey.

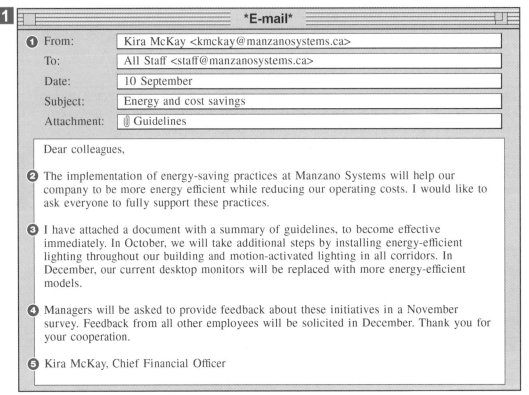

**1**

*E-mail*

| From: | Kira McKay <kmckay@manzanosystems.ca> |
| To: | All Staff <staff@manzanosystems.ca> |
| Date: | 10 September |
| Subject: | Energy and cost savings |
| Attachment: | 📎 Guidelines |

Dear colleagues,

The implementation of energy-saving practices at Manzano Systems will help our company to be more energy efficient while reducing our operating costs. I would like to ask everyone to fully support these practices.

I have attached a document with a summary of guidelines, to become effective immediately. In October, we will take additional steps by installing energy-efficient lighting throughout our building and motion-activated lighting in all corridors. In December, our current desktop monitors will be replaced with more energy-efficient models.

Managers will be asked to provide feedback about these initiatives in a November survey. Feedback from all other employees will be solicited in December. Thank you for your cooperation.

Kira McKay, Chief Financial Officer

**2**

### Manzano Systems
### Energy Policy Guidelines

| GUIDELINE | DESCRIPTION |
|---|---|
| 1 | Keep lights off in rooms that are not in use, including offices, conference rooms, and kitchenettes. |
| 2 | Switch computers to hibernation mode when they will not be used for an hour or more, such as during out-of-office meetings or during other long breaks away from work spaces. |
| 3 | Print documents only when necessary. Most documents can be shared by e-mail or stored online. This will save wear and tear on printers and reduce energy usage. |
| 4 | Whenever possible, use technology to hold virtual meetings and give presentations virtually. This reduces travel expenses related to the cost of flights and rental vehicles. |
| 5 | Increase recycling. Avoid placing materials that can be recycled in regular trash bins. Currently at Manzano Systems, the collection of recycled materials costs less than our regular trash pickup, so expenses are reduced while we contribute to a healthier environment. |

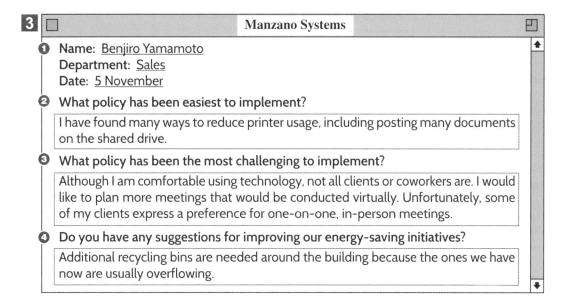

**3** ☐            **Manzano Systems**            🗗

**❶ Name:** <u>Benjiro Yamamoto</u>
   **Department:** <u>Sales</u>
   **Date:** <u>5 November</u>

**❷ What policy has been easiest to implement?**

I have found many ways to reduce printer usage, including posting many documents on the shared drive.

**❸ What policy has been the most challenging to implement?**

Although I am comfortable using technology, not all clients or coworkers are. I would like to plan more meetings that would be conducted virtually. Unfortunately, some of my clients express a preference for one-on-one, in-person meetings.

**❹ Do you have any suggestions for improving our energy-saving initiatives?**

Additional recycling bins are needed around the building because the ones we have now are usually overflowing.

---

**58.** According to the e-mail, what will happen in October?

(A) Computer monitors will be delivered to staff.
(B) A new staff position will be created.
(C) Existing lighting will be replaced.
(D) An energy audit will take place throughout the building.

**59.** What does the policy mention about recycling?

(A) It costs less than discarding items in trash receptacles.
(B) It has not been practiced at Manzano Systems before.
(C) It reduces the cost of office supplies.
(D) It is difficult to do properly.

**60.** What is suggested about Mr. Yamamoto?

(A) He is a new employee in the sales department.
(B) He helped write an energy policy at his company.
(C) He is a technology trainer at Manzano Systems.
(D) He is a manager at Manzano Systems.

**61.** Which company guideline did Mr. Yamamoto find easy to follow?

(A) Guideline 1
(B) Guideline 2
(C) Guideline 3
(D) Guideline 4

**62.** According to the survey, what should Manzano Systems purchase?

(A) Signs reminding staff to recycle
(B) More containers for recycling
(C) Virtual-meeting software
(D) User-friendly printers

# STEP 3-4 ▼（解説）

⇒ 全訳は p.222〜223

## 58

**1**のEメールから10月に関する記述を探す。

**1**のEメールは、**①**の送信者と受信者の欄、および**⑤**の差出人の役職から、Manzano Systems社の財務責任者のMcKayさんが全従業員に宛てて書いたもの。**②**1〜2行目より、同社は省エネと運営費節減に取り組んでいると分かる。**③**2〜3行目で、同社は10月に、ビル中に省エネの照明装置を、全通路に動体検知作動の照明装置を取り付けることにより追加策を講じる予定だ、と述べられているので、(C)が正解。existing「既存の」。

(A) **1**の**③**3〜5行目より、デスクトップモニターが新しいものに交換されるのは12月の予定。

(B) 新しいposition「職位」への言及はない。create「〜を創設する」。

(D) energy audit「エネルギー監査」への言及はない。take place「行われる」。

## 59

**2**の方針の中の「リサイクル」の記述に着目。

**2**の方針は、**①**の見出しより、Manzano Systems社のエネルギー方針のガイドラインだと分かる。**⑥**1〜2行目に、リサイクル可能な資材を通常のごみ箱に入れないよう指示があり、続く同2〜4行目で「Manzano Systems社では現在、リサイクルされる資材の回収は通常のごみの収集に比べて費用がかからないため、経費が削減されると同時に、当社がより健全な環境に貢献することになる」と説明されている。よって、この「経費削減」の内容に一致する(A)が正解。discard「〜を捨てる」、item「物」、receptacle「容器」。

(B) 以前は実施していなかったという記述はない。practice「〜を実施する」。

(C) **2**には、オフィス用品とリサイクルの関連性は述べられていない。office supplies「オフィス用品」。

(D) properly「適切に」。

## 60

Yamamotoさんに関する情報を、各文書の記述を関連付けて探す。

**3**のアンケートは、一番上の社名、および**①**の「氏名」と「部署名」と「日付」より、Manzano Systems社営業部のYamamotoさんが11月5日に記入したもの。**②**〜**④**にある質問文より、方針の実施に伴う意見を求めたものだと分かる。一方、Manzano Systems社における新方針の実施を知らせる**1**のEメールの**④**1〜2行目に、「管理職には、11月のアンケートでこれらの新規取り組みに関しての意見提供が求められる」とある。よって、11月5日付で**3**のアンケートに回答しているYamamotoさんは、Manzano Systems社で管理職を務めていると判断できるので、(D)が正解。

(C) trainer「指導者、トレーナー」。

## 61

Yamamoto さんの考えを問う問題なので、**3**のアンケートで情報を探す。

**3**の**❷**の、「どの方針が最も実行しやすいか」という質問に対し Yamamoto さんは、「多数の文書を共有ドライブに置くことを含め、プリンターの使用量を減らす多くの手段を発見した」と回答している。**2**の方針の中で**❹**のガイドライン 3 がプリンター使用頻度の削減を求めるものなので、(C) が正解。follow「〜に従う」。

(D) **3**の**❸**より、**2**の**❺**ガイドライン 4 のオンライン会議のためのテクノロジーの利用は Yamamoto さんが最も実行しにくいと回答したガイドライン。

## 62

**3**のアンケートから、Manzano Systems 社が購入すべきだと述べられているものを読み取る。

**3**の**❹**に、会社のエネルギー節約の新規取り組みを改善する提案として、「当社が現在使用中のものはたいていあふれてしまっているため、ビルのあちこちに追加のリサイクル用回収容器が必要だ」とある。よって、(B) が正解。container「容器」。

(A) sign「看板、標識」、remind 〜 to do「〜に…することを気付かせる」。

(D) user-friendly「使いやすい」。

---

**文書の語注**

**1** Eメール
- **❶** saving 節約　attachment 添付ファイル　guideline ガイドライン、指針　colleague 同僚
- **❷** implementation 実行、処理　energy-saving エネルギー節約の　practice 実践、実行
help 〜 to do 〜が…するのを促進する　energy efficient エネルギー効率のよい、省エネの
reduce 〜を削減する　operating costs 運営費、経営費　fully 完全に　support 〜を支持する
- **❸** attach 〜を添付する　summary 概略　effective 実施されて、有効な　immediately 即座に、即日
take a step 策を講じる　additional 追加の　install 〜を取り付ける　lighting 照明装置
motion-activated 動体検知で作動する　corridor 通路、廊下　current 現在の
replace 〜 with … 〜を…と交換する　model モデル、型
- **❹** provide 〜を提供する　feedback 意見　initiative 新規取り組み　solicit 〜（意見など）を求める
cooperation 協力
- **❺** chief financial officer 最高財務責任者　★略称 CFO

**2** 方針
- **❷** keep off 〜 〜（電気器具など）を切っておく　in use 使用されて　including 〜を含めて
kitchenette 給湯室
- **❸** switch 〜を切り替える　hibernation 休止状態　such as 〜 例えば〜など
out-of-office オフィス外の　break 休憩、中断　work space 作業スペース
- **❹** necessary 必要な　share 〜を共有する　store 〜を保存する　save 〜を防ぐ
wear and tear 摩耗　usage 使用（量）
- **❺** possible 可能な　technology テクノロジー、科学技術　hold 〜を開催する
virtual meeting オンライン会議　virtually コンピューター上で　travel 移動　expenses 必要経費
related to 〜 〜に関連した　flight 航空便　rental レンタルの　vehicle 車両
- **❻** increase 〜を増やす　recycling リサイクル、再生利用　avoid doing 〜することを避ける
place 〜を置く　material 資材、材料　trash ごみ　bin 容器　currently 現在
collection 回収　cost （〜にとって）費用がかかる　pickup 収集　contribute to 〜 〜に貢献する
healthy 健全な　environment 環境

**3** アンケート
- **❷** implement 〜を実施する　post 〜を掲載する　shared drive 共有ドライブ
- **❸** challenging 大変な　comfortable 苦労のない、楽に操れる　coworker 同僚　conduct 〜を行う
unfortunately 残念ながら　express a preference 好みを言う　one-on-one 一対一の
in-person 対面の
- **❹** suggestion 提案　improve 〜を改善する　overflow あふれる

問題（p.216〜217）の正解　58（C）　59（A）　60（D）　61（C）　62（B）

スラッシュ読みの手法を念頭に置き、次ページの手順で、読むスピードを上げる練習をしましょう。

Questions 58-62 refer to the following e-mail, policy, and survey.

**1**

| *E-mail* |
| --- |

| From: | Kira McKay <kmckay@manzanosystems.ca> |
| --- | --- |
| To: | All Staff <staff@manzanosystems.ca> |
| Date: | 10 September |
| Subject: | Energy and cost savings |
| Attachment: | ⋃ Guidelines |

Dear colleagues,

The implementation of energy-saving practices at Manzano Systems will help our company to be more energy efficient while reducing our operating costs. I would like to ask everyone to fully support these practices.

I have attached a document with a summary of guidelines, to become effective immediately. In October, we will take additional steps by installing energy-efficient lighting throughout our building and motion-activated lighting in all corridors. In December, our current desktop monitors will be replaced with more energy-efficient models.

Managers will be asked to provide feedback about these initiatives in a November survey. Feedback from all other employees will be solicited in December. Thank you for your cooperation.

Kira McKay, Chief Financial Officer

**2**

### Manzano Systems
### Energy Policy Guidelines

| GUIDELINE | DESCRIPTION |
| --- | --- |
| 1 | Keep lights off in rooms that are not in use, including offices, conference rooms, and kitchenettes. |
| 2 | Switch computers to hibernation mode when they will not be used for an hour or more, such as during out-of-office meetings or during other long breaks away from work spaces. |
| 3 | Print documents only when necessary. Most documents can be shared by e-mail or stored online. This will save wear and tear on printers and reduce energy usage. |
| 4 | Whenever possible, use technology to hold virtual meetings and give presentations virtually. This reduces travel expenses related to the cost of flights and rental vehicles. |
| 5 | Increase recycling. Avoid placing materials that can be recycled in regular trash bins. Currently at Manzano Systems, the collection of recycled materials costs less than our regular trash pickup, so expenses are reduced while we contribute to a healthier environment. |

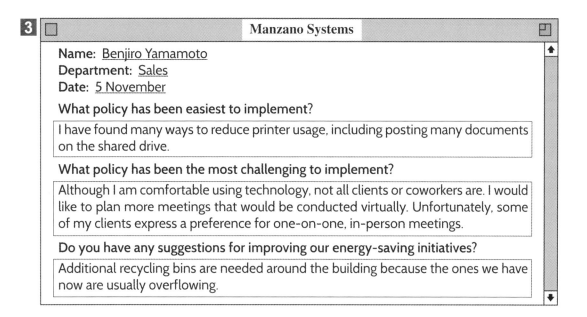

**3**

| Manzano Systems |
| --- |

**Name:** Benjiro Yamamoto
**Department:** Sales
**Date:** 5 November

**What policy has been easiest to implement?**

I have found many ways to reduce printer usage, including posting many documents on the shared drive.

**What policy has been the most challenging to implement?**

Although I am comfortable using technology, not all clients or coworkers are. I would like to plan more meetings that would be conducted virtually. Unfortunately, some of my clients express a preference for one-on-one, in-person meetings.

**Do you have any suggestions for improving our energy-saving initiatives?**

Additional recycling bins are needed around the building because the ones we have now are usually overflowing.

---

## 1. スラッシュ読み練習

自分でスラッシュを入れるつもりでチャンクを意識しながら、3つの文書を通して2回読みましょう。

※ 実際にスラッシュを書き込んでもよいですし、頭の中でスラッシュを入れながら読んでもよいでしょう。

## 2. 音声を使ったリーディングスピードアップ練習　🔊44〜🔊46

理想スピードの音声を聞きながら、同じスピードで英文を目で追って、文書を読みましょう。3つの文書を通して2回、聞きながら読みます。

※ 音声のスピードが速過ぎると感じる場合は、アプリ等のスピード変換機能で調整してください。

## 3. リーディング所要時間の再計測

速読を意識して文書全体をもう一度読み、p.213の表の計測時間❷に書き込んで計測時間❶と比較しましょう。

※ 表の目標リーディング時間に近づくまで、2のスピードを意識しながら、繰り返し練習をしてみましょう。

Unit 9 - 文書Bまでの累計：**27,300** 語突破！

5,000　　10,000　　15,000　　20,000　　25,000　　30,000

▼文書の訳

問題 58-62 は次の E メール、方針、アンケートに関するものです。

**1**

=================================================================================

送信者：Kira McKay <kmckay@manzanosystems.ca>
受信者：全従業員 <staff@manzanosystems.ca>
日付：　9 月 10 日
件名：　エネルギーおよび経費の節約
添付ファイル：　ガイドライン

同僚の皆さん

Manzano Systems 社においてエネルギー節約の実践を進めることは、当社がよりエネルギー効率に優れた企業となるのを促進するのと同時に、運営費を削減することになります。私は皆さんに、これらの実践への全面的なご協力をお願いします。

即日実施となる、ガイドラインの概略を記載した文書を添付しています。10 月に当社は、ビル全体に省エネの照明装置を、全通路に動体検知作動の照明装置を取り付けることにより追加策を講じる予定です。12 月には、われわれの現行のデスクトップモニターが、より省エネ型のモデルに交換される予定です。

管理職の皆さんには、11 月のアンケートでこれらの新規取り組みに関しての意見提供をお願いします。他の全ての従業員からの意見は 12 月に集められます。ご協力よろしくお願いいたします。

Kira McKay、最高財務責任者

=================================================================================

**2**

=================================================================================

**Manzano Systems 社**
**エネルギー方針のガイドライン**

| ガイドライン | 説明 |
|:---:|:---|
| 1 | オフィス、会議室、給湯室をはじめ、使用中ではない部屋では照明を切っておくこと。 |
| 2 | 例えばオフィス外での会議中や、他にも作業スペースを離れる長い休憩の間など、コンピューターを 1 時間以上使用しない見込みのときには、それらを休止モードに切り替えること。 |
| 3 | 必要なときにのみ文書を印刷すること。大半の文書は E メール共有またはオンライン保存が可能。これにより、プリンターの摩耗を防ぎ、エネルギー使用量を削減することになる。 |
| 4 | 可能な限り、テクノロジーを利用してオンライン会議を開いたりコンピューター上でプレゼンテーションを行ったりすること。これにより、航空費や車両のレンタル費に関連する移動費が抑えられる。 |
| 5 | リサイクルを増進すること。リサイクル可能な資材を通常のごみ箱に入れないこと。Manzano Systems 社では現在、リサイクルされる資材の回収は通常のごみの収集に比べて費用がかからないため、必要経費が削減されると同時に、当社がより健全な環境に貢献することになる。 |

=================================================================================

===

**Manzano Systems 社**

**氏名**：Benjiro Yamamoto

**部署**：営業部

**日付**：11 月 5 日

**どの方針が最も実行しやすいですか。**

私は、多数の文書を共有ドライブに置くことを含め、プリンターの使用量を減らす多くの手段を発見しました。

**どの方針が最も実行しにくいですか。**

私はテクノロジーの利用には不自由を覚えないのですが、顧客や同僚の全員がそうだとは限りません。私としては、コンピューター上で実施される会議をもっと計画したいと思っています。しかし残念ながら、私の顧客の中には、一対一での対面の会議の方がよいと言う方もいます。

**当社のエネルギー節約の新規取り組みを改善するための提案は何かありますか。**

当社が現在使用中のものはたいていあふれてしまっているため、ビルのあちこちに追加のリサイクル用回収容器が必要です。

===============================================================================

▼設問の訳

**58** Eメールによると、10 月に何が起こりますか。

    (A) コンピューターのモニターが従業員に届けられる。

    (B) 新しい職位が創設される。

    (C) 既存の照明装置が交換される。

    (D) エネルギー監査がビル中で実施される。

**59** 方針はリサイクルについて何と述べていますか。

    (A) ごみ入れに物を捨てるよりも費用がかからない。

    (B) これまでに Manzano Systems 社で実施されたことはない。

    (C) オフィス用品の経費を削減する。

    (D) 適切に行うのが困難である。

**60** Yamamoto さんについて何が示唆されていますか。

    (A) 営業部の新入社員である。

    (B) 自社でエネルギー方針の作成に寄与した。

    (C) Manzano Systems 社の技術指導者である。

    (D) Manzano Systems 社の管理職である。

**61** Yamamoto さんは、会社のどのガイドラインが従いやすいと思いましたか。

    (A) ガイドライン 1

    (B) ガイドライン 2

    (C) ガイドライン 3

    (D) ガイドライン 4

**62** アンケートによると、Manzano Systems 社は何を購入すべきですか。

    (A) 従業員にリサイクルすることを気付かせる看板

    (B) 追加のリサイクル用容器

    (C) オンライン会議用のソフトウエア

    (D) 使いやすいプリンター

公式 **TOEIC**® **Listening & Reading**
**Part 7 速読演習**

別冊付録
# Part 7 厳選フレーズ 200

# 別冊付録の使い方

TOEIC® Listening & Reading Test の Part 7 を読むために役立つフレーズ 200 語を厳選して掲載しています。

例文は、公式問題に登場した文を載せています。例文を活用して、フレーズの意味が瞬時につかめるようになるまで、繰り返し学習しましょう。

## ● 200 語の分類

▶ 形容詞的なフレーズ　　前あるいは後ろから名詞を修飾するフレーズ

▶ 副詞的なフレーズ　　名詞以外の品詞あるいは文全体を修飾するフレーズ

▶ be 動詞フレーズ

▶ 動詞フレーズ

・分類はフレーズを覚えやすくするための便宜上のものです。

・副詞的なフレーズには、副詞節も含まれています。

・形容詞的なフレーズにはハイフン付き形容詞も含まれています。

・掲載している be 動詞フレーズの多くは、be 動詞なしで名詞などの修飾句として使われることもあります。

## ● リストの見方

| 形容詞的なフレーズ | | |
|---|---|---|
| ❶→ 001 | **a number of ～** ←❷ | 多数の～、 ←❸ 幾つかの～ |
| ☐☐☐☐☐ | My colleague has sent me a list of a number of paperbacks that are selling poorly. 同僚が私に、売れ行きが悪い何冊ものペーパーバックのリストを送ってきました。 ←❹ | |
| 002 | **a variety of ～** | さまざまな～ |
| ☐☐☐☐☐ | The Brighton Reader offers a variety of options for making your personal announcement. 『ブライトン・リーダー』紙は、皆さまの個人的な告知を行うためのさまざまな選択肢を提供しております。 ❺ 関 a wide range of ～「広範囲にわたる」← | |
| 003 | **after-hours** | 営業時間外の、 勤務時間外の |

2

❶ 通し番号

❷ 見出し語フレーズ

❸ フレーズの意味

❹ 例文……フレーズが使われている公式問題の英文と和訳
　※スペースの都合上、文の一部を省略するなど調整している場合があります。

❺ 関連情報……見出し語フレーズの使い方、関連した語やフレーズとその意味など

品詞その他の略語の説明
　同 同義語
　対 対義語
　関 関連語
　名 名詞
　動 動詞
　形 形容詞

## ● フレーズ学習法の一例

1. 見出し語フレーズを見てすぐに分からなかったものは、チェックボックス□に✓を入れる。

（本冊に付属の赤シートを利用して見出しの日本語を隠すと便利。）

2. 例文を見て、フレーズが英文中でどのように使われているかを確認する。用法や変化形（過去分詞や複数形などの形）も一緒に覚える。

3. 例文を読んだ後、音読してみる。

4. 一定の期間を置いて再度見出し語フレーズを見て、□に✓の入ったものを覚えたかどうかを確認する。自信がなければ、2つ目の□に✓を入れ、手順2〜3を繰り返す。
（□に✓が入ったものは「覚えたいフレーズ」として自分で別にまとめてもよい。）

5. フレーズの意味がすぐに分かるようになったら、応用編として、今度は意味（日本語）を見て英語ですぐフレーズが出てくるか言ってみる。

　本書掲載のようなフレーズをすぐに理解できるようにしておくと、リーディングのスピードアップや、Part 7 の問題にスムーズに解答することにも役立ちます。

　また、フレーズの意味が分かるだけでなく、自分でも使いこなせるようにして、発信力も含めた英語の実践的な力を高めていきましょう。

**001**

# a number of ～

多数の～、
幾つかの～

My colleague has sent me a list of **a number of** paperbacks that are selling poorly.

同僚が私に、売れ行きが悪い何冊ものペーパーバックのリストを送ってきました。

---

**002**

# a variety of ～

さまざまな～

The Brighton Reader offers **a variety of** options for making your personal announcement.

『ブライトン・リーダー』紙は、皆さまの個人的な告知を行うためのさまざまな選択肢を提供しております。

関 a wide range of ～「広範囲にわたる」

---

**003**

# after-hours

営業時間外の、
勤務時間外の

The individual would also need to be available for **after-hours** telephone inquiries from our clients, which are common.

その人には、顧客からの時間外の電話による問い合わせにも対応していただく必要があり、それはよく発生します。

after hours「営業時間外に」と副詞句の形でも使われる。 同 off-hours

---

**004**

# company-wide

全社的な

As such, we would like one representative from each department to participate in **company-wide** discussions on reducing costs.

そこで、各部門からの代表者1名に、経費削減に関する全社討議に参加していただきたいと思います。

---

**005**

# energy-efficient

エネルギー効率の優れた

Everyone will also receive new **energy-efficient** desk lamps.

皆さん全員がエネルギー効率の優れた新しい卓上電気スタンドも受け取る予定です。

| 006 | **environmentally friendly** | 環境に優しい |
|---|---|---|

Kenfar Packaging proudly offers our **environmentally friendly** products to the farming community.

Kenfar 包装材社は誇りを持って、環境に優しい製品を農業界に提供しております。

friendly は user friendly「使用者に優しい」のように、前に他の語を付けて「〜に優しい」の意味になる。

| 007 | **full range of ～** | 幅広い～ |
|---|---|---|

Visit our Web site at www.kellerattire.com to see our **full range of** styles, colors, and fabrics.

当社ウェブサイト www.kellerattire.com にアクセスして、当社の幅広いスタイル、色、そして生地をご覧ください。

名 range「範囲」 動 range「〜の範囲にわたる」

| 008 | **hands-on** | 実践的な、実地の |
|---|---|---|

Our courses motivate young learners through **hands-on** experiences constructing robots in laboratory settings.

当講座は、研究室の環境でロボットを組み立てる実践的な体験を通じて、若い学習者たちに意欲を起こさせます。

| 009 | **in excess of ～** | ～を超えて |
|---|---|---|

Expense reports **in excess of** $1,000 must also be approved by the vice president of finance.

1,000 ドルを超える経費報告書は、財務部長の承認も必要です。

| 010 | **lesser-known** | あまり知られていない |
|---|---|---|

We have been profiling some of the **lesser-known**, but well-respected, organizations that are important to our colleagues.

私たちはこれまで、同僚の皆さんにとって注目すべき、あまり知られていないけれども非常に高く評価されている団体を幾つか紹介してきました。

同 less-known 対 well-known「よく知られた」

| 011 | **of *one's* choice** | 自分で選んだ |
|---|---|---|

Donations can be paid automatically each month on the day **of your choice**.

寄付金は、ご自身で選んだ日に毎月自動的に支払われるようにすることができます。

| 012 | **pay-per-ride** | 乗る都度支払う |
|---|---|---|

The mayor noted that she herself uses a **Pay-per-ride** card.

市長は自身も乗車都度払いカードを使っていると述べました。

| 013 | **plenty of ～** | たくさんの、十分な |
|---|---|---|

Be sure to pack a lunch and **plenty of** water.

必ず、昼食と十分な量の水を荷物に詰めてください。

同 lots of ～

| 014 | **related to ～** | ～に関連した、～に関連のある |
|---|---|---|

The last time we met, we assigned the tasks **related to** updating the content.

前回私たちが集まったとき、コンテンツの更新に関連する業務を割り振りました。

| 015 | **stain-resistant** | 汚れにくい、防汚加工された |
|---|---|---|

Given what you have said about the usage your seating must withstand, we think you may also be interested in our special **stain-resistant** leather treatment.

御社の座席が耐久性を必要とするというあなたがご説明くださった使い方を考慮しますと、あなたは当社の革の特殊防汚加工処理にもご興味をお持ちになるかもしれません。

XXX-resistant で「XXX（名詞）に耐性のある」という意味になる。

| 016 | **state-of-the-art** | 最新式の、<br>最先端の |
|---|---|---|

You could also choose the Techfan plan, which allows you to try our **state-of-the-art** mobile devices before they are released for public sale.

一般発売前に、当社の最新型携帯機器のお試しができる Techfan プランをお選びいただくこともできます。

device や technology などと一緒によく使われる。 🔲 cutting-edge

| 017 | **such as ～** | 例えば～などの、<br>～のような |
|---|---|---|

The marketing director coordinates all marketing activities, **such as** promoting titles in print and digital media as well as organizing press conferences and author appearances.

マーケティング部長は、印刷媒体とデジタル媒体での本の販売促進および記者会見や著者出演の手配など、全てのマーケティング活動を統括します。

| 018 | **the same old ～** | お決まりの、<br>よくある～ |
|---|---|---|

Tired of playing chess or **the same old** card games?

チェスやお決まりのトランプゲームをするのに飽きていますか？

広告内の呼び掛けなどに使われる。例文は、文頭の Are you が省略された形。

| 019 | **up-to-date** | 最新の情報を取り入れた、<br>先端的な |
|---|---|---|

We attend conferences and trade shows to stay **up-to-date** on industry trends.

私たちは業界動向に関して常に最新情報を把握した状態でいるために、協議会や見本市に参加しています。

stay up-to-date の形でよく使われる。 🔲 out-of-date、old-fashioned「旧式の」

| 020 | **well established** | 定評のある、<br>確立した |
|---|---|---|

They can convey the impression that a company is **well established** and that it cares for its workers.

それらは、ある企業が定評を得ており、自社の従業員を大事にしている、という印象を伝えることができます。

## 021 according to ～ | ～によると

According to the woman, the wallet contained several large bills, two credit cards, and a family picture.

その女性によると、札入れには何枚かの高額紙幣、2枚のクレジットカード、そして家族の写真が入っていました。

## 022 all year round | 一年中

I should mention that Bake-and-Take Academy also offers private classes by certified pastry chefs **all year round** to fit your schedule.

Bake-and-Take アカデミーは、ご都合に合わせて、認定パティシエによる個人授業も年間を通じて提供していることを申し上げておいた方がいいでしょう。

同 all year、throughout the year

## 023 along the way | 道沿いに、途中で

Picnic and barbecue areas can be found **along the way**.

道沿いに、ピクニック用とバーベキュー用の広場があります。

## 024 among other things | とりわけ、数ある中で

Fueled by, **among other things**, a booming transportation sector in various parts of the world, there currently is a considerable demand for glass.

とりわけ、世界のさまざまな地域で急成長中の輸送分野から勢いを得て、現在、ガラスに対するかなりの需要があります。

関 above all「何にもまして、何よりもまず」

## 025 *A* as well as *B* | *A* および *B*、*A* も *B* も

Would you kindly share her availability **as well as** her fee for this type of keynote address?

彼女のご都合、および彼女のこの種の基調講演の料金についてお知らせいただけますか。

| 026 | **as ～ as possible** | できるだけ～ |
|---|---|---|

Describe the missing property in **as** much detail **as possible**.

遺失物についてできるだけ詳しく描写してください。

| 027 | **as a result of ～** | ～の結果として |
|---|---|---|

**As a result of** requests like yours, we now make the shirt in five colors: red, green, purple, black, and the original yellow.

お客さまと同様のご要望を頂いた結果、当社は現在そのシャツを5色で製造しております――赤、緑、紫、黒、そして元々の黄です。

| 028 | **as early as ～** | 早くも～に、<br>早ければ～に |
|---|---|---|

The company will have to add a dozen experienced production operators **as early as** next month.

当社は早くも来月には、経験豊富な製造オペレーターを12人増員する必要があるでしょう。

as soon as ～「～するとすぐに」や as soon as possible「できるだけ早く」との違いに注意。

| 029 | **as I mentioned** | 私が話したように |
|---|---|---|

**As I mentioned**, the jackets that we have ordered in the past have been discontinued, so I ordered the HI-AV22 instead.

お話ししたように、われわれが過去に注文していた上着が製造中止となっていたので、私は代わりに HI-AV22 を注文しました。

| 030 | **as it happens** | たまたま、<br>折よく |
|---|---|---|

**As it happens**, we both will be at the BPM Association Conference.

たまたま、私たちは2人とも BPM 協会の協議会に出席する予定です。

| 031 | **as long as ～** | ～する限り |
|---|---|---|

All other items may be returned **as long as** they are in the same condition as purchased and an original receipt is submitted.

その他全ての品物は、購入時と同じ状態で、かつ領収書の原本が提出される限り、返品可能です。

| 032 | **at all times** | いつでも、<br>常に |
|---|---|---|

Service representatives are available **at all times** to promptly address power concerns.

サービス担当者は、電力に関するご用件に迅速に対処すべく常時対応いたします。

フォーマルな文で用いる。📖 always

| 033 | **at full operational status** | フル稼働状況で |
|---|---|---|

The tests with the new cutting blade were successful, and so Monday was our first day **at full operational status**.

この新しい切断刃を使ったテストが成功したので、月曜日は当所の最初のフル稼働日となりました。

| 034 | **at no cost** | 無料で |
|---|---|---|

You may authorize a second driver with one of our representatives **at no cost** when you pick up your vehicle.

お客さまは車を受け取られる際、当社担当者のいずれかへのお申し付けで、無料で2人目の運転者に権限を付与することが可能です。

📖 at no charge、free of charge

| 035 | **at *one's* earliest convenience** | 都合がつき次第 |
|---|---|---|

Please call me at 555-0144 **at your earliest convenience** to discuss this matter further.

この件についてさらにご相談するため、ご都合がつき次第、555-0144番まで私にお電話ください。

フォーマルな表現。📖 as soon as *one* can *do*

## 036 **by any chance** | ひょっとして

**By any chance**, did someone from the Evergreen restaurant send you a list of the summer menu items?

ひょっとして、Evergreen レストランの誰かが夏のメニュー品目のリストをあなたに送ってきましたか。

通例、疑問文で使われる。

## 037 **due to 〜** | 〜が原因で、〜のために

**Due to** flooding caused by recent rain storms, the River's Edge trail is closed until further notice.

先日の暴風雨による洪水のために、River's Edge 登山道は、追って通知があるまで閉鎖されています。

同 because of 〜、owing to 〜

## 038 **even though 〜** | 〜にもかかわらず

**Even though** a lot of visitors came into the store, many left without making a purchase.

たくさんの来館者が店に入ってきたにもかかわらず、多くの人は買い物をせずに立ち去りました。

## 039 **for some reason** | 何らかの理由で、どういうわけか

I tried, but I can't edit the document **for some reason**.

やってみましたが、どういうわけか、この文書を編集することができません。

## 040 **for your reference** | ご参考までに

I have attached a park map **for your reference** so that you can arrive in the south parking lot by 5:45 A.M.

あなたが午前 5 時 45 分までに南駐車場に到着できるよう、ご参考までに公園の地図を添付しました。

名 reference は、「参考、照会」の他に、求人応募者などの「信用照会先、身元保証人」の意味もある。

| 041 | **in accordance with ～** | ～に従って、<br>～の通りに |
|---|---|---|

This form is to be used for claiming expenses **in accordance with** Mather Tech company policy.

この用紙は、Mather Tech 社の方針に則した費用請求に使用されるものです。

| 042 | **in addition to ～** | ～に加えて |
|---|---|---|

**In addition to** Dr. Hines, several of his creative-writing students will also read their work.

Hines 博士に加えて、彼の創作文章講座の学生のうち数名も、自身の作品を朗読します。

addition はチームなどに「新たに加わった人」を指すこともある。

| 043 | **in advance** | 事前に、<br>あらかじめ |
|---|---|---|

A complimentary buffet dinner will be provided afterwards for attendees, but seating will be limited, so please contact us to reserve a spot **in advance**.

その後で無料のビュッフェ式の夕食が出席者に提供されますが、席は限られていますので、事前に場所を確保するには私たちにご連絡ください。

同 ahead of time、beforehand

| 044 | **in any case** | いずれにせよ |
|---|---|---|

**In any case**, I apologize for the inconvenience.

いずれにせよ、ご迷惑をお掛けすることをおわび申し上げます。

同 anyway

| 045 | **in case of ～** | ～の場合 |
|---|---|---|

We reserve the right to cancel classes **in case of** low enrollment.

当校は、登録者が少ない場合には講座を中止する権利を有します。

| 046 | **in collaboration with ～** | ～と共同して、<br>～と協力して |
|---|---|---|

Mr. Mori's travels had helped him formulate crucial ideas for revamping cycling apparel, which he was able to realise **in collaboration with** Mr. Santana.

Mori 氏の旅はサイクリング用衣料を改良するための重要なアイデアを彼が考案するのに役立ち、彼はそれを Santana 氏と共同で実現することができました。

🔄 in cooperation with ～

| 047 | **in compliance with ～** | ～に従って、<br>～に応じて |
|---|---|---|

We were able to lease a storefront, and Robert worked closely with the health inspector's office to make sure we were **in compliance with** all standards.

当店は路面店舗を借りることができ、Robert は保健所と緊密に連絡を取って、当店が確実に全ての基準を順守しているようにしてくれました。

規定、希望などに関して使われる。

| 048 | **in contrast to ～** | ～とは対照的に |
|---|---|---|

Once completed, the hotel's old facade will stand **in contrast to** a stunning contemporary interior.

完成すれば、ホテルの古風な正面が、素晴らしく現代的な内装と対照を成して立つことになります。

🔗 in/by contrast「(それと) 対照的に、それとは違って」

| 049 | **in doubt** | 不確かで、<br>疑って |
|---|---|---|

If **in doubt** about when to have your vehicle's oil changed, just stop in for a complimentary check.

お車のオイル交換の時期について迷われる場合は、お気軽に無料点検にお立ち寄りください。

例文のように、in doubt about ～「～について不確かで」の形でよく使われる。

| 050 | **in exchange for ～** | ～と引き換えに、<br>～の代償として |
|---|---|---|

Would you be prepared to offer us a discount **in exchange for** a multiyear commitment?

複数年の委託と引き換えに、当社に割引をご提供いただく考えはおありでしょうか。

🔄 in return for ～　🔗 instead of ～「～ではなく、～の代わりに」

13

| 051 | **in honor of 〜** | 〜を祝して、<br>〜に敬意を表して |
|---|---|---|

☐☐☐☐☐ **In honor of** our ten-year anniversary, we want to thank the many guests who have helped make our dream a reality.

当館の創立 10 周年を祝して、私たちの夢の実現を手助けしてくださった多くの宿泊客の方々にお礼を申し上げたいと思います。

関 in recognition of 〜「〜を認め、〜の報酬に」

| 052 | **in line with 〜** | 〜と一致して |
|---|---|---|

☐☐☐☐☐ All advertisements, packaging, signage, and social media accounts are being updated **in line with** the new name.

広告、包装、看板、そしてソーシャルメディアのアカウントの全てが新しい名称に合わせて更新されているところです。

| 053 | **in *one's* opinion** | 〜の考えでは |
|---|---|---|

☐☐☐☐☐ **In your opinion**, what brokerage firm runs the best technology conference there?

あなたのお考えでは、現地でどの仲介業者が最良のテクノロジー協議会を運営していますか。

| 054 | **in order to *do*** | 〜するために |
|---|---|---|

☐☐☐☐☐ We are expanding Level 2, which previously held our shoe department, **in order to** build a food court for our valued customers.

大切なお客さま用の飲食店スペースを設置するため、当店は、以前靴売り場があった 2 階を拡張しています。

| 055 | **in place of 〜** | 〜の代わりに |
|---|---|---|

☐☐☐☐☐ I can provide you with a Green Lyre Leather Love Seat **in place of** the sofa.

そのソファの代わりに、Green Lyre の二人掛けレザーソファをご提供することができます。

関 instead of 〜「〜ではなく、〜の代わりに」

| 056 | **in preparation for ～** | ～に向けた準備で、<br>～に備えて |
|---|---|---|

**In preparation for** the seminar you have enrolled in, you are asked to answer a brief survey so that we can better understand your needs as a business owner.

皆さまが登録されたセミナーに向けた準備として、事業主としての皆さまのニーズをわれわれがよりよく理解できるよう、簡単なアンケート調査へのご回答をお願いします。

| 057 | **in response to ～** | ～に応えて |
|---|---|---|

Having completed almost 100 tapestries **in response to** commissions from patrons, I hope I can offer advice and support to the talented young people.

お得意さまからの委託に応えて、これまで 100 近くものタペストリーを完成させてきましたので、私は才能ある若者たちに助言や支援ができるのではないかと考えています。

| 058 | **in search of ～** | ～を探して |
|---|---|---|

Our current facility is no longer adequate for our needs, and we have spent the last six months **in search of** a new home.

現在の施設はもはや当社のニーズに合わなくなっており、当社は新しい本拠地を探してこの 6 カ月間を費やしてきました。

| 059 | **in the meantime** | その間に |
|---|---|---|

**In the meantime**, could you request quotes from a few printing companies?

その間に、印刷会社数社に見積もりを依頼してもらえますか。

| 060 | **in time for ～** | ～に間に合うように |
|---|---|---|

We are looking at buildings in Stone Beach and would like to open a second location there **in time for** the summer tourist season.

当店は Stone 海岸にある建物に注目していて、夏の観光シーズンに間に合うように、そこに 2 店舗目を開業したいと思っています。

関 on time「期日通りに、時間通りに」

| 061 | **instead of ～** | ～ではなく、<br>～の代わりに |
|---|---|---|
| ☐☐☐☐ | I suggest going to Sofia's Cafe for our weekly meeting **instead of** gathering here in our usual conference room.<br>毎週の定例ミーティングで、ここのいつもの会議室に集まるのではなく、Sofia's カフェに行くのはどうでしょう。 | |

関 in place of ～「～の代わりに」

| 062 | **just around the corner** | 角を曲がったところに、<br>すぐ近くに |
|---|---|---|
| ☐☐☐☐ | He knew that Mr. Bradlin was the owner of Thurmont Bicycles, **just around the corner** from the market.<br>彼は、Bradlin さんが市場のすぐ近くの Thurmont 自転車店のオーナーであることを知っていました。 | |

| 063 | **no later than ～** | ～より遅れずに、<br>～までに |
|---|---|---|
| ☐☐☐☐ | Expense reports MUST be submitted **no later than** 30 days after travel is completed.<br>経費報告書は必ず、出張が完了してから 30 日以内に提出しなくてはなりません。 | |

| 064 | **no longer ～** | もはや～ない |
|---|---|---|
| ☐☐☐☐ | We found that receptiveness to the original logo was **no longer** positive.<br>私たちは、元のロゴに対する受け止められ方がもはや肯定的ではなくなったことに気付きました。 | |

| 065 | **no matter ～** | たとえ～でも |
|---|---|---|
| ☐☐☐☐ | **No matter** what level you choose to participate at, you will be helping the community.<br>どのレベルでのご参加を選ばれたとしても、あなたは地域を支援することになります。 | |

16

---

**066**

# no more than ～

～以下

In addition, please make sure that the bricks are stacked **no more than** three bricks high.

さらに、れんがは必ず 3 個以下の高さで積むようにしてください。

---

**067**

# not only *A* but *B* as well

*A* だけでなく *B* も

**Not only** can our products be reused numerous times, **but** they are made from nearly 50 percent recycled materials **as well**.

当社製品は何回も再利用可能なだけではなく、同時に、50 パーセント近い再生材料から作られています。

例文のように、強調のため not only に続く主語と（助）動詞の語順が倒置になる場合もある。

---

**068**

# now that ～

今や～なので

**Now that** Maria's store is opening, her guitars will be sold only there and online.

Maria の店が開店するので、彼女のギターは同店とオンラインでのみ販売されることになります。

---

**069**

# on a ～ basis

～単位で、
～の方式で

All services will be billed **on a** monthly **basis**.

全てのサービスは月単位で請求されます。

---

**070**

# on behalf of ～

～を代表して、
～に代わって

**On behalf of** the staff and management at AWZ Sports, I wish to express my sincerest gratitude to you for your unwavering support in the years past and in those that lie ahead.

AWZ スポーツ社の職員および経営陣を代表し、過去の年月、そしてこの先の年月における揺るぎないご支援に対し、皆さまに心からの感謝の意を表したいと思います。

| 071 | **on *one's* way to ～** | ～へ向かう途中で、<br>～に行く途中で |
|---|---|---|
| ☐☐☐☐☐ | When the suit was delivered to my home address in Boston, I was already **on my way to** New York.<br>スーツがボストンの私の自宅住所に配達された時、私は既にニューヨークへ向かう途中でした。 | |

対 on *one's* way (back) from ～「～から戻る途中で、～から帰る途中で」

| 072 | **owing to ～** | ～のおかげで、<br>～のせいで |
|---|---|---|
| ☐☐☐☐☐ | Please note that **owing to** hotel-room availability, the maximum number of attendees is 350.<br>ホテルの部屋数の都合上、最大出席者数は 350 名であることにご注意ください。 | |

| 073 | **prior to ～** | ～より前に |
|---|---|---|
| ☐☐☐☐☐ | Cancellations made **prior to** the scheduled pickup date will result in a refund of the full prepaid amount, minus a $50 administration fee.<br>予定の引取日よりも前に行われた取り消しは、前払金全額の返金となりますが、50 ドルの管理手数料を差し引きます。 | |

| 074 | **Should you have any questions** | 何か質問があれば |
|---|---|---|
| ☐☐☐☐☐ | **Should you have any questions** or concerns, I will be in my office until 10:45 this morning.<br>もしご質問やご懸念がおありでしたら、私は本日午前 10 時 45 分まで自分の執務室におります。 | |

If you should have any questions の if が省略され、should が文頭に出た倒置表現。

| 075 | **to be specific** | 具体的に言うと |
|---|---|---|
| ☐☐☐☐☐ | **To be specific**, I would like you to finish Carla's work.<br>具体的に言うと、あなたに Carla の仕事を仕上げてほしいのです。 | |

| 076 | **to *one's* satisfaction** | 〜の満足のいくように、〜が満足したことには |

By meeting the commitments outlined below, we can ensure that all stages of the delivery process are handled professionally and **to your** complete **satisfaction**.

下記に述べるお約束を果たすことにより、当社は、配達工程の全段階で手際よく、かつお客さまが完全に満足されるように対処することを保証いたします。

to the satisfaction of 〜 の形でも使われる。

| 077 | **to some extent** | ある程度 |

The high-rise dormitory we built last spring has helped **to some extent**.

本校が昨年春に建てた高層の寮は、ある程度は役立っています。

| 078 | **to the best of *one's* ability** | 力の及ぶ限り |

To expedite the pickup process, please stack the books by genre **to the best of your ability**.

集荷作業を迅速化するため、書籍をできる限りジャンルごとに積み重ねてください。

関 as well/far as *one* can *do*「〜が…できる限り」

| 079 | **to this end** | このために、この目的のために |

**To this end**, we are interested in having solar panels installed on our municipal buildings.

この目的のため、われわれは当自治体の建物にソーラーパネルを設置してもらいたいと思っています。

| 080 | **up to 〜** | 最大〜まで、〜に至るまで |

The discount is good for **up to** three items.

割引は商品3点まで有効です。

上限を表す言い方。

---

**081** **whether *A* or *B*** | *A* であろうと *B* であろうと

**Whether** you are attending a wedding, a black-tie event, **or** some other special occasion, we have the right suit for you.

結婚式、準正装のイベント、あるいはその他の特別な行事のいずれにご出席であろうと、当社はあなたにぴったりのスーツを用意しております。

この例文では、whether *A*, *B*, or *C* の形になっている。

---

**082** **whether or not 〜** | 〜かどうか

Please indicate **whether or not** you agree with the following statements.

以下の記述について賛成か否かを示してください。

---

**083** **with regard to 〜** | 〜に関して

Could you please assist me **with regard to** my paycheck?

私の給与支払小切手のことで助けていただけますか。

---

**084** **with the exception of 〜** | 〜を除いて

All rooms, **with the exception of** Room D, are equipped with audio capabilities and a computer.

会議室 D を除く全ての部屋には、オーディオ機能とコンピューター 1 台が備え付けてあります。

---

**085** **within walking distance** | 徒歩圏内に

Several eateries and a tennis club are **within walking distance** of the apartment building on beautifully landscaped paths.

レストラン数軒とテニスクラブが、美しく景観整備された小道に面した集合住宅から徒歩圏内にあります。

| 086 | **be affiliated with ～** | ～に所属している |
|---|---|---|

Additionally, I **am affiliated with** the popular Five Boroughs Jobs board and can assist you if you would like to use it.

さらに、私は人気のある Five Boroughs 職業掲示板にも所属しており、もしその利用をご希望でしたらお手伝いできます。

関 affiliated company「系列会社」

| 087 | **be assigned to ～** | ～を割り当てられる |
|---|---|---|

Returning exhibitors will **be assigned to** a preferred booth location.

リピーターのご出展者には、ご希望のブース位置が割り当てられます。

名 assignment「割り当て」

| 088 | **be aware of ～** | ～を知っている |
|---|---|---|

I will supply you with a corrected version of the sheet soon but wanted you to **be aware of** the changes now for our annual special sale starting next week.

皆さんに近々訂正版のシートをお渡ししますが、来週始まる当店の毎年恒例の特別セールのために、変更点を直ちに知っておいてもらいたかったのです。

関 be aware that ～「～であることを知っている」

| 089 | **be commensurate with ～** | ～に相応する、<br>～にふさわしい |
|---|---|---|

Competitive salary **is commensurate with** experience, and generous benefits are included.

経験に応じて水準以上の給与を優遇し、手厚い福利厚生が含まれます。

人材募集広告などで使われる表現。

| 090 | **be committed to *doing*** | ～すると誓う、<br>～することを固く約束する |
|---|---|---|

We **are committed to** helping you find a rewarding career.

当社はお客さまがやりがいのある仕事を見つけるお手伝いをすることをお約束します。

be committed to *do* の形でも使われる。be committed to ～で「～に献身する」の用法もある（～には名詞〔句〕が入る）。

| 091 | **be concerned about ~** | ~を心配している、~を気に掛けている |
|---|---|---|

We are interested in offering the carrot cake but **are concerned about** how long it will stay moist.

私たちはキャロットケーキを提供したいと思っていますが、どのくらいの時間しっとりした状態が保たれるかが気になります。

同 be worried about ~

| 092 | **be convenient to ~** | ~に近くて便利である |
|---|---|---|

It **is convenient to** the Central Business District and public transportation.

それは中央商業地区や公共交通機関に近くて便利です。

名 convenience「便利さ」

| 093 | **be crowded with ~** | ~で混雑している |
|---|---|---|

Our products are sold throughout Europe and, while gaining a bigger market share here is possible, European markets **are** already **crowded with** our competitors.

当社製品はヨーロッパ全土で販売されており、当地で市場シェアを拡大することは可能ではあるものの、ヨーロッパ市場は既に競合会社であふれています。

| 094 | **be dedicated to ~** | ~に専心する、~に打ち込む |
|---|---|---|

We **are dedicated to** staying on schedule, so please be on time for your appointment at our medical office.

当院ではスケジュール通りの診療を心掛けていますので、ご予約の時間通りにご来院ください。

名 dedication「献身、専念」

| 095 | **be eligible for ~** | ~の資格がある |
|---|---|---|

Customers returning items between 15 and 30 days after purchase **are eligible for** in-store credit only.

購入後 15 日から 30 日の間にご返品のお客さまは、店内クレジットのみによる払い戻しの対象となります。

対 be ineligible for ~「~の資格がない」　名 eligibility「適任（性）、適格（性）」

| 096 | **be employed in ～** | ～に従事する |
|---|---|---|

I have **been employed in** manufacturing for fourteen years and have broad knowledge of assembly equipment in many industries, including furniture and textiles.

私は製造業に 14 年間従事しており、家具と繊維をはじめ多くの産業における組立装置の幅広い知識があります。

名 employment「雇用」

| 097 | **be equipped with ～** | ～が備え付けてある |
|---|---|---|

Both rooms **are equipped with** a podium, computer, and screen for your presentation.

どちらの会議室も、あなたのプレゼンテーションのための演壇とコンピューター、そしてスクリーンを備えています。

関 fully equipped「完備された」　名 equipment「設備、装置」

| 098 | **be familiar with ～** | ～をよく知っている |
|---|---|---|

He is eager to talk with you since, as a graduate of Raymond Oak University, he **is** quite **familiar with** the school's excellent business program.

彼は Raymond Oak 大学の卒業生として、同大学の優れたビジネス課程について大変よく知っているため、ぜひあなたとお話ししたいとのことです。

対 be unfamiliar with ～「～をよく知らない」　関 be familiar to ～「～（人）によく知られている」

| 099 | **be filled with ～** | ～が詰まっている |
|---|---|---|

All our crepes **are filled with** delicious fruit and served hot with dessert toppings.

当店の全てのクレープにはおいしいフルーツが詰まっており、デザートトッピング付きで熱いうちに供されます。

関 be full of ～「～でいっぱいである」

| 100 | **be free of ～** | ～がない、<br>～を免れている |
|---|---|---|

In addition, we are proud of our commitment to using only gentle, all-natural products that **are free of** harsh chemicals and dyes.

それに加えて当社は、刺激の強い化学物質や染料を含まない低刺激性の全天然素材製品のみを使用するという自社の取り組みを誇りにしております。

～にはあると望ましくないものが入る。関 free of charge「無料で」

| 101 | **be impressed with ～** | ～に感銘を受ける |
|---|---|---|

I **was impressed with** the work that People's Pavers did on the streets around Rob's Marketplace in downtown Somerville.

私は、People's Pavers 社が担当されたサマービル市中心部の Rob's ショッピングセンター周辺の街路のお仕事に感銘を受けました。

関 be struck by ～「～に強い印象を受ける」

| 102 | **be in business** | 営業している |
|---|---|---|

Opus 27 has **been in business** for over twenty years, and we pride ourselves on creating an excellent passenger experience.

Opus 27 社は 20 年以上営業しており、乗客の皆さまに極上の体験をご提供することを誇りとしております。

| 103 | **be in charge of ～** | ～を管理している、～を担当している |
|---|---|---|

The chief editor **is in charge of** all editorial operations, ranging from vetting book proposals to managing a team of three assistant editors and copywriters.

編集長は、本の企画の精査から、編集補佐 3 名とコピーライターたちから成るチームの運営に至るまで、全ての編集業務を管理します。

| 104 | **be intended for ～** | ～向きである |
|---|---|---|

This machine **is intended for** light use, and printing large batches could result in excessive wear and added maintenance and replacement costs.

この機械は少量利用向けであり、大量の印刷は過度の摩耗と追加の保守・交換費につながる可能性があります。

同 be geared toward ～

| 105 | **be involved in ～** | ～に携わっている、～と関わっている |
|---|---|---|

We didn't think we would **be involved in** inventing snacks.

私たちは、自分たちがスナックの考案に携わることになるとは思っていませんでした。

同 be involved with ～

| 106 | **be known as ～** | ～の名で知られる |
|---|---|---|

Burger City Bistro has announced that it will soon **be known as** BC Bistro.

Burger City ビストロは、間もなく同社が BC ビストロという名で知られるようになると発表しました。

関 well-known「よく知られた」、less-known/lesser-known「あまり知られていない」

| 107 | **be optimistic about ～** | ～について楽観的である |
|---|---|---|

Prentice Greene, CEO of Maria's Signs and grandson of Trevor Crayford, **is optimistic about** the company's future.

Maria's Signs 社の最高経営責任者であり、Trevor Crayford の孫息子でもある Prentice Greene は、会社の将来について楽観的です。

対 be pessimistic about ～「～について悲観的である」

| 108 | **be out of control** | 制しきれない、手に負えない |
|---|---|---|

Others were working with my client at the time, so I feel that what happened **was out of** my **control**.

あのときは他の人々が私の顧客に対応していたので、起きたことは私の力の及ぶ範囲外だったと感じています。

関 get out of control「制しきれなくなる、手に負えなくなる」

| 109 | **be out of service** | 運転休止中である |
|---|---|---|

The elevator in this building will **be out of service** for routine maintenance on Wednesday, March 27.

この建物のエレベーターは 3 月 27 日水曜日に、定期保守点検のため運転を休止します。

対 be in service「運転中である、使われている」

| 110 | **be out of stock** | 在庫切れである |
|---|---|---|

The Xtreme Hiking jacket in gray, women's size Medium, **is** currently **out of stock**.

Xtreme ハイキングジャケットの灰色、女性用 M サイズは、現在在庫を切らしております。

対 be in stock「在庫がある」　関 be on back order「入荷待ちの状態である」

| 111 | **be pleased with ～** | ～に満足している |
|---|---|---|

We have **been** very **pleased with** our customer's responses to your desserts and are considering increasing our selections.

当店は御社のデザートに対するうちのお客さまの反応にとても満足しており、種類を増やすことを検討しています。

同 be delighted with ～

| 112 | **be prepared for ～** | ～の準備ができている |
|---|---|---|

South Block is Cordar Textile's principal warehouse, where raw materials are stored and finished products **are prepared for** delivery.

南区画は Cordar 織物社の主要倉庫であり、そこで原材料が保管され、完成した製品が出荷準備されます。

| 113 | **be proud to *do*** | ～することを誇りに思う |
|---|---|---|

We **are** also **proud to** present renowned author Diana Canul as our keynote speaker.

また、高名な作家 Diana Canul を当会合の基調講演者としてご紹介できることを誇りに思います。

関 be honored to *do*「～することを光栄に思う」

| 114 | **be responsible for ～** | ～に責任がある |
|---|---|---|

The technology reporter will **be responsible for** writing at least two breaking news stories each day.

科学技術記者は毎日最新ニュース記事を少なくとも 2 本書く責任があります。

| 115 | **be running late** | 遅れている |
|---|---|---|

I'm **running late** for our department meeting today.

私は今日の部署会議に遅れそうです。

関 be behind schedule「(物事が) 予定より遅れている」

| 116 | **be short of ~** | ~が不足している、<br>~に達していない |
|---|---|---|

We're still a little **short of** our goal to have 75% of our spaces rented to nonlocal businesses.

当社の区画の 75 パーセントを地元外の事業者に賃貸するというわれわれの目標には、まだ少し足りていません。

---

| 117 | **be subject to ~** | ~を条件としている、<br>~の対象となっている |
|---|---|---|

Please be aware that programs and schedules **are subject to** change.

演目や日程は変更される可能性があることをご承知おきください。

to の後には名詞〔句〕が来る。例文の change は名詞で「変更」を意味している。

---

| 118 | **be suitable for ~** | ~に適している |
|---|---|---|

While the Purple Room should **be suitable for** the small meetings, I don't think the Green Room will be adequate.

紫の間は小さな会議用に適しているでしょうが、緑の間は十分ではないだろうと思います。

対 be unsuitable for ~「~に適していない」

---

| 119 | **be surrounded by ~** | ~に取り囲まれている |
|---|---|---|

We **are surrounded by** a number of historic sites and lovely hiking trails.

当館は数多くの史跡と美しいハイキングコースに囲まれています。

---

| 120 | **be willing to *do*** | (自ら) 進んで~する、<br>~することをいとわない |
|---|---|---|

If you **are willing to** stay until you've signed every book, I know our patrons will be very appreciative.

全ての本にサインをするまで残っていただけましたら、きっと当店のお客さま方はとてもありがたく思うでしょう。

対 be unwilling to *do*「~することを欲しない」、hesitate to *do*「~することをためらう」

# 動詞フレーズ

| 121 | **adhere to ～** | ～を順守する |
|---|---|---|

To ensure that we conserve company resources and protect the environment, please **adhere to** company policies when using the photocopy machine.

会社資源の節約と環境保護を確実に実現するために、コピー機を使用する際は、会社の方針を順守するようお願いします。

---

| 122 | **afford to *do*** | ～する余裕がある |
|---|---|---|

If we can't **afford to** do the final fifth show, we'll have to mail the tickets for the first four shows to subscribers in August as planned.

もし最後の第5公演をする余裕がなければ、最初の4公演のチケットを、予定通り8月に定期会員に郵送しなければならないでしょう。

金銭的余裕と時間的余裕のどちらの意味にも使われる。

---

| 123 | **cast *one's* vote** | 投票する |
|---|---|---|

The deadline to **cast your vote** for this year's Synergia Award is fast approaching.

今年の Synergia 賞に投票する期限が刻々と近づいています。

---

| 124 | **catch ～ by surprise** | ～を驚かせる |
|---|---|---|

I just wanted you to know so that you will not be **caught by surprise** on the day of the move.

私はただ、あなたが引っ越しの当日に驚くことがないよう、知っておいてほしかったのです。

---

| 125 | **check in with ～** | ～に連絡を入れる |
|---|---|---|

In our autumn issue, we **check in with** industry experts for analysis on issues related to self-directed trucks.

秋季号で当誌は、自動運転トラックに関連する問題の分析のために業界の専門家と連絡を取っています。

同 reach out to ～ 関 get back to ～「～に折り返し連絡する」

| 126 | **combine ～ with …** | ～を…と結び付ける |
|---|---|---|

This early apprenticeship allowed Ms. Villalobos to **combine** her woodworking skills **with** another passion—music.

この若い頃の見習経験によって、Villalobos さんは自身の木工技術をもう一つの情熱と結び付けることができました——音楽です。

| 127 | **come up with ～** | ～を思いつく、<br>～を考え出す |
|---|---|---|

Why don't we **come up with** a business plan to stock vending machines with food other than candy and snacks with little nutritional value?

ほとんど栄養価のない砂糖菓子やスナック以外の食べ物を自動販売機に入れておくという事業の計画を考えてみませんか。

| 128 | **compensate ～ for …** | ～に…の償いをする |
|---|---|---|

To **compensate** you **for** the delay, we will send your order by overnight shipping at no extra charge as soon as it becomes available.

この遅延のおわびといたしまして、お客さまにはご注文品が入荷次第、追加料金なしで翌日配送にてお送りします。

图 compensation「償い、保証金」

| 129 | **consist of ～** | ～から成る |
|---|---|---|

It will **consist of** seven mixed-use buildings.

それは 7 棟の多目的ビルから成る予定です。

| 130 | **contribute to ～** | ～に寄付する、<br>～に貢献する |
|---|---|---|

Ms. Lee's leadership **contributed** substantially **to** increased productivity in her department.

Lee さんのリーダーシップは彼女の部署の生産性向上に大きく貢献しました。

「～（新聞・雑誌など）に寄稿する」という意味もある。 動 contribute「～を寄付する」

| 131 | **dispose of ～** | ～を処分する |
|---|---|---|

If you are missing a piece of equipment or have **disposed of** it, please fill out a Missing Equipment form no later than Friday, 4 May.

機器を紛失もしくは処分した場合は、5月4日金曜日までに、機器紛失届に記入してください。

名 disposal「処分、廃棄」　形 disposable「使い捨ての、処分できる」

| 132 | **end up** *doing* | 結局～することになる、<br>最後には～することになる |
|---|---|---|

I also **ended up** finding some accessories for my outdated camera model that I hadn't been able to find online.

私はまた、オンラインでは見つけることができなかった自分の旧型のカメラの付属品をついに見つけることにもなったのです。

関 result in ～「～という結果になる」

| 133 | **expect to** *do* | ～する見込みである、<br>～する予定である |
|---|---|---|

We **expect to** receive more inventory in about two weeks.

当店は約2週間後に追加在庫を受け取る見込みです。

関 be supposed to *do*「～することになっている」

| 134 | **feel free to** *do* | 遠慮なく～する |
|---|---|---|

For questions or suggestions, **feel free to** contact us at info@ietconference.org.

ご質問やご提案は、当方まで info@ietconference.org 宛てにご遠慮なくご連絡ください。

主に命令文の形で使われる。　同 do not hesitate to *do*

| 135 | **figure out** | ～を解明する、<br>～（答え）を見つけ出す |
|---|---|---|

Will you **figure out** how this happened so we can avoid it in the future?

今後このようなことを回避できるよう、どうしてこれが発生したのかを解明してもらえますか。

| 136 | **fill ~ in on …** | ~に…について情報を与える |
|---|---|---|

He was the lead salesperson before you, and I'm sure he can **fill** you **in on** the challenges he faced.

彼はあなたの前の営業主任だったので、きっと彼が直面した難題についてあなたに情報を提供してくれると思います。

| 137 | **fill in for ~** | ~の代わりを務める |
|---|---|---|

A temporary worker has been hired from a placement agency to **fill in for** her during this time.

この期間に彼女の代わりを務める臨時の従業員が、人材会社を通じて雇われました。

| 138 | **fit *one's* needs** | ~のニーズに合う |
|---|---|---|

After researching several solar energy companies, we believe that yours might best **fit our needs**.

太陽光エネルギー企業数社を調査した結果、貴社製品がわれわれのニーズに一番よく合うのではないかと考えています。

同 suit *one's* needs

| 139 | **get accustomed to ~** | ~に慣れる |
|---|---|---|

Your responsibilities would be to introduce Sonia to your colleagues, answer her questions, and help her **get accustomed to** our office culture.

あなたの役割は、Sonia をあなたの同僚に紹介し、彼女の質問に答え、そして彼女が当社の社風に慣れるのを手助けすることでしょう。

関 be accustomed to ~「~に慣れている」。（~には名詞〔句〕が入る。）

| 140 | **get acquainted with ~** | ~に精通する、<br>~と知り合いになる |
|---|---|---|

We would like you to **get acquainted with** all the teams' accomplishments before completing and submitting the online form at our Web site by 9 August.

8月9日までに当社ウェブサイトでオンラインフォームに入力して提出する前に、皆さんにはチームの全業績をよく知っていただきたいと思います。

| 141 | **get ready for ～** | ～の準備をする |
|---|---|---|

Let's plan on **getting ready for** the afternoon session while we eat.

食事をしながら、午後の回の準備をすることにしましょう。

同 prepare for ～

| 142 | **go ahead with ～** | ～ (話、計画など) を進める |
|---|---|---|

I'll let you know by the end of next week whether we have decided to **go ahead with** *After the Sun*.

『日没の後に』で行くことに決定したかどうかは、来週末までにお知らせします。

名 go ahead「承認、開始許可」

| 143 | **have access to ～** | ～を利用できる |
|---|---|---|

All residents **have** free **access to** a community fitness and recreation center.

全ての居住者が、共用の運動・娯楽センターを自由に利用できます。

名 access「利用、接近、交通手段」

| 144 | **hesitate to *do*** | ～するのをためらう |
|---|---|---|

Do not **hesitate to** contact me with any questions or concerns.

ご質問やご懸念がございましたら、ご遠慮なく私にご連絡ください。

例文のように、否定形の not hesitate to *do*「遠慮なく～する」の形でよく使われる。

| 145 | **hold up to ～** | ～に耐える |
|---|---|---|

It is slightly costlier than the other options, but comfortable, durable, and **holds up to** years of heavy use.

それは他の選択肢よりやや高価ですが、心地よく、耐久性があり、何年もの酷使に耐えます。

同 withstand

### 146 incorporate 〜 into …

〜を…に取り入れる、
〜を…に組み込む

Your idea to **incorporate** the official colors of the schools **into** the centerpieces was wonderful.

各校のオフィシャルカラーをテーブル中央の装飾物に取り入れるという貴社の案は素晴らしかったです。

---

### 147 issue a refund

返金する

I had been planning to take this coat with me on a trip in just a few days, so please cancel the item and **issue a refund**.

私は、このコートをほんの数日後の旅行に持って行く計画を立てていましたので、商品のキャンセルと返金をお願いします。

動 issue「〜を出す、〜を発行する」　名 refund「払戻金」　動 refund「返金する」

---

### 148 keep 〜 confidential

〜を極秘にする

Information about the survey is to be **kept confidential** until an official press release is issued.

調査に関する情報は、公式の報道発表がされるまでは機密扱いとなっています。

confidential の前に副詞 strictly「厳格に」をよく伴う。　形 confidential「秘密の、機密の」

---

### 149 keep track of 〜

〜の記録を取る

Active AM **keeps track of** how long you have been seated while working, and it monitors your heart rate.

Active AM は、皆さんが仕事中に着席している時間を記録し、心拍数を監視します。

---

### 150 keep up with 〜

〜に（遅れずに）付いていく

The product's overwhelming popularity has made it difficult for our retail locations to **keep up with** demand.

この製品の圧倒的な人気は、当社の小売店が需要に応じるのを難しくしました。

関 catch up with 〜「〜に追いつく」

| 151 | **lead ~ to *do*** | ～を…するよう導く |
|---|---|---|

In subsequent months, more exchanges between the two men followed, ultimately **leading** them **to** create LKJ Sportswear.

その後数カ月間、2 人の間ではさらにやりとりが続き、最終的に彼らは LKJ スポーツウエア社を設立するに至りました。

結果を説明するのに使う。

| 152 | **let me know ~** | ～を私に知らせてください |
|---|---|---|

**Let me know** the delivery time so I can make space for the furniture van.

私が家具運搬車のためのスペースを作れるように、配達時間を教えてください。

| 153 | **look into ~** | ～を調査する、<br>～を検討する |
|---|---|---|

Sophie, are you **looking into** the recruiters?

Sophie、あなたは人材仲介会社を検討していますか。

| 154 | **look to *do*** | ～しようと試みる、<br>～することを目指す |
|---|---|---|

For years we dreamed of creating a relaxing retreat for travelers **looking to** escape the busy city.

長年にわたり当社は、慌ただしい都会を脱出しようとする旅行客のためにくつろいだ隠れ家を作ることを夢見ていました。

関 look to ～「～に期待する」（～には名詞〔句〕が入る。）

| 155 | **make a contribution** | 寄付する、<br>貢献する |
|---|---|---|

Please consider **making a contribution** before our fiscal year ends on June 30.

私たちの会計年度が 6 月 30 日に終わる前に寄付を行うことを、どうかご検討ください。

名 contribution「寄付（金）、貢献」

| 156 | **make a replacement** | 交換する |
|---|---|---|

We take care of everything, including laundering, **making** repairs or **replacements**, and ensuring appropriate sizing.

当社は洗濯、修繕、交換、寸法合わせの保証を含め、万事責任を持ってお引き受けします。

名 replacement「交換」　動 replace「〜を交換する」

| 157 | **make an appointment** | 予約をする、<br>会う約束をする |
|---|---|---|

We have finally completed work on the new mobile app that will allow your customers to shop for vehicles and **make** service **appointments** using any type of wireless device.

当社はようやく、御社のお客さまがどんな種類の無線機器を用いても車両購入のための閲覧やサービス予約ができるようになる新しい携帯アプリに関する作業を完了しました。

関 make a reservation「予約する」　名 appointment「（面会の）約束、予約、任命」

| 158 | **make an attempt** | 試みる |
|---|---|---|

Once we receive your completed form, we will **make** every **attempt** to locate your lost item and notify you of its availability as soon as possible.

記入済みフォームを受領次第、お客さまの遺失物を捜し出すためにあらゆる試みを行い、それがあったかどうかをできるだけ早くお知らせします。

名 attempt「試み」　動 attempt「〜を試みる」

| 159 | **make arrangements** | 手配をする |
|---|---|---|

Brenda, have you **made** flight **arrangements** for us yet?

Brenda、私たちの飛行機の手配はもうしてくれましたか。

「手配」の意味では、例文のように通常 arrangements と複数形で使う。

| 160 | **make certain (that) 〜** | 必ず〜であるようにする、<br>〜であることを確かめる |
|---|---|---|

I just wanted to do a quick check to **make certain** everything is in place for this Saturday's conference.

私は今度の土曜日の協議会に向けて全て準備が整っていることを、手早く確認したかっただけです。

同 make sure (that) 〜

| 161 | **make do with ～** | ～で間に合わせる |
|---|---|---|

We can **make do with** what we have for now until I find a suitable replacement.

私が適切な代替品を見つけるまで、われわれは当面は持っているもので間に合わせることができます。

| 162 | **make it to ～** | ～にたどりつく、<br>～に間に合う |
|---|---|---|

I could certainly **make it to** the hospital tomorrow morning.

明日の朝なら、私は確実に病院に行けると思います。

| 163 | **make *one's* acquaintance** | ～と知り合いになる |
|---|---|---|

It is a pleasure to **make your acquaintance**.

あなたとお知り合いになれてうれしく思います。

图 acquaintance「知人、面識」

| 164 | **make reference to ～** | ～に言及する |
|---|---|---|

If you have any questions about the work, please telephone Alcott Appliances at 020-7946-9430 and **make reference to** the contract number given above.

作業に関して何かご質問がございましたら、Alcott 電気器具社に 020-7946-9430 番までお電話いただき、上記の契約番号をお伝えください。

関 refer to ～「～を参照する」

| 165 | **make room for ～** | ～のためのスペースを作る |
|---|---|---|

We are **making room for** new models and products.

当店は現在、新モデルや新製品のためのスペースを作っているところです。

同 make space for ～　图 room「空間、余地」

**166 make up *one's* mind** — 決断する、決心する

There are only four seats left on that flight, so **make your mind up** fast.

その便にはあと4席しか残っていません、ですから速やかに決断してください。

**167 make use of ～** — ～を利用する

If you usually park your car there, please **make use of** the overflow area near the campus's south entrance.

通常そちらに駐車している場合は、構内の南口の近くにある予備の区画を利用してください。

名 use「使用」。発音は [ju:s]　関 take advantage of ～「～（機会など）を利用する」

**168 mean to *do*** — ～しようと計画する、～しようともくろむ

I've been **meaning to** offer delivery service since we opened last year.

当店が昨年開店してからずっと、私は配達サービスの提供を計画していました。

同 intend to *do*

**169 pertain to ～** — ～に関係がある

The survey contains approximately twenty questions **pertaining to** employee satisfaction, including work atmosphere, benefits, facilities, and opportunities for advancement.

アンケート調査には、職場の雰囲気、諸手当、設備、昇進の機会など、従業員満足度に関連するおよそ20の質問が含まれています。

pertaining to ～という ing 形でよく使われる。　同 relate to ～

**170 place an order** — 注文する

Give us a call or go to our Web site to **place an order** for pickup.

お持ち帰り用にご注文されるには、お電話をくださるか、当店のウェブサイトにアクセスしてください。

| 171 | **play a role** | 役割を果たす |
|---|---|---|

The president of The Tapton Engineering Group describes advances in global positioning system (GPS) technology and **the role** that it will **play** in the acceptance of self-directed trucks.

Tapton エンジニアリンググループ会社の社長は、全地球測位システム (GPS) 技術の進歩と、自動運転トラックが受け入れられる際にそれが果たすであろう役割について述べています。

名 role「役割、任務」

| 172 | **prevent ～ from *doing*** | ～が…するのを防ぐ |
|---|---|---|

Start at a slow speed to **prevent** the drill bit **from** slipping off the starting point.

ドリル刃が開始地点からずれてしまうのを防ぐために、低速で始めてください。

| 173 | **provide an explanation** | 説明をする |
|---|---|---|

They must indicate their job skills and work experience, as well as **provide a** brief **explanation** of why they want to work at Taco Park.

彼らは自身の職業技能と職務経験を記し、また Taco Park で働きたい理由を簡潔に説明する必要があります。

名 explanation「説明」

| 174 | **put together ～** | ～を作り上げる、<br>～を組み立てる |
|---|---|---|

I am confident that we will have sufficient pieces to **put together** a vibrant and well-rounded exhibition.

活気があってバランスのよい展示を作り上げるのに十分な作品を用意できると、私は確信しています。

| 175 | **range from ～ to …** | ～から…に及ぶ |
|---|---|---|

Place & Space will be a hub for businesses **ranging from** high-tech start-ups **to** nonprofit organizations.

Place & Space 社は、新興ハイテク企業から非営利組織に至る事業体の中心地となるでしょう。

ranging from ～ to … という ing 形でよく使われる。

| 176 | **regret to *do*** | 残念ながら～する |
|---|---|---|

☐☐☐☐☐ We **regret to** inform you that our latest flyer contained an error regarding an advertised item.

遺憾ながら、当店の最新のチラシに広告商品に関する誤りが含まれていたことをお客さまにお知らせいたします。

謝罪を述べる際の書き出しなどによく使われる。

| 177 | **rely on ～ for …** | …を～に頼る |
|---|---|---|

☐☐☐☐☐ While in-person interviews are not going away, many human resources departments have come to **rely on** videoconferencing **for** candidate screening.

対面での面接がなくなることはないでしょうが、多くの人事部が候補者の選考をビデオ会議に頼るようになってきています。

| 178 | **remain unchanged** | 変更なしである、<br>元のままである |
|---|---|---|

☐☐☐☐☐ The start times originally arranged for these meetings **remain unchanged**.

これらの会議のために当初決められていた開始時刻には変更はありません。

🔲 remain the same

| 179 | **report to ～** | ～に出向く |
|---|---|---|

☐☐☐☐☐ You are asked to **report to** 417 Front Street, Vancouver, at 6:30 A.M. on Monday, 28 September, to receive your uniform and company identification badge.

制服と社員 ID バッジを受け取るため、9 月 28 日月曜日の午前 6 時 30 分にバンクーバーのフロント通り 417 番地に出向いてください。

report to Ms. Willson のように to の後ろが人名の場合は「～（人）に直属している」という意味。

| 180 | **result in ～** | ～という結果になる、<br>～につながる |
|---|---|---|

☐☐☐☐☐ I hope this will attract new customers and **result in** increased business.

これが新しい顧客を引き付け、事業拡大につながることを望みます。

| 181 | **return the favor** | 恩返しをする |
|---|---|---|

I will gladly **return the favor**.

このご親切には喜んでお返しをいたします。

名 favor「好意、親切」

| 182 | **run ~ past …** | …に~について説明する、<br>…に~について相談する |
|---|---|---|

Do you mind if I **run** it **past** you again later?

後でもう一度あなたにそれについて話しても構いませんか。

同 run ~ by …

| 183 | **run out of ~** | ~を切らす |
|---|---|---|

Unfortunately, we have **run out of** Leewood Associates printed envelopes.

あいにく、Leewood Associates の社名が印字された封筒を切らしています。

| 184 | **see to it that ~** | ~であるよう取り計らう |
|---|---|---|

Please get back to me with the dates and times you will be at the academy: we will **see to it that** your work schedule does not overlap with your training.

アカデミーに行く日時を返信してください。あなたの仕事のスケジュールが研修と重ならないように取り計らいます。

| 185 | **set ~ apart from …** | ~を…から際立たせる |
|---|---|---|

Our excellent communication and years of experience **set** Eleanor's Professional Cleaning **apart from** the rest.

卓越したお客さま対応と長年の経験により、Eleanor's 清掃専門社は他社と一線を画しています。

| 186 | **set a standard** | 基準を設ける |
|---|---|---|

Managing a facilities maintenance department is a challenge in any company, and Ron **set the** high **standard** by which his successors will be measured.

設備管理部を監督することはどんな会社でも難しい仕事ですが、Ron は、彼の後任者たちがそれによって評価されることになる高い基準を定めました。

名 standard「基準、水準」

| 187 | **sign up for 〜** | 〜に申し込む |
|---|---|---|

You can also **sign up for** fitness classes and personal training sessions.

フィットネスのクラスや個人向けトレーニングセッションにお申し込みになることもできます。

同 enroll in 〜、register for 〜

| 188 | **stand up to 〜** | 〜に耐える、<br>〜に耐久力がある |
|---|---|---|

Most importantly, we must choose a leather that will **stand up to** the frequent spills that occur when food and beverages are served.

最も重要なことですが、私たちは、飲食物提供時に頻繁に起こるこぼれにも耐え得る革を選ばなければなりません。

同 withstand

| 189 | **stay current with 〜** | 〜の最新情報に精通している |
|---|---|---|

The reporter needs to write bold and original stories that help an audience of technology professionals **stay current with** industry news and function efficiently and creatively.

記者は、科学技術の専門家である読者が業界の最新ニュースに精通し、能率的かつ創造的に職務を果たす助けとなるような大胆で独創的な記事を執筆する必要があります。

形 current「最新の、現在の」

| 190 | **stock up on 〜** | 〜を買い置きする |
|---|---|---|

**Stock up on** workplace essentials at fantastic prices!

魅力的な価格で職場の必需品をお買い置きください！

| 191 | **struggle to _do_** | ~しようと奮闘する |
|---|---|---|

We handle Gartera Stores' finances, and with Carla Cunha on medical leave, the team is **struggling to** meet deadlines.

私たちは Gartera 商店の財務を扱っており、Carla Cunha が傷病休暇中であるため、仲間は締め切りを守るために奮闘しています。

| 192 | **tailor ～ to …** | ~を…に合わせて作る |
|---|---|---|

It is a customized course on getting started in sales, **tailored** perfectly **to** you and the company you work for, delivered over three sessions.

それは、あなたやご勤務先企業のニーズに完璧に合わせて組み立てられた、営業職を始めるためのカスタマイズされた講座で、3 回にわたって行われます。

| 193 | **take a look at ～** | ~を見る、<br>~に目を通す |
|---|---|---|

Please visit our store and **take a look at** hundreds of sample cards, mailers, and brochures, all of which can be customized for your specific products or services.

当店へお越しいただき、数百種類のカードやダイレクトメール、パンフレットの見本をご覧ください。全て、お客さまの特定の製品やサービスに合わせてカスタマイズできます。

| 194 | **take advantage of ～** | ~（機会など）を利用する |
|---|---|---|

Also, **take advantage of** a special registration rate available only through the end of August.

また、8 月末までに限り有効な特別登録料金をご利用ください。

图 advantage「有利、利点」

| 195 | **take care of ～** | 責任を持って~を引き受ける、<br>~の世話をする |
|---|---|---|

I don't have to think about the break-room supplies at all because everything is well **taken care of** by Mr. Wachs.

Wachs さんによってあらゆることがよく管理されているので、私が休憩室の備品について考える必要は全くありません。

| 196 | **take over ～** | ～（職・責任など）を引き継ぐ |
|---|---|---|

He will **take over** most of her usual duties, including answering the phone, scheduling hair appointments, and checking clients in and out of the facility.

彼は電話応対や髪の施術の予約管理、施設へのお客さまの出入りの手続きを含む、彼女の通常業務の大半を引き継ぐ予定です。

関 fill in for ～ / cover for ～「～（人）の代わりを務める」、substitute for ～「～の代理をする」

| 197 | **take place** | 行われる、起こる |
|---|---|---|

The annual state-mandated inspection of our elevators is scheduled to **take place** starting at 11:00 A.M. today.

州により義務付けられたエレベーターの年次点検が、本日午前 11 時から行われる予定です。

関 be held「（イベントなどが）開催される」

| 198 | **urge ～ to *do*** | ～に…するよう強く訴える |
|---|---|---|

The manager is **urging** both staff and patrons **to** allow the robot a chance to adjust and learn.

店長は従業員にも常連客にも、ロボットに適応と学習の機会を与えるよう強く訴えています。

動 urge「～を駆り立てる」

| 199 | **walk ～ through …** | ～に…を順々に教える |
|---|---|---|

I'll **walk** you **through** the steps during the meeting.

私が打ち合わせの中であなたに手順を 1 つずつ教えます。

| 200 | **withhold from ～** | ～を差し控える |
|---|---|---|

Department heads are asked to **withhold from** serving as representatives.

部門長は、代表者を務めることを控えるようお願いします。

公式 TOEIC® Listening & Reading　Part 7 速読演習
別冊付録 Part 7 厳選フレーズ 200

---

2022 年 12 月 6 日　第 1 版第 1 刷発行
2023 年 2 月 25 日　第 1 版第 2 刷発行

著者　　　　　ETS

編集協力　　　株式会社 エディット
　　　　　　　株式会社 WIT HOUSE

表紙デザイン　山崎 聡

発行元　　　　一般財団法人 国際ビジネスコミュニケーション協会
　　　　　　　〒 100-0014
　　　　　　　東京都千代田区永田町 2-14-2
　　　　　　　山王グランドビル
　　　　　　　電話　(03) 5521-5935
　　　　　　　FAX　(03) 3581-9801

印刷・製本　　シナノ印刷株式会社

---

# CHAPTER 3

# 実践テスト

※TOEIC® Listening & Reading Test の Part 7 と同じ形式の全 54 問です。

問題番号は本番のテストに合わせて 147〜200 になっています。

p.226 の「実践テストの進め方」を参照し、時間を計って受けましょう。

# 実践テストの進め方

### ▼ STEP 1　　事前準備

● 時計かタイマーを用意する。

● 鉛筆（またはシャープペンシル）とマークシート p.297 を用意する。

● 解答に集中できる環境を用意する。

### ▼ STEP 2　　テスト実施

● 57 分間で全 54 問に解答（マークシートにマーク）する。　⇒所要時間の目標は p.12 参照

※ 音声は、下の STEP4 で使用するためのものなので、テストに解答するときは聞かないでください。

### ▼ STEP 3　　正解と解説の確認

● 「解答・解説」の正解一覧で正誤をチェックする。　⇒ p.249

● 「解答・解説」で、訳と解説を読み、ポイントを確認する。　⇒ p.250 ～ p.295

### ▼ STEP 4　　復習と速読トレーニング

● Chapter 1 ～ 2 で学んだことを参考に、文書を繰り返し読み、速読力と読解力を養う。

　⇒ スラッシュ読みの手法で文書を読み、素早く理解していく。

　⇒ 音声を聞きながら文書を目で追い、スピード感覚を身に付ける。

**Directions:** In this part you will read a selection of texts, such as magazine and newspaper articles, e-mails, and instant messages. Each text or set of texts is followed by several questions. Select the best answer for each question and mark the letter (A), (B), (C), or (D) on your answer sheet.

**Questions 147-148** refer to the following advertisement.

## *Grand Opening!*

## Hansom's on the Hill

*Westberg's new destination for fine German cuisine*

**February 11, 11:00 A.M.– 9:00 P.M.**

◈ Purchase scrumptious desserts at half price all day.

◈ Enjoy live music throughout the day.

◈ Be one of the first 80 guests and receive a complimentary tote bag printed with our "H on the H" logo.

For more information, visit our Web site at www.hansomsonthehill.com.

**147.** What is the purpose of the advertisement?

(A) To welcome job seekers
(B) To publicize a restaurant
(C) To raise money for a charity
(D) To promote a festival

**148.** According to the advertisement, why might people want to arrive early?

(A) To get a free item
(B) To sample discounted treats
(C) To get priority seating
(D) To meet local musicians

*GO ON TO THE NEXT PAGE* ➡

Product:   Terini 6
Reviewer:  Carly Betts
Rating:    ★★★★☆

A friend recently told me that she had purchased Terini's newest lightweight running shoes and that they had exceeded her expectations. Initially, I didn't pay much attention. I had worn Davis running shoes for many years and was happy with their performance and durability. I was not in the market for new shoes. But when she mentioned how well Terini shoes fit her narrow feet, I knew I should give them a try.

Although there is nothing noteworthy in the overall appearance of the Terini 6, these are easily the best-fitting running shoes I have ever owned. Whether I'm jogging to work or running a race, these shoes are always comfortable. Terini 6 shoes come with a higher price tag than many other running shoes but are well worth the extra expense.

**149.** What made Ms. Betts decide to buy Terini 6 running shoes?

(A) A friend's recommendation
(B) A shop display
(C) A special discount
(D) A celebrity endorsement

**150.** What does Ms. Betts like best about her new running shoes?

(A) Their price
(B) Their fit
(C) Their appearance
(D) Their durability

## MEMO

To: All Employees
From: Marco Perelli, Security Director
Subject: Information
Date: 29 July

The lobby renovation that started last week, which required moving the reception desk, has caused some confusion over the regulations regarding visitors. The requirements, however, remain in effect. During the renovation, visitors must use the Kohler Street entrance, where they need to sign in at the temporary reception desk. All visitors—whether they are vendors, job applicants, or clients—must register. Visitors must wear temporary badges while on the premises and return them when they leave. The project should be finished by mid-September. If you have any questions or problems, please contact me at extension 345.

**151.** What is the purpose of the memo?

(A) To announce a contract
(B) To clarify a policy
(C) To invite employees to a reception
(D) To advertise some job openings

**152.** According to the memo, what is expected to happen in September?

(A) Visitors will arrive from abroad.
(B) Offices will be reassigned.
(C) Remodeling work will be finished.
(D) Staff security badges will be updated.

Questions 153-154 refer to the following text-message chain.

**Malia Akana [10:08 A.M.]**
Ronald, can you go up to 314? The air conditioner isn't working.

**Ronald Engel [10:09 A.M.]**
I'm in 654 fixing the closet door now. Someone is moving in tomorrow.

**Malia Akana [10:10 A.M.]**
OK, when you're finished there. Also, do you know if anyone took care of the plumbing problem in 402? I'm not sure when the resident called about it.

**Ronald Engel [10:11 A.M.]**
Mike already did that.

**Malia Akana [10:12 A.M.]**
Great. I can cross that off the list. Let me know when you get to 314.

**Ronald Engel [10:13 A.M.]**
Will do.

**153.** Where most likely are the writers?

(A) At a plumbing company
(B) At a home improvement store
(C) In an apartment building
(D) On a city bus

**154.** At 10:11 A.M., what does Mr. Engel mean when he writes, "Mike already did that"?

(A) Mike fixed a problem.
(B) Mike updated a list.
(C) Mike contacted Ms. Akana.
(D) Mike signed a rental agreement.

**Questions 155-157** refer to the following e-mail.

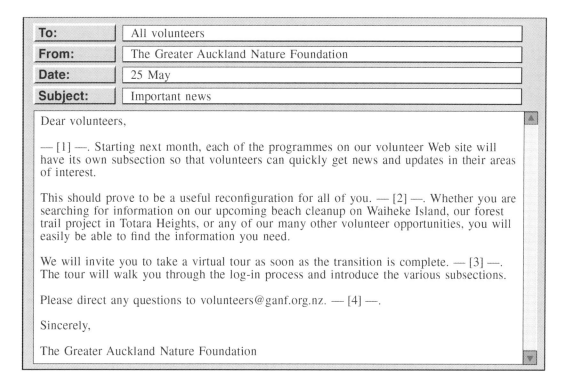

To: All volunteers

From: The Greater Auckland Nature Foundation

Date: 25 May

Subject: Important news

Dear volunteers,

— [1] —. Starting next month, each of the programmes on our volunteer Web site will have its own subsection so that volunteers can quickly get news and updates in their areas of interest.

This should prove to be a useful reconfiguration for all of you. — [2] —. Whether you are searching for information on our upcoming beach cleanup on Waiheke Island, our forest trail project in Totara Heights, or any of our many other volunteer opportunities, you will easily be able to find the information you need.

We will invite you to take a virtual tour as soon as the transition is complete. — [3] —. The tour will walk you through the log-in process and introduce the various subsections.

Please direct any questions to volunteers@ganf.org.nz. — [4] —.

Sincerely,

The Greater Auckland Nature Foundation

**155.** What is the purpose of the e-mail?

(A) To apologize for a previous technical issue
(B) To share some recent press coverage
(C) To stress the need for more volunteers
(D) To explain that a Web site is undergoing changes

**156.** What is implied about the Greater Auckland Nature Foundation?

(A) It is under new management.
(B) It manages projects in multiple locations.
(C) It is developing a new recruitment strategy.
(D) It plans to distribute a newsletter.

**157.** In which of the positions marked [1], [2], [3], and [4] does the following sentence best belong?

"We will e-mail you the link for that on 1 June."

(A) [1]
(B) [2]
(C) [3]
(D) [4]

GO ON TO THE NEXT PAGE

Questions 158-160 refer to the following advertisement.

### *Pineville Business Cooperative*

Pineville is the ideal location for your start-up business. Our town offers a talented workforce, affordable living, and a beautiful setting along the Salmon River.

The Pineville Business Cooperative (PBC) is a nonprofit organization whose mission is to tap the potential of an expanding business environment, which has focused traditionally on residential real estate, travel, and the health and wellness industries. Competition in these areas is always welcome, but we seek new types of businesses. We aim to provide aspiring entrepreneurs with the information and skills they need for success.

Want to determine the feasibility of your business idea? Are you seeking a small loan to get started? Are you ready to expand your current enterprise and need help with the planning? Contact our office today at (704) 555-0144 to learn how our experienced team can support you.

**158.** What is the purpose of the advertisement?

(A) To invite job seekers to consider local industries
(B) To find new leaders for an organization
(C) To promote Pineville as a travel destination
(D) To encourage business growth in Pineville

**159.** What is NOT mentioned as a feature of Pineville?

(A) Large business parks
(B) Affordable homes
(C) Attractive natural surroundings
(D) Established industries

**160.** According to the advertisement, why should someone call the PBC office?

(A) To purchase a product
(B) To get information about loans
(C) To schedule a time to see homes
(D) To advertise a business

**\*E-mail\***

| To: | Hao Nan Chen <haochen@expandmail.com> |
| From: | Patricia Singer <p.singer@greencellland.com> |
| Date: | July 12 |
| Subject: | RE: Request for landscaping work |

Dear Mr. Chen:

I have reviewed your request for landscaping work for August 1 at your rental units at 7682 Savin Avenue. In addition to planting new grass and installing flower beds around the building, you have asked us to plant several silver maple trees along the rear walkway. However, I would advise against doing this because silver maples are shallow-rooted trees that can damage concrete walkways as they grow. I recommend choosing an alternative species, such as gingkos. These trees would very nicely match the aesthetic of the project that you described in your request as well as prevent costly future repair work.

Please call me at 555-0144 at your earliest convenience to discuss this matter further.

Sincerely,

Patricia Singer, Green Cell Landscaping

**161.** Who most likely is Mr. Chen?

(A) An architect
(B) A tree farmer
(C) A property manager
(D) A construction worker

**162.** The word "match" in paragraph 1, line 6, is closest in meaning to

(A) fit
(B) unite
(C) equal
(D) oppose

**163.** What does Ms. Singer ask Mr. Chen to do?

(A) Change the deadline for a delivery
(B) Contact her by phone
(C) Research a type of material
(D) Send her some photographs

GO ON TO THE NEXT PAGE

実践テスト

CHAPTER 3

–*Martin Saito, January 13*

Each year my company hosts an appreciation event for our top customers to thank them for their continued loyalty. This year we chose Gourmet Gala Caterers to cater the event. We had never used Gourmet Gala Caterers' services before, and we are thrilled that we chose them. Thanks in part to their excellent service, our party was a big success, and we plan to use them at other high-profile events in the years to come. — [1] —.

I first learned of Gourmet Gala Caterers at a product launch I attended. — [2] —. The food was excellent, as was the catering staff. The tablecloths, which can be provided upon request, were beautiful. I later found Gourmet Gala Caterers' Web site online. It is well designed and makes booking an event easy. There are a variety of predesigned menus to choose from, but clients also have the opportunity to design their own. — [3] —. Although all the food was amazing, I particularly enjoyed the lobster bisque.

It should be noted that Gourmet Gala Caterers is on the pricier side. However, for the quality of food and outstanding service that you receive, it is absolutely worth the price. The catering costs include delivery of the food, any equipment necessary for food preparation, and a dedicated professional wait staff, although clients must provide their own tableware. — [4] —. I cannot recommend this company enough.

---

**164.** What is indicated about Mr. Saito?

(A) He has attended two Gourmet Gala Caterers events.
(B) He recently started a job at a new company.
(C) He was disappointed with the lobster dish.
(D) He is responsible for organizing product launch parties.

**165.** What is true about Gourmet Gala Caterers' services?

(A) There are discounts for companies with limited budgets.
(B) They have been in operation for less than one year.
(C) They are able to arrange for live music at events.
(D) Special table linens may be ordered.

**166.** What is NOT provided by Gourmet Gala Caterers?

(A) Servers
(B) Floral arrangements
(C) Food delivery
(D) Kitchen equipment

**167.** In which of the positions marked [1], [2], [3], and [4] does the following sentence best belong?

"We chose the latter option and were very pleased."

(A) [1]
(B) [2]
(C) [3]
(D) [4]

Questions 168-171 refer to the following online chat discussion.

| |
|---|
| **Lucia Donati [9:52 A.M.]** Hi, team. The programmers are ready to implement changes to our Web site. The last time we met, we assigned tasks related to updating the content. Where does everything stand? |
| **Rachida Kassis [9:53 A.M.]** I've been working with David Geller on photos of the four new tours. We're just about finished selecting and editing these photos, but we have two questions. |
| **Hiro Yamada [9:54 A.M.]** I'm still working on updated descriptions of all twelve of the tours we offer. |
| **Rachida Kassis [9:55 A.M.]** That was one of our questions. Do we need new photos for our original walking tours or just for the ones we're adding to our offerings? |
| **Lucia Donati [9:57 A.M.]** As long as we're revising all of the text, we should have new photos, too. And what was the other one? |
| **Rachida Kassis [9:58 A.M.]** Do you want us to include photos of the restaurants where the longer tours stop? |
| **Lucia Donati [10:00 A.M.]** I'd prefer not to show specific restaurants. Our guides don't like to be locked in to specific dining venues since so much in the itineraries is already fixed. |
| **Rachida Kassis [10:01 A.M.]** I see your point. |
| **Lucia Donati [10:02 A.M.]** One more thing. Hiro, could you make sure that if a tour takes more than an hour and includes a stop for food, the description says so? |
| **Hiro Yamada [10:03 A.M.]** What's the deadline for finalizing the copy? |
| **Lucia Donati [10:04 A.M.]** I'd like to have it all in hand by next Tuesday. |

**168.** What are the chat participants mainly discussing?

(A) Materials for a Web site
(B) Itineraries for walking tours
(C) Plans for an upcoming meeting
(D) Problems with computer software

**169.** At 9:57 A.M., what does Ms. Donati most likely mean when she writes, "And what was the other one"?

(A) She would like to see an additional photo.
(B) She is not familiar with the newest tour offering.
(C) She is ready to answer another question.
(D) She does not remember whether the text has been updated.

**170.** What is indicated about the tours?

(A) Some are no longer available.
(B) Some include stops for food.
(C) They all last an hour.
(D) They will be offered beginning next week.

**171.** What does Ms. Donati want Mr. Yamada to do by Tuesday?

(A) Provide a list of restaurants
(B) Edit the selected photos
(C) Propose a new tour route
(D) Submit revised information

*GO ON TO THE NEXT PAGE*

## Digital Innovation Hub To Open

BANGALORE (14 Feb.)—Germany-based Stauber-Lotz Motors will open what it calls an automotive digital-innovation centre in Bangalore next May. The centre will be the first of several with a focus on digital technology that Stauber-Lotz plans to open around the world.

The next location will open in Singapore next year, and future centres are planned for Canada and the United States. Stauber-Lotz Motors intends for these centres to develop the next generation of software and information technology that will be added to its vehicle models.

According to Felix Koenig, chief information officer at Stauber-Lotz, digital capabilities for use in automobiles continue to expand and undergo refinement.

"Consumers want their cars to be computers on wheels," he said. "To that end, our two principal goals are to enhance vehicle-user convenience and to improve vehicle safety."

Rishu Viswan, spokesperson for the city of Bangalore, said the city is "thrilled" to welcome Stauber-Lotz Motors. Mr. Viswan praised the automotive company, saying it makes "fine cars," and claimed that the high level of local technical expertise was the decisive factor in attracting the company to Bangalore.

Ground breaking for the production facility has already begun at a site on the east side of the city. According to Mr. Koenig, the new centre is expected to employ about 500 people.

**172.** What is the purpose of the article?

(A) To analyze a city-wide increase in commercial construction
(B) To report on a planned technology center
(C) To publicize opportunities in the Bangalore job market
(D) To introduce new software products to consumers

**173.** What is suggested about Stauber-Lotz Motors?

(A) Its car sales in India have been growing.
(B) It has opened new plants in Canada and the United States.
(C) It has its headquarters in Germany.
(D) It is unveiling new vehicle models soon.

**174.** Who is Mr. Koenig?

(A) An urban planner
(B) A government spokesperson
(C) An automotive executive
(D) A vehicle designer

**175.** According to Mr. Viswan, what most likely attracts industry to Bangalore?

(A) The low cost of operating there
(B) The proximity of other major industries
(C) A large potential customer base
(D) A highly skilled workforce

*GO ON TO THE NEXT PAGE*

# MEMO

**To:** Senior stylists
**From:** Alexa Beck
**Date:** January 17
**Re:** Training

Cut Above salons will be introducing a new line of products for sale at all three of our locations beginning next week. This new hair-care line from Style Party offers a variety of shampoos, conditioners, and styling products for all hair types, from straight to curly. Style Party products have sold well in our salons in the past, and we think our clients will like the new formulas as well as the sleek design of the updated packaging.

On Monday, January 22, we will hold one-hour training sessions at each of our salons. Senior stylists are required to attend the training to learn how the new products are used and how they will benefit our salon clients. Most importantly, we want our stylists to know how to offer the right product to suit the unique hair needs of every customer. A separate training session for apprentice stylists will be scheduled for the following week.

Please wait until you have completed the training before you start offering the new products to clients. Also, as an incentive, stylists will receive a 20 percent commission for every product sold.

Let me know if you have any questions.

Alexa Beck
Owner

Cut Above

| **Employee Name: Katie Gould** <br> **Appointments for Monday, January 22** | |
|---|---|
| **Time** | **Client name** |
| 9:00 a.m. | Yao Ma |
| 9:45 a.m. | Kyle Downing |
| 10:15 a.m. | Tracy Bennett |
| 11:00 a.m. | No client: <br> New product training |
| 12:00 noon | Lunch |
| 1:00 p.m. | Maggie Reynolds |
| 1:45 p.m. | -- |
| 2:30 p.m. | Peter Ajemian |

**176.** What is indicated about Cut Above?

    (A) It offers monthly training sessions.
    (B) It will be closed on January 22.
    (C) It has several locations.
    (D) It offers a hair coloring service.

**177.** What is NOT mentioned about Style Party products?

    (A) They are available at discounted prices.
    (B) They are intended for all types of hair.
    (C) They are popular with customers.
    (D) Their packaging has been updated.

**178.** In the memo, the word "suit" in paragraph 2, line 4, is closest in meaning to

    (A) outfit
    (B) cause
    (C) predict
    (D) satisfy

**179.** What is suggested about Ms. Gould?

    (A) She is a senior stylist.
    (B) She will lead a training session.
    (C) She normally works only in the morning.
    (D) She manages a salon.

**180.** Who will be able to purchase the new products?

    (A) Mr. Ma
    (B) Mr. Downing
    (C) Ms. Bennett
    (D) Mr. Ajemian

*GO ON TO THE NEXT PAGE*

**181.** Who would most likely be a customer of Einarsson Corporation?

(A) An engineering firm
(B) A construction firm
(C) A law firm
(D) A publishing firm

**182.** Where is Einarsson Corporation currently based?

(A) In Ottawa
(B) In Toronto
(C) In Edmonton
(D) In Vancouver

**183.** What does Mr. Warren like about Einarsson Corporation?

(A) They are less expensive than other suppliers.
(B) Their Web site is extremely easy to use.
(C) Their products are of very high quality.
(D) They are located very close to his company.

**184.** What industry does Ms. Tolosa most likely work in?

(A) Textiles
(B) Food
(C) News
(D) Advertising

**185.** How long has Mr. Poirier been a customer of Einarsson Corporation?

(A) Two months
(B) One year
(C) Five years
(D) Ten years

*GO ON TO THE NEXT PAGE*

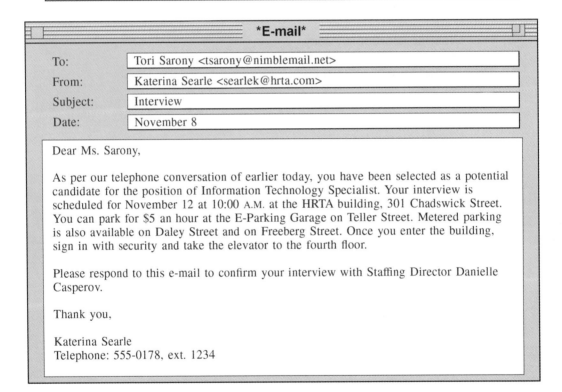

**Attention**

The Harrison Regional Transit Authority (HRTA) is currently hiring skilled applicants for the following positions:

• Electrical Engineers (Job #452)

• Structural Engineers (Job #453)

• Information Technology Specialist (Job #454)

• Safety Architects (Job #455)

Applicants must have at least five years' experience in a field related to the position they are applying for. Learn more about position requirements by visiting the HRTA Employment Portal, www.hrta.com/employment.

---

**\*E-mail\***

| To: | Tori Sarony <tsarony@nimblemail.net> |
|---|---|
| From: | Katerina Searle <searlek@hrta.com> |
| Subject: | Interview |
| Date: | November 8 |

Dear Ms. Sarony,

As per our telephone conversation of earlier today, you have been selected as a potential candidate for the position of Information Technology Specialist. Your interview is scheduled for November 12 at 10:00 A.M. at the HRTA building, 301 Chadswick Street. You can park for $5 an hour at the E-Parking Garage on Teller Street. Metered parking is also available on Daley Street and on Freeberg Street. Once you enter the building, sign in with security and take the elevator to the fourth floor.

Please respond to this e-mail to confirm your interview with Staffing Director Danielle Casperov.

Thank you,

Katerina Searle
Telephone: 555-0178, ext. 1234

## E-Parking Garage
### Receipt

```
Date: Friday, November 12
Time in: 9:43 A.M.
Time out: 11:40 A.M.
Paid: $10
Charge Credit Card: Tori Sarony
```

**186.** According to the advertisement, how can people find out more about HRTA employment?

(A) By dropping by the main office
(B) By calling an office number
(C) By e-mailing Human Resources
(D) By visiting a Web site

**187.** What is the purpose of the e-mail?

(A) To follow up on a job application
(B) To confirm reservation of a parking space
(C) To request some references
(D) To answer questions about building safety

**188.** What is suggested about Ms. Sarony?

(A) She goes to work by bus.
(B) She currently works in Harrison City.
(C) She has at least five years of experience in information technology.
(D) She is currently studying engineering.

**189.** Who will Ms. Sarony meet at the HRTA building?

(A) A safety inspector
(B) The director of staffing
(C) A transportation specialist
(D) An electrical engineer

**190.** Where did Ms. Sarony go to find parking for her car?

(A) To Chadswick Street
(B) To Teller Street
(C) To Daley Street
(D) To Freeberg Street

*GO ON TO THE NEXT PAGE*

| From: | Shengkai Gao |
|---|---|
| To: | Carmen Palacios |
| Date: | 2 September |
| Subject: | A critical project |

Ms. Palacios:

The international chain Better Eats Restaurants has asked us to put together a proposal for several new chocolate desserts. The desserts will be served at their restaurant locations throughout Europe and Asia. We have 60 days to submit our desserts for consideration. As head of product development, you will be responsible along with your team for creating the desserts. Please be ready to present five dessert options to the management team, which will sample the desserts at a meeting on 29 September. After that, the management team will arrange to present the desserts to the leadership of Better Eats.

This is a great opportunity for a small company like ours to compete with the internationally known brands, so please make this project your top priority.

Shengkai Gao

Vice President, Marketing, Dark Magic Chocolate, Inc.

# *Dark Magic Chocolate, Inc.*
## Taste Test Results

Report Date: 29 September

| Product | Rating | Summary of Taster Comments |
|---|---|---|
| 1. Cherry chocolate 3-layer cake | 9 | Excellent, but will require us to find a reliable source for the cherries |
| 2. Chocolate flan | 10 | Faultless execution, highest scores in each measure |
| 3. Maple chocolate cream pie | 8 | A genuine surprise, a successfully unique flavor combination |
| 4. Organic flourless chocolate cake | 6 | A bit dry and dense, but will appeal to health-conscious diners |
| 5. Double chocolate layer cake | 7 | Not a unique creation, but very rich, a strong statement in flavor and texture |

| From: | Department of Purchasing, Better Eats Restaurants |
| To: | Orders Department, Dark Magic Chocolate, Inc. |

15 December

Please ship the following products and bill us at your convenience.

| Quantity | Item |
| --- | --- |
| 8,800 | Cherry chocolate 3-layer cake |
| 8,000 | Chocolate flan |
| 7,500 | Maple chocolate cream pie |
| 6,000 | Organic flourless chocolate cake |

Thank you.

191. What is the purpose of the e-mail?

(A) To alert a colleague about a project
(B) To launch an advertising campaign
(C) To promote an employee to a new position
(D) To praise a department for its excellent work

192. What is suggested about Dark Magic Chocolate, Inc., in the e-mail?

(A) It is based in Asia.
(B) It has retail locations throughout the world.
(C) It is less known than its competitors.
(D) It has won several awards.

193. Who most likely provided the comments in the report?

(A) Customers of Better Eats Restaurants
(B) A panel of famous pastry chefs
(C) Managers at Dark Magic Chocolate, Inc.
(D) Employees at a local restaurant

194. In the report, what concern is expressed about the cherry chocolate 3-layer cake?

(A) It is too sweet.
(B) It requires a specific ingredient.
(C) It might be too expensive for most diners.
(D) It must be shipped in special containers.

195. What rating was received by the product that was NOT ordered by Better Eats Restaurants?

(A) 6
(B) 7
(C) 8
(D) 9

GO ON TO THE NEXT PAGE

Questions 196-200 refer to the following evaluation forms and e-mail.

# Power Tool Distributors, Inc.

## Annual Employee Performance Review

**Employee Name:** Max McKenna   **Employee ID:** 59421

**Date of Hire:** January 10   **Date of Annual Review Meeting:** December 15

| Annual Review Meeting Time (Choose one): | ☐ 8:00 A.M. | ☐ 9:00 A.M. |
| | ☐ 10:00 A.M. | ☐ 11:00 A.M. |

**NOTE TO EMPLOYEES:**

Your personnel manager will complete an Employee Evaluation Form, rating your work performance in four categories. You will receive a copy of this form two days prior to your meeting. Please be prepared to review this information with your manager on the day of your appointment.

## Employee Evaluation Form for Max McKenna

| | Needs Improvement | Meets Standards | Exceeds Expectations |
| --- | --- | --- | --- |
| Planning and Organization | | X | |
| Customer Focus | | | X |
| Communication with Team | X | | |
| Overall Quality of Work | | X | |

**Manager comments:**

Max's good planning and organizational abilities have helped his team reach objectives. The feedback from customers with whom he has interacted has been noticeably strong, so he deserves credit for the recent gains in one-time buyers becoming frequent and loyal customers.

Max needs to provide clearer instructions to team members. An apparent instance of miscommunication arose in November that resulted in a replacement part for an important client not being shipped on time. Max should take measures to prevent such situations in the future.

Max has a proven aptitude for helping callers who are experiencing technical issues. I am convinced that he could contribute even more if he were to take courses on our more advanced products. I plan to speak with him about this type of professional development opportunity during our scheduled meeting.

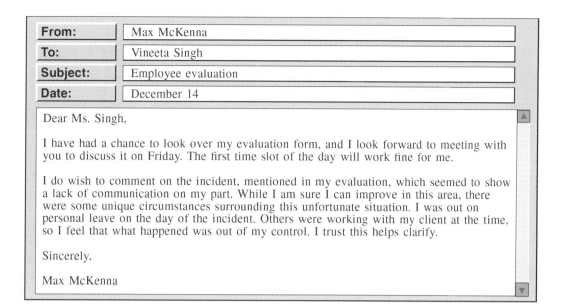

| From: | Max McKenna |
| To: | Vineeta Singh |
| Subject: | Employee evaluation |
| Date: | December 14 |

Dear Ms. Singh,

I have had a chance to look over my evaluation form, and I look forward to meeting with you to discuss it on Friday. The first time slot of the day will work fine for me.

I do wish to comment on the incident, mentioned in my evaluation, which seemed to show a lack of communication on my part. While I am sure I can improve in this area, there were some unique circumstances surrounding this unfortunate situation. I was out on personal leave on the day of the incident. Others were working with my client at the time, so I feel that what happened was out of my control. I trust this helps clarify.

Sincerely,

Max McKenna

**196.** According to the second evaluation form, what has Mr. McKenna done successfully?

(A) Developed new products
(B) Increased company sales
(C) Led a team
(D) Prepared items for shipping

**197.** In what department does Mr. McKenna most likely work?

(A) Financial Services
(B) Human Resources
(C) Customer Service
(D) Product Manufacturing

**198.** What will Mr. McKenna most likely do on December 15?

(A) Discuss training opportunities
(B) Submit a report
(C) Ask to have his work site inspected
(D) Describe his progress on a project

**199.** When will Mr. McKenna attend a meeting?

(A) At 8:00 A.M.
(B) At 9:00 A.M.
(C) At 10:00 A.M.
(D) At 11:00 A.M.

**200.** According to the e-mail, what would Mr. McKenna like Ms. Singh to do?

(A) Promote him to a higher-level position
(B) Help him develop better planning skills
(C) Change the day of a meeting
(D) Reconsider an aspect of his performance

**Stop! This is the end of the test.**

Chapter 3 最終問題までの累計：**30,300** 語達成！

| 5,000 | 10,000 | 15,000 | 20,000 | 25,000 | 30,000 |

# 実践テスト
## 解答・解説

# 正解一覧

| 問題番号 | 正解 |
|:---:|:---:|
| 147 | B |
| 148 | A |
| 149 | A |
| 150 | B |
| 151 | B |
| 152 | C |
| 153 | C |
| 154 | A |
| 155 | D |
| 156 | B |
| 157 | C |
| 158 | D |
| 159 | A |
| 160 | B |
| 161 | C |
| 162 | A |
| 163 | B |

| 問題番号 | 正解 |
|:---:|:---:|
| 164 | A |
| 165 | D |
| 166 | B |
| 167 | C |
| 168 | A |
| 169 | C |
| 170 | B |
| 171 | D |
| 172 | B |
| 173 | C |
| 174 | C |
| 175 | D |
| 176 | C |
| 177 | A |
| 178 | D |
| 179 | A |
| 180 | D |

| 問題番号 | 正解 |
|:---:|:---:|
| 181 | D |
| 182 | A |
| 183 | C |
| 184 | B |
| 185 | C |
| 186 | D |
| 187 | A |
| 188 | C |
| 189 | B |
| 190 | B |
| 191 | A |
| 192 | C |
| 193 | C |
| 194 | B |
| 195 | B |
| 196 | B |
| 197 | C |
| 198 | A |
| 199 | A |
| 200 | D |

Questions 147-148 refer to the following advertisement.

---

❶　　　　　　　　　*Grand Opening!*

# Hansom's on the Hill

*Westberg's new destination for fine German cuisine*
**February 11, 11:00 A.M.– 9:00 P.M.**

❷　◈　Purchase scrumptious desserts at half price all day.

❸　◈　Enjoy live music throughout the day.

❹　◈　Be one of the first 80 guests and receive a complimentary
　　　tote bag printed with our "H on the H" logo.

For more information, visit our Web site at www.hansomsonthehill.com.

---

問題 147-148 は次の広告に関するものです。

**グランドオープン！**

**Hansom's on the Hill**
素晴らしいドイツ料理を楽しめるウェストバーグの新名所
2月11日、午前11時〜午後9時

・とてもおいしいデザートを終日半額でご購入ください。
・生演奏の音楽を一日中お楽しみください。
・先着80名のお客さまのお一人になって、当店の「H on the H」のロゴがプリントされた無料のトートバッグをお受け取り
　ください。

さらに詳しい情報については、当店ウェブサイト www.hansomsonthehill.com にアクセスしてください。

**147** What is the purpose of the advertisement?

 (A) To welcome job seekers
 (B) To publicize a restaurant
 (C) To raise money for a charity
 (D) To promote a festival

広告の目的は何ですか。

 (A) 求職者を歓迎すること
 (B) レストランを宣伝すること
 (C) 慈善事業のための募金集めをすること
 (D) 祭りを宣伝すること

| 正解 | **B** |
|---|---|

❶の広告の見出し部分の最上行に「グランドオープン！」とあり、その下に Hansom's on the Hill という店名らしきものがある。続いて「素晴らしいドイツ料理を楽しめるウェストバーグの新名所」とあり、営業時間と思われるものが書かれているので、Hansom's on the Hill はレストランだと考えられる。また、❷～❹では、デザートが終日半額で購入できること、生演奏の音楽を一日中楽しめること、先着 80 名は無料のトートバッグを受け取れることが述べられている。よって、この広告は、開店する予定の Hansom's on the Hill というレストランを宣伝していると分かるので、(B) が正解。publicize「～を宣伝する」。
(A) 求人に関連する情報は述べられていない。job seeker「求職者」。
(C) 慈善事業や、そのためのお金を募っていることが分かる情報はない。 raise money for ～「～のために金を集める、～の募金をする」、charity「慈善、慈善事業」。
(D) 祭りではなく、レストランの開店を宣伝している。promote「～を宣伝する」。

---

**148** According to the advertisement, why might people want to arrive early?

 (A) To get a free item
 (B) To sample discounted treats
 (C) To get priority seating
 (D) To meet local musicians

広告によると、人々はなぜ、早く到着したいと思う可能性があるのですか。

 (A) 無料の品を入手するため
 (B) 割引されたスイーツを試食するため
 (C) 優先的に席を取るため
 (D) 地元の音楽家に会うため

| 正解 | **A** |
|---|---|

❹に、「先着 80 名の顧客の一人になって、当店の『H on the H』のロゴがプリントされた無料のトートバッグを受け取ってほしい」とある。よって、先着 80 名に提供される無料のトートバッグを手に入れたい場合、人々は早く到着したいと思う可能性がある。a complimentary tote bag を a free item と表した (A) が正解。
(B) ❷で、デザートを半額で購入できることに言及があるが、時間帯や購入客数の制限の記載はない。sample「～を試食する」、discounted「割引された」、treat「スイーツ、もてなし」。
(C) 座席についての言及はない。priority seating「優先的に席が取れること」。
(D) ❸で、生演奏の音楽を楽しめることに言及があるが、時間帯や対象人数の制限の記載はない。また、地元の音楽家に会えるかどうかは不明。local「地元の」、musician「音楽家」。

---

文書の語注

advertisement　広告
❶ grand opening　グランドオープン、大々的な開店　　destination　行き先、目的地　　fine　素晴らしい、上質な
 German　ドイツの　　cuisine　料理
❷ purchase　～を購入する　　scrumptious　とてもおいしい　★口語表現　　dessert　デザート　　at half price　半額で
 all day　終日
❸ live　生演奏の、実演の　　throughout the day　一日中
❹ receive　～を受け取る　　complimentary　無料の　　tote bag　トートバッグ　★角型の手さげ袋　　logo　ロゴ

Questions 149-150 refer to the following online review.

---

**❶ Product:** Terini 6
**Reviewer:** Carly Betts
**Rating:** ★★★★☆

**❷** A friend recently told me that she had purchased Terini's newest lightweight running shoes and that they had exceeded her expectations. Initially, I didn't pay much attention. I had worn Davis running shoes for many years and was happy with their performance and durability. I was not in the market for new shoes. But when she mentioned how well Terini shoes fit her narrow feet, I knew I should give them a try.

**❸** Although there is nothing noteworthy in the overall appearance of the Terini 6, these are easily the best-fitting running shoes I have ever owned. Whether I'm jogging to work or running a race, these shoes are always comfortable. Terini 6 shoes come with a higher price tag than many other running shoes but are well worth the extra expense.

---

問題149-150は次のオンラインレビューに関するものです。

商品：　　Terini 6
レビュアー：Carly Betts
評価：　　★★★★☆

友人が最近、Terini社の最新の軽量ランニングシューズを購入し、それが期待を上回っていたと私に話してくれました。最初、私はあまり気に留めませんでした。私はDavis社のランニングシューズを長年履いていて、その性能と耐久性に満足していたのです。私は新しい靴を買おうとは思っていませんでした。でも、彼女がTerini社の靴が自分の幅の狭い足にいかによくフィットするか語ったとき、私はそれを試してみるべきだと感じました。

Terini 6の全体的な外見には特に注目に値するものはありませんが、これは明らかに、私が今まで所持した中で最もフィットするランニングシューズです。職場までジョギングしているときでも、試合で走っているときでも、この靴は常に履き心地がよいです。Terini 6の靴には他の多くのランニングシューズより高い値札が付いていますが、追加の出費をする値打ちが十分にあります。

**149** What made Ms. Betts decide to buy Terini 6 running shoes?

(A) A friend's recommendation
(B) A shop display
(C) A special discount
(D) A celebrity endorsement

何がBettsさんにTerini 6ランニングシューズを購入しようと決心させましたか。

(A) 友人の勧め
(B) 店の陳列
(C) 特別割引
(D) 著名人の推奨

---

| 正解 | **A** |
|---|---|

Betts さんのランニングシューズ購入の決め手を問う設問。❶から、このオンラインレビューは Betts さんが Terini 6 について書いたものだと分かる。Betts さんは❷ 1 ～ 2 行目で、友人が Terini 社の最新の軽量ランニングシューズを購入したと言及した後、同 5 ～ 6 行目で「彼女が Terini 社の靴が自分の幅の狭い足にいかによくフィットするか語ったとき、私はそれを試してみるべきだと感じた」と述べている。よって、Betts さんは、友人の肯定的な感想がきっかけで Terini 6 を購入したと考えられる。それを A friend's recommendation「友人の勧め」と表した (A) が正解。decide to *do*「～しようと決心する」。recommendation「勧め、推薦」。
(B) ❸ 1 ～ 2 行目で Terini 6 の見た目に言及があるが、店の陳列に言及はない。display「陳列」。
(C) ❸ 4 ～ 5 行目で Terini 6 の値段に言及があるが、割引についての言及はない。discount「割引」。
(D) 友人からの推薦については述べられているが、著名人の推奨については言及がない。celebrity「著名人」、endorsement「推奨、支持」。

---

**150** What does Ms. Betts like best about her new running shoes?

(A) Their price
(B) Their fit
(C) Their appearance
(D) Their durability

Bettsさんは自分の新しいランニングシューズについて、何を一番気に入っていますか。

(A) 値段
(B) フィット感
(C) 見た目
(D) 耐久性

---

| 正解 | **B** |
|---|---|

Betts さんは❸ 1 ～ 2 行目で、Terini 6 について、「これは明らかに、私が今まで所持した中で最もフィットするランニングシューズだ」と述べている。さらに同 3 ～ 4 行目でも、Terini 6 は常に履き心地がよいと続けているので、Betts さんは Terini 6 というランニングシューズがフィットする点を一番気に入っていると判断できる。(B) が正解。fit「フィット感、合っていること」。
(A) ❸ 4 ～ 5 行目で Betts さんは、Terini 6 が他社製品より高価な点に言及しているので、値段はこのシューズを気に入っている点ではない。price「値段」。
(C) ❸ 1 ～ 2 行目に、「Terini 6 の全体的な外見には特に注目に値するものはない」とある。
(D) ❷に Davis 社のランニングシューズの耐久性についての言及はあるが、Terini 6 の耐久性についての言及はない。

---

CHAPTER 3　実践テスト

---

| 文書の語注 |
|---|

online　オンラインの　　review　レビュー、批評
❶ product　商品　　reviewer　レビュアー、批評者　　rating　評価
❷ recently　最近　　purchase　～を購入する　　lightweight　軽量の　　running shoes　ランニングシューズ
exceed　～を上回る　　expectation　期待　　initially　最初は　　pay attention　気に留める、注意を払う
wear　～を着用する　★ worn は wear の過去分詞形　　be happy with ～　～に満足している　　performance　性能
durability　耐久性　　in the market for ～　～を買おうとして　　mention　～に言及する
fit　～にフィットする、～にぴったり合う　　narrow　幅が狭い　　give ～ a try　～を試す
❸ noteworthy　注目に値する　　overall　全体的な　　appearance　外見、見た目　　easily　明らかに、容易に
best-fitting　最もフィットする　　own　～を所持する　　whether *A* or *B*　*A* であろうと *B* であろうと
jog　ジョギングする　　work　職場、勤め　　comfortable　快適な、心地よい　　come with ～　～が付いている
tag　札、タグ　　worth　～の値打ちがある　　extra　追加の、余分な　　expense　出費、費用

Questions 151-152 refer to the following memo.

---

## MEMO

❶ To:　　　All Employees
From:　　Marco Perelli, Security Director
Subject: Information
Date:　　29 July

❷ The lobby renovation that started last week, which required moving the reception desk, has caused some confusion over the regulations regarding visitors. The requirements, however, remain in effect. During the renovation, visitors must use the Kohler Street entrance, where they need to sign in at the temporary reception desk. All visitors—whether they are vendors, job applicants, or clients—must register. Visitors must wear temporary badges while on the premises and return them when they leave. The project should be finished by mid-September. If you have any questions or problems, please contact me at extension 345.

---

問題151-152は次のメモに関するものです。

**メモ**

宛先：　従業員各位
差出人：Marco Perelli、保安責任者
件名：　連絡
日付：　7月29日

先週始まったロビーの改装作業は受付デスクの移動を要し、来訪者に関する規則について一部混乱を招いています。しかしながら、この要件は継続して実施中です。改装作業の間、来訪者はコーラー通りの出入口を利用しなければならず、そこで彼らは臨時受付デスクで署名して入館する必要があります。全ての来訪者は——販売業者であれ、求人応募者であれ、顧客であれ——記名しなければなりません。来訪者は敷地内にいる間は一時的なバッジを着用し、退館する際にそれを返却しなければなりません。この工事は9月半ばまでには終了するはずです。質問や問題があれば、内線番号345で私に連絡してください。

**151** What is the purpose of the memo?

- (A) To announce a contract
- (B) To clarify a policy
- (C) To invite employees to a reception
- (D) To advertise some job openings

メモの目的は何ですか。

- (A) 契約を発表すること
- (B) 方針を明確にすること
- (C) 従業員を歓迎会に招待すること
- (D) 職の空きを告知すること

> **正解 B** まず❶の宛先と差出人の欄から、メモは保安責任者から全従業員に宛てたものと分かる。❷1〜3行目で、先週開始されたロビーの改装作業のため、来訪者に関する規則について混乱が生じている現状を伝えている。続く同3行目で、「しかしながら、この要件は継続して実施中だ」と述べ、以降では、改装作業期間中に来訪者がしなければならないことが具体的に説明されている。よって、メモの目的は改装作業期間中の来訪者に関する規則について、方針を再確認することだと判断できるので、(B) が正解。clarify「〜を明確にする」、policy「方針」。
> (A) 契約についての言及はない。announce「〜を発表する」、contract「契約」。
> (C) ❷2行目と5行目でreceptionに言及があるが、この文書中では「受付」を意味しており、「歓迎会」ではない。invite「〜を招待する」、reception「歓迎会」。
> (D) ❷5〜6行目で求人応募者への言及があるが、職の空きについては述べられていない。advertise「〜を広告する、〜を宣伝する」、opening「空き」。

**152** According to the memo, what is expected to happen in September?

- (A) Visitors will arrive from abroad.
- (B) Offices will be reassigned.
- (C) Remodeling work will be finished.
- (D) Staff security badges will be updated.

メモによると、9月に何が起こる見込みですか。

- (A) 来訪者が海外から到着する。
- (B) 執務室が再び割り当てられる。
- (C) 改装作業が終了する。
- (D) 従業員用の保安バッジが更新される。

> **正解 C** ❷8行目に The project should be finished by mid-September. とある。この文の project とは、❷1〜3行目で言及されている lobby renovation を指すので、これを remodeling work と表した (C) が正解。be expected to *do*「〜する見込みである、〜すると予期されている」。remodeling「改装」。
> (A) 来訪者が海外から到着するという記述はない。
> (B) 執務室については言及がない。reassign「〜を再び割り当てる」。
> (D) バッジの更新についての記述はない。また、❷6〜8行目で言及されているバッジは、従業員用のものではなく、来訪者用の一時的なものである。staff「従業員」、update「〜を更新する」。

---

**文書の語注**

❶ employee 従業員　security 保安、安全　director 責任者
❷ lobby ロビー　renovation 改装　require 〜を必要とする　move 〜を移動させる
reception desk 受付デスク　cause 〜を引き起こす　confusion 混乱　regulation 規則
regarding 〜 〜に関して　visitor 来訪者　requirement 要求されるもの　remain 依然として〜のままである
in effect 実施されて、有効で　entrance 出入口　sign in 署名して入る　temporary 臨時の、一時的な
vendor 販売業者　job applicant 求人応募者　client 顧客　register 記名する　badge バッジ
on the premises 敷地内で、構内で　return 〜を返却する　leave 去る　project 事業、計画
contact 〜に連絡する　extension 内線番号

Questions 153-154 refer to the following text-message chain.

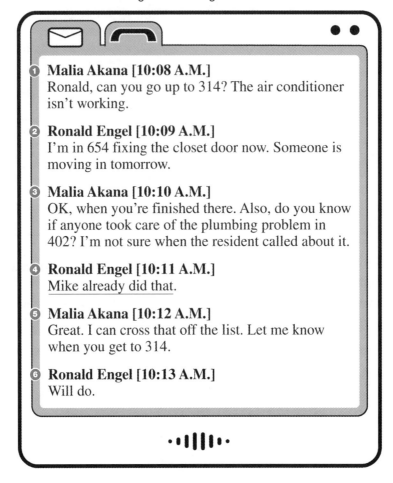

**Malia Akana [10:08 A.M.]**
Ronald, can you go up to 314? The air conditioner isn't working.

**Ronald Engel [10:09 A.M.]**
I'm in 654 fixing the closet door now. Someone is moving in tomorrow.

**Malia Akana [10:10 A.M.]**
OK, when you're finished there. Also, do you know if anyone took care of the plumbing problem in 402? I'm not sure when the resident called about it.

**Ronald Engel [10:11 A.M.]**
Mike already did that.

**Malia Akana [10:12 A.M.]**
Great. I can cross that off the list. Let me know when you get to 314.

**Ronald Engel [10:13 A.M.]**
Will do.

問題153-154は次のテキストメッセージのやりとりに関するものです。

**Malia Akana [午前 10 時 08 分]**
Ronald、上の 314 号室まで行ってもらえますか。エアコンが正常に働いていないのです。

**Ronald Engel [午前 10 時 09 分]**
私は今、654 号室でクローゼットのドアを修理しているところです。人が明日入居することになっているのです。

**Malia Akana [午前 10 時 10 分]**
分かりました、そこを終えたらお願いします。それから、402 号室の配管の問題に誰か対処したかどうか知っていますか。居住者がいつその件について電話してきたか私は分からないのですが。

**Ronald Engel [午前 10 時 11 分]**
Mike が既にそれをしましたよ。

**Malia Akana [午前 10 時 12 分]**
良かった。その件はリストから消せますね。314 号室に着いたら私に知らせてください。

**Ronald Engel [午前 10 時 13 分]**
そうします。

**153** Where most likely are the writers?

(A) At a plumbing company
(B) At a home improvement store
(C) In an apartment building
(D) On a city bus

書き手たちはどこにいると考えられますか。

(A) 配管工事会社
(B) 住宅リフォーム店
(C) アパートの建物
(D) 市バス

> **正解 C** ❶で、Akanaさんは Engelさんに、314号室まで行くよう頼み、エアコンが正常に働いていないという問題を伝えたのに対し、Engelさんは❷で、自分は今654号室の修理作業中だと答えている。❸では、Akanaさんが Engelさんに、402号室の配管の問題に誰か対処したかを確認している。これらのことから、書き手たちは、住戸番号のあるアパート内で作業に当たっているところだと判断できるので、(C) が正解。apartment「アパート」。
> (A) ❸で配管の問題に言及はあるが、アパート内の問題の一つとして述べられているだけである。
> (B) ❶で Akanaさんが Engelさんに同一建物内の特定の住戸に行く指示を出していることから、住宅リフォーム店内にいるとは考えられない。home improvement「住宅リフォーム」。
> (D) 書き手たちがバスにいると判断できる記述はない。city bus「市バス」。

**154** At 10:11 A.M., what does Mr. Engel mean when he writes, "Mike already did that"?

(A) Mike fixed a problem.
(B) Mike updated a list.
(C) Mike contacted Ms. Akana.
(D) Mike signed a rental agreement.

午前10時11分に "Mike already did that" と書くことで、Engelさんは何を意図していますか。

(A) Mikeが問題を解決した。
(B) Mikeがリストを更新した。
(C) MikeがAkanaさんに連絡した。
(D) Mikeが賃貸契約書に署名した。

> **正解 A** 下線部の発言は、❸にある「402号室の配管の問題に誰か対処したかどうか知っているか」という、Akanaさんからの質問に答えたもの。Engelさんの下線部の発言に対し、Akanaさんは、❺で肯定的に反応した後、その件はリストから消せると述べている。よって、Engelさんは下線部の発言で、402号室の配管の問題は Mikeが既に対処したことを伝えていると分かるので、(A) が正解。下線部の発言に含まれる did that は「402号室の配管の問題に対処した」という内容を指している。fix「～を解決する、～を修理する」。
> (B) ❺より、リストを更新するのは Akanaさんである。update「～を更新する」。
> (C) Mikeが Akanaさんに連絡を取ったと分かる言及はない。
> (D) 賃貸契約書については言及がない。sign「～に署名する」、rental agreement「賃貸契約書」。

---

文書の語注

❶ go up （階上に）上がる　　air conditioner　エアコン、空調設備　　work　（機械などが）働く、正常に機能する
❷ fix　～を修理する　　closet　クローゼット、収納室　　move in　入居する、引っ越してくる
❸ be finished　（人が作業などを）終えている　　take care of ～　～を処理する　　plumbing　配管、配管設備
　 resident　居住者
❺ cross ~ off …　～を…（リストなど）から線を引いて消す　　list　リスト、一覧　　get to ~　～に到着する
❻ Will do.　そうします　★I will do (that). の省略形。口語表現で、返事として使う

Questions 155-157 refer to the following e-mail.

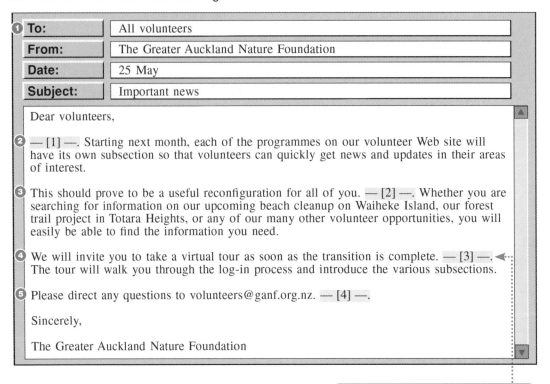

| To: | All volunteers |
|---|---|
| From: | The Greater Auckland Nature Foundation |
| Date: | 25 May |
| Subject: | Important news |

Dear volunteers,

— [1] —. Starting next month, each of the programmes on our volunteer Web site will have its own subsection so that volunteers can quickly get news and updates in their areas of interest.

This should prove to be a useful reconfiguration for all of you. — [2] —. Whether you are searching for information on our upcoming beach cleanup on Waiheke Island, our forest trail project in Totara Heights, or any of our many other volunteer opportunities, you will easily be able to find the information you need.

We will invite you to take a virtual tour as soon as the transition is complete. — [3] —. The tour will walk you through the log-in process and introduce the various subsections.

Please direct any questions to volunteers@ganf.org.nz. — [4] —.

Sincerely,

The Greater Auckland Nature Foundation

We will e-mail you the link for that on 1 June.

問題 155-157 は次のＥメールに関するものです。

受信者：ボランティアの皆さま
送信者：大オークランド自然基金
日付：　 5 月 25 日
件名：　 重要なお知らせ

ボランティアの皆さま

来月より、当基金のボランティア・サイト上の各プログラムに小区分ができ、ボランティアの方々が各自の関心分野におけるお知らせや最新情報を素早く入手できるようになります。

これは、皆さまにとって役立つ新構成となるはずです。お探しの情報が、当基金の次回のワイヘキ島での海岸清掃に関するものであれ、トタラ高原での森林散策路事業に関するものであれ、あるいはその他多くのボランティアの機会のいずれかに関するものであれ、皆さまはご自身が必要とする情報を容易に見つけることができるようになります。

当基金は、移行が完了したらすぐに皆さまを仮想ツアーへの参加にご招待します。*6 月 1 日に、そのためのリンクを皆さまにＥメールでお送りします。このツアーでは皆さまにログイン手順を 1 つずつご説明し、さまざまな小区分をご案内する予定です。

ご質問は volunteers@ganf.org.nz 宛てにお寄せください。

敬具

大オークランド自然基金

* 問題 157 の挿入文の訳

**155** What is the purpose of the e-mail?

(A) To apologize for a previous technical issue
(B) To share some recent press coverage
(C) To stress the need for more volunteers
(D) To explain that a Web site is undergoing changes

Eメールの目的は何ですか。

(A) 以前の技術上の問題について謝罪すること
(B) 最近の報道機関による報道を共有すること
(C) より多くのボランティアの必要性を強調すること
(D) ウェブサイトが変更されている最中であると説明すること

---

**正解 D**

❶より、このEメールは大オークランド自然基金からボランティア全員宛てに書かれたものだと分かる。❷で、来月からボランティア・サイト上の各プログラムに小区分ができると告知されている。❸ではウェブサイトの新構成によって見つけやすくなる情報の具体例が言及され、❹ではウェブサイトを案内する仮想ツアーが予定されていると説明がある。よって、このEメールの目的は、現在進行中のウェブサイトの更新を知らせることだと分かるので、(D) が正解。explain (that) ～「～ということを説明する」、undergo「～を受ける、～を経験する」。
(A) apologize for ～「～について謝罪する」、previous「以前の」、technical「技術上の」、issue「問題」。
(B) share「～を共有する」、recent「最近の」、press「報道機関」、coverage「報道」。
(C) ボランティアについての記述はあるが、その数を増やす必要性については述べられていない。stress「～を強調する」、need「必要性」。

---

**156** What is implied about the Greater Auckland Nature Foundation?

(A) It is under new management.
(B) It manages projects in multiple locations.
(C) It is developing a new recruitment strategy.
(D) It plans to distribute a newsletter.

大オークランド自然基金について何が示唆されていますか。

(A) 新しい管理体制の下にある。
(B) 複数の場所で事業を運営している。
(C) 新しい採用戦略を展開している。
(D) 会報の配布を計画している。

---

**正解 B**

❸で、島の海岸清掃や高原の散策路事業などが挙げられていることから、大オークランド自然基金は複数の場所での事業を行っていると推測できるので、(B) が正解。imply「～をほのめかす」。manage「～を運営する、～を管理する」、multiple「複数の」、location「場所」。
(A) 新構成になるのはウェブサイトであり、管理体制ではない。management「管理体制、管理」。
(C) develop「～を開発する」、recruitment「採用」、strategy「戦略」。
(D) 件名や❷2行目に news「知らせ」という語が登場するが、newsletter「会報」についての言及はない。

---

**157** In which of the positions marked [1], [2], [3], and [4] does the following sentence best belong?

"We will e-mail you the link for that on 1 June."

(A) [1]  (B) [2]  (C) [3]  (D) [4]

[1]、[2]、[3]、[4]と記載された箇所のうち、次の文が入るのに最もふさわしいのはどれですか。

「6月1日に、そのためのリンクを皆さまにEメールでお送りします」

---

**正解 C**

❹の1行目には、「当基金は、移行が完了したらすぐに皆さまを仮想ツアーへの参加に招待する」とある。この直後の [3] に挿入文を入れると、挿入文中の that が仮想ツアーを指すことになり、そのツアーの内容を紹介する後ろの文と流れも合う。(C) が正解。

---

文書の語注

❶ Greater ～　大～　★周辺を含めた地域を表す際に地名に付ける　　foundation　基金、財団
❷ programme　プログラム、予定表　★program の英国表記　　subsection　小区分
❸ prove to be ～　～であると分かる　　reconfiguration　再構成、再配置　　upcoming　間もなく起こる、今度の、次回の
　　trail　散策路、小道　　heights　〈複数形で〉高地
❹ virtual　仮想の、ネットワーク上の　　transition　移行　　complete　完成した
　　walk ～ through …　～（人）に…を1つずつ丹念に教える　　process　手順
❺ direct ～ to …　～を…に向ける

Questions 158-160 refer to the following advertisement.

**❶ *Pineville Business Cooperative***

**❷** Pineville is the ideal location for your start-up business. Our town offers a talented workforce, affordable living, and a beautiful setting along the Salmon River.

**❸** The Pineville Business Cooperative (PBC) is a nonprofit organization whose mission is to tap the potential of an expanding business environment, which has focused traditionally on residential real estate, travel, and the health and wellness industries. Competition in these areas is always welcome, but we seek new types of businesses. We aim to provide aspiring entrepreneurs with the information and skills they need for success.

**❹** Want to determine the feasibility of your business idea? Are you seeking a small loan to get started? Are you ready to expand your current enterprise and need help with the planning? Contact our office today at (704) 555-0144 to learn how our experienced team can support you.

問題158-160は次の広告に関するものです。

**パインビル事業協同組合**

パインビルは、新興企業にとって理想的な場所です。当地は有能な労働人口、手頃な暮らし、サモン川沿いの美しい環境を提供しています。

パインビル事業協同組合 (PBC) は、商業環境拡大の可能性を開拓することを使命とした非営利組織であり、その商業環境は伝統的に住宅不動産、旅行、保健・健康産業に重点が置かれてきました。これらの分野における競合企業は常に歓迎しますが、当組合は新しい種類の事業体も探し求めています。当組合は、意欲あふれる起業家の方々に成功に必要な情報や技術を提供することを目指しています。

あなたの事業案の実現可能性を見定めたいとお望みですか？開業するための少額融資を求めていますか？現在のご自分の企業を拡大しようとしていて、計画立案に支援が必要ですか？すぐに、(704) 555-0144 番まで当事務所にご連絡いただき、当組合の経験豊かなチームがどのようにあなたを手助けできるかを確かめてください。

**158** What is the purpose of the advertisement?

 (A) To invite job seekers to consider local industries

 (B) To find new leaders for an organization

 (C) To promote Pineville as a travel destination

 (D) To encourage business growth in Pineville

広告の目的は何ですか。

 (A) 求職者に地元産業を検討するよう勧めること

 (B) 組織に新たな指導者たちを見つけること

 (C) パインビルを観光地として売り込むこと

 (D) パインビルでの事業の成長を促進すること

正解 **D** まず❶の見出しの Pineville Business Cooperative から、広告は事業に関するものらしいと見当がつく。本文でも、❷で、パインビルが新興企業にとって理想的な場所であることが、❸ 1～2行目で、パインビル事業協同組合（PBC）が商業環境拡大の可能性を開くための非営利組織であることが述べられている。さらに同5～6行目で、PBC が起業家の人々への必要な情報や技術の提供を目指していることや、❹で支援の具体例と組合事務所の連絡先が伝えられているので、(D) が正解。encourage「～を促進する」、growth「成長」。
(A) ❸ 1～3行目で重点産業に言及があるが、求職者に向けた記述はない。
(B) 組織について述べているが、組織の新たな指導者たちを見つけようとしてはいない。
(C) ❸ 1～3行目で、旅行産業が言及されているだけである。promote「～を売り込む」。

**159** What is NOT mentioned as a feature of Pineville?

 (A) Large business parks

 (B) Affordable homes

 (C) Attractive natural surroundings

 (D) Established industries

パインビルの特徴として述べられていないものは何ですか。

 (A) 広いオフィス地区

 (B) 手頃な費用の住宅

 (C) 魅力的な自然環境

 (D) 確立された産業

正解 **A** ❷ 1～2行目で、パインビルでは手頃な暮らしと美しい環境が得られるとあるので、(B) の「手頃な費用の住宅」と (C) の「魅力的な自然環境」は言及がある。また、❸ 1～3行目で、パインビルの商業環境が伝統的に重点を置いてきた産業の記述があるので、(D) の「確立された産業」についての言及もある。(A) の「広いオフィス地区」についての言及はないので、(A) が正解。feature「特徴」。business park は企業のオフィスが多数集まっている地区のこと。
(C) attractive「魅力的な」、surroundings「環境」。
(D) established「確立された、既成の」。

**160** According to the advertisement, why should someone call the PBC office?

 (A) To purchase a product

 (B) To get information about loans

 (C) To schedule a time to see homes

 (D) To advertise a business

広告によると、人はなぜPBCの事務所に電話をするべきですか。

 (A) 製品を購入するため

 (B) 融資についての情報を入手するため

 (C) 住宅を見るための日時を設定するため

 (D) 企業を宣伝するため

正解 **B** ❹ 1～3行目に読み手に対する複数の問い掛けがあり、続けて、（それに関心を持ったら）組合事務所にすぐ電話するよう提案している。その問い掛けの一つが「開業するための少額融資を求めているか？」なので、(B) が正解。
(A) 製品の購入については言及がない。purchase「～を購入する」。
(C) 住宅を見る日時の設定については言及がない。schedule「～（日時など）を設定する」。
(D) 企業の宣伝については言及がない。advertise「～を宣伝する」。

---

 **文書の語注**

❶ business 事業、企業　　cooperative 協同組合
❷ start-up 新興の　　talented 有能な　　workforce 労働人口　　affordable （値段などが）手頃な　　living 生活
❸ nonprofit 非営利の　　organization 組織　　mission 使命、目的　　tap ～を開拓する　　potential 可能性
 expand 拡大する　　environment 環境　　focus on ～ ～に重点を置く　　traditionally 伝統的に
 residential 住宅の　　real estate 不動産　　competition 競争相手、競争　　welcome 歓迎すべき
 seek ～を探し求める　　aim to *do* ～することを目指す　　aspiring 意欲あふれる　　entrepreneur 起業家、事業家
❹ determine ～を決定する　　feasibility 実現可能性　　current 現在の　　enterprise 企業、事業

Questions 161-163 refer to the following e-mail.

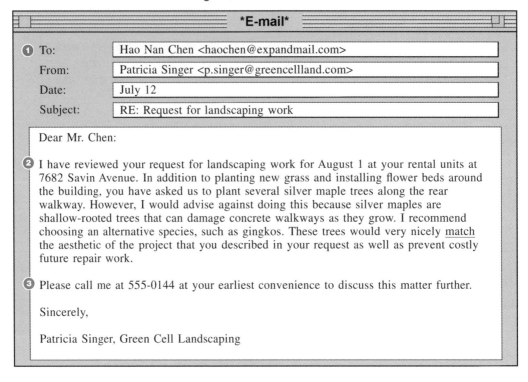

問題161-163は次のEメールに関するものです。

受信者：Hao Nan Chen <haochen@expandmail.com>
送信者：Patricia Singer <p.singer@greencellland.com>
日付：　7月12日
件名：　RE: 造園作業の依頼

Chen様

サビン大通り7682番地にある、あなたの賃貸用住宅での8月1日の造園作業のご依頼を検討いたしました。建物の周りに新しい芝生を植え、花壇を設置することに加えて、裏の歩道沿いに数本のウラジロサトウカエデを植えることを弊社にご要望いただきました。しかしながら、これを行うのは避けた方がよいとご助言いたします。なぜならウラジロサトウカエデは浅根性の木であり、成長するにつれてコンクリートの歩道に損傷を与える可能性があるからです。私は例えばイチョウなど、別の種類をご選択されることを推奨いたします。これらの木は費用のかかる将来的な修理作業を防ぐと同時に、お客さまが依頼書で説明された計画の美的価値観とも非常によく調和することでしょう。

この件についてさらにご相談するため、ご都合がつき次第、555-0144番まで私にお電話ください。

敬具

Patricia Singer、Green Cell造園社

**161** Who most likely is Mr. Chen?

(A) An architect
(B) A tree farmer
(C) A property manager
(D) A construction worker

Chen さんとは誰だと考えられますか。

(A) 建築家
(B) 林業家
(C) 物件の管理人
(D) 建設作業員

 正解 **C** ❶の受信者欄と本文冒頭の宛名から、Chen さんとは Singer さんが送信したこの E メールの受信者だと分かる。Singer さんは❷ 1 ～ 2 行目で、「サビン大通り 7682 番地にある、あなたの賃貸用住宅での 8 月 1 日の造園作業の依頼を検討した」と述べ、以降では Chen さんが依頼した内容の確認や代替案の提案がなされている。よって、Chen さんは賃貸用住宅を管理しており、そこの造園作業を Singer さんに依頼していると判断できる。rental units「賃貸用住宅」を property「物件」と表した (C) が正解。manager「管理人」。
(A) (D) 本文に住宅や歩道への言及があるが、Chen さんが建築家や建設作業員だと判断できる記述はない。architect「建築家」、construction「建設」。
(B) 植樹についての言及はあるが、Chen さんが林業に携わっていると判断できる記述はない。

**162** The word "match" in paragraph 1, line 6, is closest in meaning to

(A) fit
(B) unite
(C) equal
(D) oppose

第 1 段落・6 行目にある "match" に最も意味が近いのは

(A) ～に合う
(B) ～を一体化する
(C) ～に匹敵する
(D) ～に反対する

正解 **A** Singer さんは❷ 5 ～ 6 行目で、ウラジロサトウカエデの代わりにイチョウなどの別の木を植えることを推奨している。その直後に、These trees「これらの木」を主語として動詞 match を含む記述があり、match の目的語は the aesthetic of the project that you described in your request「あなたが依頼書で説明した計画の美的価値観」である。よって、match の意味が (A) fit「～に合う」であれば意味が通る。

**163** What does Ms. Singer ask Mr. Chen to do?

(A) Change the deadline for a delivery
(B) Contact her by phone
(C) Research a type of material
(D) Send her some photographs

Singer さんは Chen さんに何をするよう求めていますか。

(A) 納品の期限を変更する
(B) 電話で彼女に連絡する
(C) ある種類の材料を調査する
(D) 彼女に写真を送る

正解 **B** Singer さんは Chen さんに対し、❸で「この件についてさらに相談するため、都合がつき次第、555-0144 番まで私に電話してほしい」と伝えている。よって、(B) が正解。by phone「電話で」。
(A) Singer さんが Chen さんに変更を提案しているのは、植える木の種類である。deadline「最終期限」、delivery「配達、納品」。
(C) コンクリートという材料に言及はあるが、調査については言及がない。research「～を調査する」、type「種類」、material「材料」。
(D) 写真についての言及はない。photograph「写真」。

---

**文書の語注**

❶ request 依頼、依頼書　landscaping 造園
❷ review ～を吟味する　rental 賃貸の　unit 集合住宅　install ～を設置する　flower bed 花壇
silver maple ウラジロサトウカエデ ★カエデの一種　rear 後方の　walkway 通路、歩道
advise against *doing* ～しないよう助言する　shallow-rooted 浅根性の、根の浅い　damage ～に損傷を与える
concrete コンクリート製の　alternative 別の、代替の　species （生物分類上の）種、種類
such as ～ 例えば～など　gingko イチョウ　match ～と調和する　aesthetic 美的価値観、美学
describe ～を説明する　*A* as well as *B* *B* だけでなく *A* も　prevent ～を防ぐ　costly 費用のかかる、高価な
❸ at *one's* earliest convenience ～の都合がつき次第　matter 事柄　further さらに深く

Questions 164-167 refer to the following review.

*–Martin Saito, January 13*

**❶** Each year my company hosts an appreciation event for our top customers to thank them for their continued loyalty. This year we chose Gourmet Gala Caterers to cater the event. We had never used Gourmet Gala Caterers' services before, and we are thrilled that we chose them. Thanks in part to their excellent service, our party was a big success, and we plan to use them at other high-profile events in the years to come. — [1] —.

**❷** I first learned of Gourmet Gala Caterers at a product launch I attended. — [2] —. The food was excellent, as was the catering staff. The tablecloths, which can be provided upon request, were beautiful. I later found Gourmet Gala Caterers' Web site online. It is well designed and makes booking an event easy. There are a variety of predesigned menus to choose from, but clients also have the opportunity to design their own. — [3] —. Although all the food was amazing, I particularly enjoyed the lobster bisque.

**❸** It should be noted that Gourmet Gala Caterers is on the pricier side. However, for the quality of food and outstanding service that you receive, it is absolutely worth the price. The catering costs include delivery of the food, any equipment necessary for food preparation, and a dedicated professional wait staff, although clients must provide their own tableware. — [4] —. I cannot recommend this company enough.

We chose the latter option and were very pleased.

問題 164-167 は次のレビューに関するものです。

——Martin Saito、1 月 13 日

毎年当社は、継続的なご愛顧に感謝するため、最重要顧客向けの感謝イベントを主催しています。今年、私たちは、そのイベント用の仕出料理を調達するのに Gourmet Gala ケータリング社を選びました。私たちはそれまで Gourmet Gala ケータリング社のサービスを利用したことがなかったのですが、同社を選んでとてもよかったと思っています。同社の上質なサービスのおかげもあって、私たちのパーティーは大成功で、私たちは今後数年間、他の重要なイベントでも同社を利用する計画です。

私は自分が出席した製品発表の場で、初めて Gourmet Gala ケータリング社のことを知りました。その料理は素晴らしく、配膳係も同様でした。要望に応じて提供してもらえるテーブルクロス類はきれいでした。私は後で、Gourmet Gala ケータリング社のウェブサイトをオンラインで見つけました。それはうまく作られており、イベントの予約が簡単にできます。選択可能な既定の幅広いメニューがありますが、顧客は独自のメニューを設定する機会もあります。* 私たちは後者の選択肢を選び、大変満足しました。全ての料理が素晴らしかったのですが、私は特にロブスタービスクをおいしく味わいました。

Gourmet Gala ケータリング社は、多少値段が高めであることは特筆しておくべきでしょう。しかしながら、その料理の質と受けられる際立ったサービスを考慮すると、間違いなく値段に見合う価値があります。ケータリングの費用には料理の配達、料理の用意に必要な全ての器具、献身的なプロの給仕係が含まれます。食卓用食器類は顧客が自分たちで準備しなければなりませんが、この会社はいくら推薦しても足りないほどです。

* 問題 167 の挿入文の訳

---

**文書の語注**

review　レビュー、批評
❶ host　~を主催する　　appreciation　感謝　　top　最重要の　　customer　顧客
　　thank ~ for …　~に…のことで感謝する　　gala　祝賀会、特別な催し　　caterer　ケータリング業者、仕出業者
　　cater　~の料理をまかなう、~の仕出しをする　　be thrilled (that) ~　~ということに大喜びである
　　thanks to ~　~のおかげで　　in part　一つには、部分的に　　plan to do　~することを計画する
　　high-profile　注目を集めるような、目立つ　　in the years to come　今後数年間で
❷ learn of ~　~のことを知る　　launch　発売、開始　　tablecloth　テーブルクロス　　upon request　要望に応じて
　　online　オンラインで　　design　~をデザインする、~を設計する　　book　~を予約する
　　a variety of ~　さまざまな~　　predesigned　事前に設定された、既定の　　opportunity　機会
　　amazing　素晴らしい　　particularly　特に　　lobster　ロブスター　　bisque　ビスク　★甲殻類を用いた濃厚なスープ
❸ note (that) ~　~ということを特筆する　　on the ~ side　多少~気味で　　pricey　高価な　　outstanding　際立った
　　absolutely　間違いなく、絶対に　　worth　~の価値がある　　price　値段　　cost　費用、経費　　delivery　配達
　　equipment　器具　　food preparation　料理の用意、調理　　dedicated　献身的な　　professional　プロの、専門職の
　　wait staff　給仕係　　although　もっとも~ではあるが　　tableware　食卓用食器類　★ナイフ・フォーク類を含む総称
　　recommend　~を薦める

**164** What is indicated about Mr. Saito?

(A) He has attended two Gourmet Gala Caterers events.

(B) He recently started a job at a new company.

(C) He was disappointed with the lobster dish.

(D) He is responsible for organizing product launch parties.

Saitoさんについて何が示されていますか。

(A) Gourmet Galaケータリング社が料理を提供する2つのイベントに出席したことがある。

(B) 最近、新しい会社で仕事を始めた。

(C) ロブスター料理にがっかりした。

(D) 製品発表パーティーを準備する責任者である。

> **正解 A** レビューの見出しから、Saito さんとはこのレビューの書き手。Saito さんは ❶ 1 ～ 2 行目で、自社が毎年開催する顧客向け感謝イベントの仕出業者として今年 Gourmet Gala ケータリング社を選んだと述べ、同 3 ～ 4 行目では、同社に初めて仕出しを依頼したことに言及している。また Saito さんは ❷ 1 行目で、出席した製品発表の場で初めて Gourmet Gala ケータリング社のことを知った、と書いている。よって、Saito さんは合わせて 2 度、Gourmet Gala ケータリング社が料理を提供したイベントに出席したことがあると分かるので、(A) が正解。
> (B) Saito さんが今の会社で仕事を始めた時期についての言及はない。recently「最近」。
> (C) ❷ 5 ～ 6 行目から、Saito さんは、料理のうち特にロブスタービスクをおいしく味わったことが分かる。be disappointed with ～「～にがっかりしている」。
> (D) ❷ 1 行目で、Saito さんはある製品発表の場に出席したことに言及しているが、Saito さんがその類のイベントを準備する責任があると判断できる記述はない。be responsible for ～「～に責任がある」、organize「～を企画・準備する」。

**165** What is true about Gourmet Gala Caterers' services?

(A) There are discounts for companies with limited budgets.

(B) They have been in operation for less than one year.

(C) They are able to arrange for live music at events.

(D) Special table linens may be ordered.

Gourmet Galaケータリング社のサービスについて何が正しいですか。

(A) 予算が限られている会社向けの割引がある。

(B) 同社は開業して1年未満である。

(C) 同社はイベントで生演奏の音楽を手配することが可能である。

(D) 特別な食卓用リネン類を注文できる。

> **正解 D** Saito さんは Gourmet Gala ケータリング社について ❷ 2 ～ 3 行目で、「要望に応じて提供してもらえるテーブルクロス類はきれいだった」と書いている。よって、顧客はテーブルクロス類の用意を注文に含めることができると分かる。tablecloths を table linens と表した (D) が正解。table linens「テーブルクロス、ナプキンなどの食卓用布類」、order「～を注文する」。
> (A) ❸ 1 ～ 2 行目に、同社の利用料金が高めなことに言及があるが、割引についての記述はない。discount「割引」、limited「限られた」、budget「予算」。
> (B) 同社の営業期間についての言及はない。in operation「営業して」、less than ～「～未満」。
> (C) 音楽についての言及はない。arrange for ～「～を手配する」、live「生演奏の」。

**166** What is NOT provided by Gourmet Gala Caterers?

(A) Servers
(B) Floral arrangements
(C) Food delivery
(D) Kitchen equipment

Gourmet Galaケータリング社によって提供されないものは何ですか。

(A) 給仕係
(B) 花の装飾
(C) 料理の配達
(D) 台所用器具

> 正解 **B** Gourmet Gala ケータリング社が提供するものについては、❸ 3 ～ 5 行目で述べられており、「ケータリングの費用には料理の配達、料理の用意に必要な全ての器具、献身的なプロの給仕係が含まれる」とある。よって、(A) の「給仕係」、(C) の「料理の配達」、(D) の「台所用器具」は同社によって提供されると分かる。(D) の kitchen equipment は調理のための器具や用品を表す。(B) の「花の装飾」を提供するという言及はないので、(B) が正解。

---

**167** In which of the positions marked [1], [2], [3], and [4] does the following sentence best belong?

"We chose the latter option and were very pleased."

(A) [1]
(B) [2]
(C) [3]
(D) [4]

[1]、[2]、[3]、[4]と記載された箇所のうち、次の文が入るのに最もふさわしいのはどれですか。

「私たちは後者の選択肢を選び、大変満足しました」

> 正解 **C** Saito さんは❶で、今年の自社イベントで Gourmet Gala ケータリング社を初めて利用して、そのサービスに満足したことを述べている。❷では、同社を知った経緯や同社のサービス、ウェブサイトについて述べた後、同 4 ～ 5 行目で「選択可能な既定の幅広いメニューがあるが、顧客は独自のメニューを設定する機会もある」と、メニューに関する 2 つの選択肢に言及している。その直後の [3] に挿入文を入れると、2 つの選択肢のうちの後者を選び、それに大変満足した、と述べる流れになり文脈に合う。よって、(C) が正解。the latter option「後者の選択肢」は、「顧客が独自にメニューを設定する機会」を指す。latter「後者の」、option「選択肢」、pleased「満足して、喜んで」。

Questions 168-171 refer to the following online chat discussion.

💬 👤 ⎯ ▢ X

**①** **Lucia Donati [9:52 A.M.]** Hi, team. The programmers are ready to implement changes to our Web site. The last time we met, we assigned tasks related to updating the content. Where does everything stand?

**②** **Rachida Kassis [9:53 A.M.]** I've been working with David Geller on photos of the four new tours. We're just about finished selecting and editing these photos, but we have two questions.

**③** **Hiro Yamada [9:54 A.M.]** I'm still working on updated descriptions of all twelve of the tours we offer.

**④** **Rachida Kassis [9:55 A.M.]** That was one of our questions. Do we need new photos for our original walking tours or just for the ones we're adding to our offerings?

**⑤** **Lucia Donati [9:57 A.M.]** As long as we're revising all of the text, we should have new photos, too. And what was the other one?

**⑥** **Rachida Kassis [9:58 A.M.]** Do you want us to include photos of the restaurants where the longer tours stop?

**⑦** **Lucia Donati [10:00 A.M.]** I'd prefer not to show specific restaurants. Our guides don't like to be locked in to specific dining venues since so much in the itineraries is already fixed.

**⑧** **Rachida Kassis [10:01 A.M.]** I see your point.

**⑨** **Lucia Donati [10:02 A.M.]** One more thing. Hiro, could you make sure that if a tour takes more than an hour and includes a stop for food, the description says so?

**⑩** **Hiro Yamada [10:03 A.M.]** What's the deadline for finalizing the copy?

**⑪** **Lucia Donati [10:04 A.M.]** I'd like to have it all in hand by next Tuesday.

問題168-171は次のオンラインチャットの話し合いに関するものです。

**Lucia Donati［午前 9 時 52 分］** こんにちは、チームの皆さん。プログラマーたちは、当社のウェブサイトに変更を加える準備ができています。前回私たちが集まったとき、コンテンツの更新に関連する業務を割り振りました。諸々の状況はどうなっていますか。

**Rachida Kassis［午前 9 時 53 分］** 私は David Geller と一緒に、4 つの新規ツアーの写真に取り組んでいます。私たちはこれらの写真の選定と編集をちょうど終えるところですが、質問が 2 つあります。

**Hiro Yamada［午前 9 時 54 分］** 私はまだ、当社が提供しているツアー全 12 件の最新の説明文に取り組んでいます。

**Rachida Kassis［午前 9 時 55 分］** それが私たちの質問の 1 つでした。当社の元々あるウォーキングツアーに新しい写真は必要ですか、それとも、当社の提供ツアーに追加しようとしているものにのみ必要ですか。

**Lucia Donati［午前 9 時 57 分］** 本文全てを改訂しているからには、新しい写真も用意した方がいいでしょう。それで、もう 1 つは何だったのですか。

**Rachida Kassis［午前 9 時 58 分］** 長めのツアーで立ち寄るレストランの写真も入れてほしいですか。

**Lucia Donati［午前 10 時］** 私は特定のレストランは載せない方がいいと思います。当社のガイドの皆さんは特定の食事場所に縛られることを望まないでしょう。というのも、旅程表の非常に多くが既に決まっているからです。

**Rachida Kassis［午前 10 時 1 分］** おっしゃっていることは分かります。

**Lucia Donati［午前 10 時 2 分］** あともう 1 つ。Hiro、ツアーが 1 時間を超え、食事のための立ち寄り先を含む場合、必ず説明文でそれを明記しておいてもらえますか。

**Hiro Yamada［午前 10 時 3 分］** 原稿を仕上げる期限はいつですか。

**Lucia Donati［午前 10 時 4 分］** 私は次の火曜日までには全てを入手したいと思っています。

---

文書の語注

❶ programmer　プログラマー　　implement　～を実行する　　assign　～を割り当てる　　task　業務、課題
　related to ～　～に関連した　　content　コンテンツ、中身　　stand　～（の状態）である
❷ work on ～　～に取り組む　　be finished　終えている　　select　～を選定する　　edit　～を編集する
❸ updated　最新の、更新された　　description　説明
❹ original　元々の　　walking tour　ウォーキングツアー　　add ～ to …　～を…に加える　　offering　提供物、商品
❺ as long as ～　～であるからには、～する限りは　　revise　～を改訂する、～を修正する　　text　本文
❻ include　～を含める　　stop　立ち寄る
❼ prefer to do　～する方を好む　　specific　特定の　　be locked in to ～　～に閉じ込められている、～に縛られている
　dining　食事　　venue　場所、会場　　itinerary　旅程表　　fix　～を決める、～を固定する
❽ point　論点、（話の）核心
❾ make sure (that) ～　確実に～する　　stop　立ち寄り、（旅の途中などでの）滞在
❿ deadline　（最終）期限　　finalize　～を仕上げる　　copy　原稿
⓫ in hand　手にして

**168** What are the chat participants mainly discussing?

(A) Materials for a Web site
(B) Itineraries for walking tours
(C) Plans for an upcoming meeting
(D) Problems with computer software

チャットの参加者たちは、主に何について話し合っていますか。

(A) ウェブサイト用の素材
(B) ウォーキングツアーの旅程表
(C) 近日中の会議のための計画
(D) コンピューターソフトウエアの問題

> **正解 A**　❶で Donati さんがウェブサイト更新に関連する業務の進捗を尋ねると、Kassis さんは❷で、新規ツアーの写真の選定と編集を終えるところだと述べ、Yamada さんは❸で、全 12 件のツアーの最新の説明文に取り組んでいると伝えている。その後も、ウェブサイト更新に必要な写真や説明文に関する話し合いが続いているので、(A) が正解。material「素材、材料」。
> (B) ウォーキングツアーについては❹で、旅程表には❼で言及があるが、ウェブサイト用の素材に関する話の中で触れられているだけである。
> (C) 近日中の会議については言及がない。upcoming「近日中の」。
> (D) ❶にプログラマーについての言及があるが、コンピューターソフトウエアの問題については述べられていない。

**169** At 9:57 A.M., what does Ms. Donati most likely mean when she writes, "And what was the other one"?

(A) She would like to see an additional photo.
(B) She is not familiar with the newest tour offering.
(C) She is ready to answer another question.
(D) She does not remember whether the text has been updated.

午前 9 時 57 分に "And what was the other one" と書くことで、Donati さんは何を意図していると考えられますか。

(A) 追加の写真を見たいと思っている。
(B) 最新のツアー商品についてよく知らない。
(C) 別の質問に答える準備ができている。
(D) 本文が更新されたかどうかを覚えていない。

> **正解 C**　下線部の発言は、質問が 2 つあるという Kassis さんからのツアーの写真に関する質問に回答した後に述べている。さらに❻で、Kassis さんは 2 つ目の質問を投げかけ、Donati さんが❼でそれに回答していることから、Donati さんは下線部の発言で、2 つの質問のうちの残りの 1 つを尋ねてくれれば答えると示唆していると判断できる。その意図を「別の質問に答える準備ができている」と表した (C) が正解。
> (A) それまでの会話で特定の写真に関する話は出ておらず、the other one が「もう 1 方の写真」を指すとは考えられない。additional「追加の」。
> (B) ❺で Donati さんは、どのツアーに写真が必要か考えを述べているので、最新のツアー商品について知っていると判断できる。be familiar with ～「～についてよく知っている」。
> (D) ⓫で Donati さんは、ウェブサイト用の新しい原稿について、「次の火曜日までには全てを入手したい」と述べており、本文の原稿がまだ仕上がっていないと分かっている。

**170** What is indicated about the tours?

    (A) Some are no longer available.

    (B) Some include stops for food.

    (C) They all last an hour.

    (D) They will be offered beginning next week.

ツアーについて何が示されていますか。

    (A) 一部のものはもう利用できない。

    (B) 一部のものには食事のための立ち寄り先が含まれる。

    (C) それらは全て1時間続く。

    (D) それらは来週から提供される予定である。

---

| 正解 | **B** |
|---|---|

Kassis さんは❻で、長めのツアーで立ち寄るレストランの写真を含めるかどうか確認している。また、Donati さんは❾で、Yamada さんに対し、ツアーが1時間を超え、食事のための立ち寄り先を含む場合、説明文で明記するように頼んでいる。よって、書き手たちの会社が提供するツアーには、食事のための立ち寄り先を含むものがあると分かるので、(B) が正解。
(A) 提供中止になったツアーについては言及がない。no longer ～「もはや～ない」、available「利用できる」。
(C) ❾で、Donati さんが1時間を超えるツアーについて指示しており、所要時間が1時間を超えるものもある。last「続く」。
(D) ツアーの提供開始時期についての言及はない。

---

**171** What does Ms. Donati want Mr. Yamada to do by Tuesday?

    (A) Provide a list of restaurants

    (B) Edit the selected photos

    (C) Propose a new tour route

    (D) Submit revised information

Donati さんは Yamada さんに、火曜日までに何をするよう求めていますか。

    (A) レストランのリストを提供する

    (B) 選定された写真を編集する

    (C) 新しいツアーの経路を提案する

    (D) 改訂済みの情報を提出する

---

| 正解 | **D** |
|---|---|

❸より、Yamada さんはツアーの最新の説明文を作成している最中だと分かる。Yamada さんが❿で、原稿を仕上げる期限を尋ねると、Donati さんは⓫で、「私は次の火曜日までには全てを入手したい」と希望期限を伝えている。よって、最新の説明文を revised information「改訂済みの情報」と表した (D) が正解。submit「～を提出する」。
(A) レストランについては❻と❼で言及されているが、Donati さんがレストランのリストを求める記述はない。provide「～を提供する」。
(B) ❷より、写真の選定と編集に取り組んでいるのは、Yamada さんではなく Kassis さんである。
(C) ❻～❾で、ツアー中の立ち寄り場所についての話が出ているが、Donati さんが新しいツアーの経路を提案するよう求める記述はない。propose「～を提案する」、route「経路、道筋」。

Questions 172-175 refer to the following article.

❶ **Digital Innovation Hub To Open**

❷ BANGALORE (14 Feb.)—Germany-based Stauber-Lotz Motors will open what it calls an automotive digital-innovation centre in Bangalore next May. The centre will be the first of several with a focus on digital technology that Stauber-Lotz plans to open around the world.

❸ The next location will open in Singapore next year, and future centres are planned for Canada and the United States. Stauber-Lotz Motors intends for these centres to develop the next generation of software and information technology that will be added to its vehicle models.

❹ According to Felix Koenig, chief information officer at Stauber-Lotz, digital capabilities for use in automobiles continue to expand and undergo refinement.

"Consumers want their cars to be computers on wheels," he said. "To that end, our two principal goals are to enhance vehicle-user convenience and to improve vehicle safety."

❺ Rishu Viswan, spokesperson for the city of Bangalore, said the city is "thrilled" to welcome Stauber-Lotz Motors. Mr. Viswan praised the automotive company, saying it makes "fine cars," and claimed that the high level of local technical expertise was the decisive factor in attracting the company to Bangalore.

❻ Ground breaking for the production facility has already begun at a site on the east side of the city. According to Mr. Koenig, the new centre is expected to employ about 500 people.

問題 172-175 は次の記事に関するものです。

### デジタル革新の中心拠点が開設

バンガロール（2 月 14 日）——ドイツを本拠地とする Stauber-Lotz 自動車会社は今度の 5 月、バンガロールに、同社が自動車デジタル革新センターと呼ぶものを開設する予定だ。同センターは、Stauber-Lotz 社が世界中に開設を計画している、デジタル技術に重点を置いた複数拠点のうちの 1 つ目となる。

次の拠点は来年シンガポールに開設され、その後のセンターはカナダとアメリカ合衆国に予定されている。Stauber-Lotz 自動車会社は、これらのセンターに、同社の自動車モデルに追加される予定である次世代のソフトウエアおよび情報技術の開発を行わせる計画だ。

Stauber-Lotz 社の最高情報責任者である Felix Koenig 氏によると、自動車で使用されるデジタル機能は拡大、改良され続けるという。「消費者は、自分の車が車輪付きのコンピューターで

あることを望んでいます」と彼は語った。「その目的のため、当社の 2 つの主要目標は、自動車利用者にとっての利便性を高めること、および自動車の安全性を向上させることです」。

バンガロール市の広報担当者である Rishu Viswan 氏は、市が Stauber-Lotz 自動車会社を迎え入れることを「大変喜ばしく思っています」と語った。Viswan 氏は同自動車会社が「上質な車」を製造していると述べて称賛し、地元の技術的専門知識の水準の高さが、同社をバンガロールに誘致することになった決定要因だと主張した。

同製造施設の着工は、市東部の用地で既に始まっている。Koenig 氏によると、この新センターは約 500 名を雇用する見通しだという。

---

**文書の語注**

article　記事

❶ digital　デジタルの　　innovation　革新　　hub　中心、拠点

❷ ～-based　～に拠点を置いた、～に本社を置く　　motor　自動車　　automotive　自動車の、自動車関連の　　centre　センター、中心施設　★ center の英国表記　　several　幾つかのもの　　focus　重点　　technology　科学技術　　plan to do　～する計画である

❸ location　場所　　future　今後の、将来の　　be planned for ～　～に予定されている　　intend for ～ to do　～に…させることを意図している　　develop　～を開発する　　generation　世代　　software　ソフトウエア　　add ～ to …　～を…に追加する　　vehicle　自動車　　model　モデル、型

❹ chief information officer　最高情報責任者　　capability　能力　　use　使用目的　　automobile　自動車　　continue to do　～し続ける　　expand　拡大する　　undergo　～を経験する　　refinement　改良　　consumer　消費者　　wheel　車輪　　to that end　その目的のために　　principal　主要な　　goal　目標　　enhance　～を高める　　vehicle-user　自動車利用者の　　convenience　利便性　　improve　～を向上する　　safety　安全性

❺ spokesperson　広報担当者　　thrilled　とても喜んで、わくわくして　　welcome　～を迎える　　praise　～を称賛する　　fine　上質な　　claim (that) ～　～であると主張する　　level　水準　　local　地元の　　technical　技術的な　　expertise　専門知識　　decisive　決定的な　　factor　要因　　attract ～ to …　～を…に誘致する、～を…に引き付ける

❻ ground breaking　着工　　production　製造　　facility　施設　　site　用地　　east　東の　　side　側、方面　　be expected to do　～することが予期されている　　employ　～を雇用する

**172** What is the purpose of the article?

(A) To analyze a city-wide increase in commercial construction

(B) To report on a planned technology center

(C) To publicize opportunities in the Bangalore job market

(D) To introduce new software products to consumers

記事の目的は何ですか。

(A) 市全域における商業建設の増加を分析すること

(B) 計画されている技術センターについて報道すること

(C) バンガロールの就職市場における機会を宣伝すること

(D) 新しいソフトウエア製品を消費者に紹介すること

> 正解 **B**　「目的」という概要を問う設問なので、まず❶の見出しに注目すると、「デジタル革新の中心拠点が開設」とある。そして記事のリードパラグラフである❷で、Stauber-Lotz 自動車会社がバンガロールに自動車デジタル革新センターを開設する予定が述べられ、このセンターは Stauber-Lotz 社が世界中に開設する予定の、デジタル技術に重点を置いた複数拠点の1つ目だと説明している。❸〜❺ではデジタルセンター開設関連の情報が、また❻では同施設の着工が始まったことが述べられている。よって、この記事の目的は、Stauber-Lotz 自動車会社によって計画されているデジタル技術拠点施設について伝えることだと判断できるので、(B) が正解。report on 〜「〜について報道する」、planned「計画されている」。
> (A) バンガロール市全域で商業的な建設が増加しているかどうかは述べられていない。analyze「〜を分析する」、〜-wide「〜全体の」、increase「増加」、commercial「商業の」、construction「建設」。
> (C) ❻で、自動車デジタル革新センターでの雇用見込人数は述べられているが、就職機会を宣伝してはいない。publicize「〜を宣伝する」、opportunity「機会」、job market「就職市場」。
> (D) ❸3〜7行目に、自動車モデルに追加予定の次世代ソフトウエアの開発について言及があるが、ソフトウエア製品は紹介されていない。introduce「〜を紹介する」、product「製品」。

**173** What is suggested about Stauber-Lotz Motors?

(A) Its car sales in India have been growing.

(B) It has opened new plants in Canada and the United States.

(C) It has its headquarters in Germany.

(D) It is unveiling new vehicle models soon.

Stauber-Lotz 自動車会社について何が分かりますか。

(A) インドにおける同社の自動車販売数は増加し続けている。

(B) 同社はカナダとアメリカ合衆国に新工場を開設した。

(C) 同社はドイツに本社を構えている。

(D) 同社は間もなく新しい自動車モデルを公開する。

> 正解 **C**　❷1〜2行目に Stauber-Lotz 自動車会社についての説明として、Germany-based Stauber-Lotz Motors とあり、同社はドイツを拠点とし、本社を構えていると考えられるので、(C) が正解。headquarters「本社」。
> (A) 同社の自動車販売数についての言及はない。sales「〈複数形で〉販売数、売上高」。
> (B) ❸1〜3行目で、カナダとアメリカ合衆国は今後のセンター予定地として挙げられており、まだ開設はしていない。plant「工場」。
> (D) 同社の自動車モデルについては❸3〜7行目に言及があるが、新しいモデルの公開予定については述べられていない。unveil「〜を公開する」。

**174** Who is Mr. Koenig?

    (A) An urban planner
    (B) A government spokesperson
    (C) An automotive executive
    (D) A vehicle designer

Koenig氏とは誰ですか。

    (A) 都市計画の立案者
    (B) 自治体の広報担当者
    (C) 自動車会社の重役
    (D) 自動車の設計者

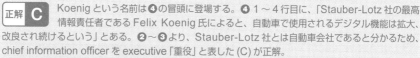

**正解 C** Koenig という名前は❹の冒頭に登場する。❹ 1〜4行目に、「Stauber-Lotz 社の最高情報責任者である Felix Koenig 氏によると、自動車で使用されるデジタル機能は拡大、改良され続けるという」とある。❷〜❸より、Stauber-Lotz 社とは自動車会社であると分かるため、chief information officer を executive「重役」と表した (C) が正解。
(A) urban「都市の」、planner「立案者」。
(B) ❺で、バンガロール市の広報担当者として名前が挙がっているのは Rishu Viswan 氏である。government「行政府、政府」。
(D) ❹に、Koenig 氏が自動車のデジタル機能について話した内容が書かれているが、同氏が自動車の設計者だと分かる記述はない。designer「設計者、デザイナー」。

---

**175** According to Mr. Viswan, what most likely attracts industry to Bangalore?

    (A) The low cost of operating there
    (B) The proximity of other major industries
    (C) A large potential customer base
    (D) A highly skilled workforce

Viswan氏によると、何が産業をバンガロールに引き付けると考えられますか。

    (A) 現地での操業経費の低さ
    (B) 他の主要産業が近隣にあること
    (C) 多くの潜在的な顧客基盤
    (D) 高度な技術を持った労働人口

**正解 D** ❺ 1〜3行目から、Viswan 氏とはバンガロール市の広報担当者。同 3〜8行目より、同氏が Stauber-Lotz 社について、上質な車を製造していると称賛し、地元の技術的専門知識の水準の高さが、同社をバンガロールに誘致することになった決定要因だと主張した、と分かる。よって、バンガロール市の高度な技術的専門知識を持った人々を A highly skilled workforce「高度な技術を持った労働人口」と表した (D) が正解。industry「産業」。highly「高度に」、skilled「技術を持った、熟練した」、workforce「労働人口、従業員」。
(A) 操業経費については言及がない。cost「費用」、operate「操業する」。
(B) 自動車以外の産業については言及がない。proximity「近いこと、近接」。
(C) ❹に、自動車の消費者全般についての言及はあるが、同市の潜在的顧客基盤についての言及はない。potential「潜在的な」、customer「顧客」、base「基盤」。

Questions 176-180 refer to the following memo and schedule.

**1** メモ

# MEMO

**To:** Senior stylists
**From:** Alexa Beck
**Date:** January 17
**Re:** Training

Cut Above salons will be introducing a new line of products for sale at all three of our locations beginning next week. This new hair-care line from Style Party offers a variety of shampoos, conditioners, and styling products for all hair types, from straight to curly. Style Party products have sold well in our salons in the past, and we think our clients will like the new formulas as well as the sleek design of the updated packaging.

On Monday, January 22, we will hold one-hour training sessions at each of our salons. Senior stylists are required to attend the training to learn how the new products are used and how they will benefit our salon clients. Most importantly, we want our stylists to know how to offer the right product to suit the unique hair needs of every customer. A separate training session for apprentice stylists will be scheduled for the following week.

Please wait until you have completed the training before you start offering the new products to clients. Also, as an incentive, stylists will receive a 20 percent commission for every product sold.

Let me know if you have any questions.

Alexa Beck
Owner

# Cut Above

**2** 予定表

**Employee Name: Katie Gould**
**Appointments for Monday, January 22**

| Time | Client name |
|---|---|
| 9:00 a.m. | Yao Ma |
| 9:45 a.m. | Kyle Downing |
| 10:15 a.m. | Tracy Bennett |
| 11:00 a.m. | No client: New product training |
| 12:00 noon | Lunch |
| 1:00 p.m. | Maggie Reynolds |
| 1:45 p.m. | -- |
| 2:30 p.m. | Peter Ajemian |

問題176-180は次のメモと予定表に関するものです。

メモ

**宛先：** 上級スタイリスト全員
**差出人：** Alexa Beck
**日付：** 1月17日
**件名：** 研修

Cut Above 美容室は来週より、当美容室の全3店舗において、販売用商品の新ラインを導入することになっています。Style Party 社による、このヘアケア商品の新ラインは、直毛から巻き毛まで、あらゆる髪質向けのさまざまなシャンプー、コンディショナー、整髪用品を取りそろえています。Style Party 社の商品はこれまでに当美容室でよく売れており、私たちは顧客が、新しくなったパッケージのしゃれたデザインだけでなく、その新製法も気に入るだろうと考えています。

1月22日の月曜日に、当美容室の各店舗において、1時間の研修会を開催します。上級スタイリストはこの研修に出席して、その新商品がどのように使われ、それらがどのように当美容室の顧客の役に立つかを学ぶことが求められます。最も重要なこととして、当美容室のスタイリストの皆さんには、顧客それぞれの特有な髪の毛のニーズに合った適切な商品を薦める方法を知ってもらいたいと思っています。見習いスタイリスト向けの別の研修会は、その翌週に設定される予定です。

顧客に新商品の提供を始めるのは、皆さんが研修を修了するまでお待ちください。また奨励金として、スタイリストの皆さんは、売れた商品ごとに20パーセントの歩合を受け取ることになります。

ご質問があれば私に知らせてください。

Alexa Beck
オーナー

---

**Cut Above**

| 従業員名：Katie Gould<br>1月22日 月曜日の予約 | |
|---|---|
| **時間** | **顧客名** |
| 午前9時 | Yao Ma |
| 午前9時45分 | Kyle Downing |
| 午前10時15分 | Tracy Bennett |
| 午前11時 | 顧客無し：<br>新商品の研修 |
| 正午 | 昼食 |
| 午後1時 | Maggie Reynolds |
| 午後1時45分 | -- |
| 午後2時30分 | Peter Ajemian |

**176** What is indicated about Cut Above?

- (A) It offers monthly training sessions.
- (B) It will be closed on January 22.
- (C) It has several locations.
- (D) It offers a hair coloring service.

Cut Aboveについて何が示されていますか。

- (A) 月例の研修会を提供している。
- (B) 1月22日に閉店する。
- (C) 複数の店舗を持つ。
- (D) 毛染めのサービスを提供している。

> **正解 C** ❶のメモは、❶のヘッダー部分と本文最後の署名より、オーナーが上級スタイリスト宛てに書いたもの。❷1～2行目で、Cut Above 美容室は来週から全3店舗において販売用商品の新ラインを導入する予定であることが伝えられている。また❸1行目で、「1月22日の月曜日に当美容室の各店舗において、1時間の研修会を開催する」と述べられている。よって、Cut Above は美容室の名前であり、複数の店舗を展開していることが分かるので、(C) が正解。several「複数の」。
> (A) メモでは、新商品の導入に伴って実施される研修会について述べられているが、研修会が月に1回開催されているかどうかは不明である。monthly「月1回の」。
> (B) ❶の❸1行目より、1月22日は各店舗で研修会が開催される日。close「～を閉じる」。
> (D) 毛染めのサービスについての記述はない。hair coloring「毛染め」。

**177** What is NOT mentioned about Style Party products?

- (A) They are available at discounted prices.
- (B) They are intended for all types of hair.
- (C) They are popular with customers.
- (D) Their packaging has been updated.

Style Party社の商品について述べられていないことは何ですか。

- (A) 割引価格で入手できる。
- (B) あらゆる髪質向けである。
- (C) 顧客に人気がある。
- (D) パッケージが新しくなった。

> **正解 A** ❶の❷2～3行目に「Style Party 社による、このヘアケア商品の新ラインは、直毛から巻き毛まで、あらゆる髪質向けのさまざまなシャンプー、コンディショナー、整髪用品を取りそろえている」とあり、(B) は言及されている。また同4～5行目に、「Style Party 社の商品はこれまでに当美容室でよく売れており、私たちは顧客が、新しくなったパッケージのしゃれたデザインだけでなく、その新製法も気に入るだろうと考えている」とあり、(C) と (D) についても言及されている。一方、割引価格で入手できることは述べられていないので、(A) が正解。available「入手可能な」、discount「～を割引する」、price「価格」。
> (B) be intended for ～「～を対象としている」。

**178** In the memo, the word "suit" in paragraph 2, line 4, is closest in meaning to

- (A) outfit
- (B) cause
- (C) predict
- (D) satisfy

メモの第2段落・4行目にある "suit" に最も意味が近いのは

- (A) ～に（装備などを）施す
- (B) ～を引き起こす
- (C) ～を予言する
- (D) ～（要求など）を満たす

> **正解 D** suit を含む文は、新商品の導入開始に伴って実施される上級スタイリスト向けの研修会について説明している段落内にある。❶の❸2～3行目で「上級スタイリストはこの研修に出席して、その新商品がどのように使われ、それらがどのように当美容室の顧客の役に立つかを学ぶことが求められている」と伝えた後、suit を含む文で、Cut Above 美容室のスタイリストには適切な商品を薦める方法を知ってほしいと述べている。suit の目的語は the unique hair needs of every customer「顧客それぞれの特有な髪の毛のニーズ」なので、文脈に合うのは「～（要求など）を満たす」という意味の (D) satisfy だと判断できる。

**179** What is suggested about Ms. Gould?

    (A) She is a senior stylist.

    (B) She will lead a training session.

    (C) She normally works only in the morning.

    (D) She manages a salon.

Gould さんについて何が分かりますか。

    (A) 上級スタイリストである。

    (B) 研修会を主導する予定である。

    (C) 通常、午前中にのみ勤務している。

    (D) 美容室を経営している。

| 正解 | **A** |
|---|---|

**2** の予定表の「従業員名」の欄に Gould さんの名前があるので、これは Gould さんの予定表だと分かる。日付は 1 月 22 日であり、午前 11 時の予定に「新商品の研修」が入っている。この 1 月 22 日の研修は **1** の **❸** 1 〜 4 行目より、新製品について学ぶために上級スタイリストが出席すべきものであると分かる。よって、Gould さんは Cut Above 美容室の上級スタイリストであると判断できる。(A) が正解。
(B) Gould さんが研修会を主導するかどうかは不明である。lead「〜を主導する」。
(C) Gould さんの通常の勤務時間についての言及はない。また、少なくとも **2** の予定表には、午後の顧客の予約も記載されている。normally「通常は」。
(D) **1** より、Cut Above 美容室のオーナーは Beck さんであると分かるが、誰が経営をしているかは不明である。manage「〜を経営する」。

---

**180** Who will be able to purchase the new products?

    (A) Mr. Ma

    (B) Mr. Downing

    (C) Ms. Bennett

    (D) Mr. Ajemian

新商品を購入することができるのは誰ですか。

    (A) Ma さん

    (B) Downing さん

    (C) Bennett さん

    (D) Ajemian さん

| 正解 | **D** |
|---|---|

**1** の **❹** 1 〜 2 行目に「顧客に新商品の提供を始めるのは、皆さんが研修を修了するまで待ってほしい」とあるので、顧客は研修を終えたスタイリストからしか新商品を購入できないと分かる。また、**2** の Gould さんの予定表の午前 11 時の欄に「新商品の研修」とあり、その後の時間帯に予約が入っている人物は、選択肢の中では Ajemian さんのみである。よって、(D) が正解。be able to *do*「〜することができる」、purchase「〜を購入する」。
(A) (B) (C) いずれも **2** に記載のある人物だが、Gould さんが新商品の研修を受ける前の時間帯に予約が入っている。

---

文書の語注

**1** メモ **❶** senior　上級の、上位の　training　研修
    **❷** salon　美容室　introduce　〜を導入する　line　商品ライン　product　商品　for sale　販売用の
    location　店舗、所在地　hair-care　ヘアケアの　offer　〜を提供する　a variety of 〜　さまざまな〜
    shampoo　シャンプー　conditioner　コンディショナー　styling　整髪、スタイリング　type　種類
    straight　真っすぐな　curly　巻き毛の　in the past　過去に　formula　製法
    *A* as well as *B*　*B* だけでなく *A* も　sleek　しゃれた　design　デザイン　update　〜を最新のものにする
    packaging　パッケージ、包装
    **❸** hold　〜を開催する　session　会、集会　be required to *do*　〜する必要がある　attend　〜に出席する
    benefit　〜に利益を与える　importantly　重要なことには　suit　〜に合う　unique　特有な、独特の
    needs　〈複数形で〉ニーズ、必要なもの　separate　別の　apprentice　見習い
    be scheduled for 〜　〜に予定されている　following　次の
    **❹** complete　〜を修了する　start *doing*　〜することを開始する　incentive　奨励金、インセンティブ
    receive　〜を受け取る　commission　歩合　owner　オーナー、所有者
**2** 予定表 employee　従業員　appointment　予約、約束

Questions 181-185 refer to the following Web pages.

問題181-185は次の2つのウェブページに関するものです。

http://www.einarsson.com/about

ホーム **概要** 製品 レビュー お問い合わせ

## 会社紹介

Einarsson 社は多種にわたる紙製品とボール紙製品を製造しています。当社は、食品包装用および書籍印刷用の紙の製造を専門としています。当社は元々、バンクーバーに本社を構える木製品製造会社である Canadian 工業パートナーズ社の一部門でした。Einarsson 社は 5 年前に独立した会社となり、本社をオタワに設置しました。昨年、Einarsson 社はトロントとエドモントンに 2 つのサテライト工場を開設しました。当社は 800 名の従業員を擁しています。

---

http://www.einarsson.com/reviews

ホーム 概要 製品 **レビュー** お問い合わせ

## Einarsson 社
★★★★☆ (5 つ星中 4.9) 144 のレビュー数

## レビュー

**Geoff Warren** (1 週間前) ★★★★☆
私の会社はここ 2 年間、Einarsson 社から紙を購入しています。最安値の選択肢ではありませんが、Einarsson 製品の耐久性と一貫性に匹敵する製品はありません。星を 5 つ付けてもよかったのですが、同社ウェブサイト上でもっと簡単に特別注文をできるようにしてくれたらいいのにと思っています。とはいえ、私は電話で注文をし、非常に頼りになる顧客サービス担当者が対応してくれました。

**Selena Tolosa** (1 カ月前) ★★★★★
Einarsson 社が昨年、トロントに工場を開設して以来、私たちはテイクアウト注文用の包装資材の全てを同社から調達しています。同社のサービスと製品は宣伝されている通りだと本心から言えます。私には製造業での経験があるので、これほど信頼できる供給業者を見つけることがいかに困難かを知っています。

**Alexander Poirier** (2 カ月前) ★★★★★
私は、Einarsson 社が Canadian 工業社から分離して以来ずっと、同社の顧客です。私は 10 年間近く別の供給業者を利用していましたが、Einarsson 社が提供してくれる各顧客に合わせたサービスに心をつかまれました。私はついこの間、同社とさらに 1 年の契約を結んだところです。

**181** Who would most likely be a customer of Einarsson Corporation?

(A) An engineering firm
(B) A construction firm
(C) A law firm
(D) A publishing firm

誰がEinarsson社の顧客になると考えられますか。

(A) エンジニアリング会社
(B) 建設会社
(C) 法律事務所
(D) 出版社

> 正解 **D** 　■のウェブページは、❶のタブの下の見出しから、Einarsson社の会社紹介が掲載されていることが分かる。■の❷１～２行目で、同社が多種にわたる紙製品とボール紙製品の製造をしていると述べられ、続く同２～３行目に「当社は、食品包装用および書籍印刷用の紙の製造を専門としている」とある。よって、食品関連および出版関連の企業がEinarsson社を利用すると考えられるので、(D)が正解。publishing「出版」、firm「会社、事務所」。
> (A) engineering「エンジニアリング、工学」。
> (B) construction「建設」。
> (C) law「法律」。

**182** Where is Einarsson Corporation currently based?

(A) In Ottawa
(B) In Toronto
(C) In Edmonton
(D) In Vancouver

Einarsson社は現在どこに本社を構えていますか。

(A) オタワ
(B) トロント
(C) エドモントン
(D) バンクーバー

> 正解 **A** 　■の❷４～６行目に「Einarsson社は５年前に独立した会社となり、本社をオタワに設置した」とあるので、(A)が正解。currently「現在」。
> (B)(C) ■の❷６～７行目より、Einarsson社がサテライト工場を開設した都市。
> (D) ■の❷３～４行目より、Canadian工業パートナーズ社が本社を構える都市。

**183** What does Mr. Warren like about Einarsson Corporation?

(A) They are less expensive than other suppliers.
(B) Their Web site is extremely easy to use.
(C) Their products are of very high quality.
(D) They are located very close to his company.

Warrenさんは Einarsson社について、何が気に入っていますか。

(A) 同社は他の供給業者よりも価格が安い。
(B) 同社のウェブサイトは非常に使いやすい。
(C) 同社の製品は非常に高品質である。
(D) 同社は自分の会社にとても近い場所に位置している。

> 正解 **C** 　❷のウェブページは、見出しから、Einarsson社の評価レビューコメントが掲載されていることが分かる。Warrenさんとは、❷の❶のレビューを書いた人物。その中でWarrenさんは、自分の会社が２年間同社から紙を購入していると述べ、続けて「Einarsson製品の耐久性と一貫性に匹敵する製品はない」と書いている。よって、WarrenさんはEinarsson製品の品質の高さを気に入っていると判断できるので、(C)が正解。be of ～ quality「～な品質」。
> (A) ❷の❶２～３行目で、WarrenさんはEinarsson社からの購入について「最安値の選択肢ではない」と述べている。
> (B) ❷の❶４～５行目より、Warrenさんはウェブサイトには改善の余地があると思っていると分かる。extremely「非常に」。
> (D) Warrenさんの会社がある場所については述べられていない。be located「位置している」、close to ～「～の近くに」。

**184** What industry does Ms. Tolosa most likely work in?

(A) Textiles
(B) Food
(C) News
(D) Advertising

Tolosaさんはどの業界で働いていると考えられますか。

(A) 織物
(B) 食品
(C) 報道
(D) 広告

> **正解 B** Tolosa さんとは、**2**の**❷**のレビューを書いた人物。同2〜3行目に「Einarsson 社が昨年、トロントに工場を開設して以来、私たちはテイクアウト注文用の包装資材の全てを同社から調達している」とあるので、Tolosa さんは飲食関連の業界で働いていると判断できる。よって、(B) が正解。industry「業界、産業」。
> (A) Tolosa さんは**2**の**❷** 4〜5 行目で製造業での経験があると述べているが、何の製造をしていたのかは不明である。textiles「〈複数形で〉織物産業」。
> (C) news「報道、ニュース」。
> (D) Tolosa さんは**2**の**❷** 3〜4 行目で、Einarsson 社のサービスと製品が宣伝されている通りだと述べているだけである。advertising「広告、広告業」。

**185** How long has Mr. Poirier been a customer of Einarsson Corporation?

(A) Two months
(B) One year
(C) Five years
(D) Ten years

Poirierさんはどれくらいの間、Einarsson社の顧客ですか。

(A) 2カ月間
(B) 1年間
(C) 5年間
(D) 10年間

> **正解 C** Poirier さんとは、**2**の**❸**のレビューを書いた人物。Poirier さんは、同2〜3行目で「私は、Einarsson 社が Canadian 工業社から分離して以来ずっと、同社の顧客だ」と書いている。**1**の**❷** 3〜6 行目には、Einarsson 社は Canadian 工業パートナーズ社の一部門だったが、5 年前に独立した会社になったと述べられている。よって、Poirier さんは、5 年前の Einarsson 社の独立以来、同社を利用し続けていると分かるので、(C) が正解。
> (A) **2**の**❸** 1行目より、2 カ月前は Poirier さんがレビューを書いた時期。
> (B) Poirier さんは**2**の**❸** 4〜5 行目で、同社とさらに 1 年の契約を結んだと述べているだけである。
> (D) **2**の**❸** 3 行目より、Poirier さんが同社とは別の供給業者を利用していたおおよその年数。

---

**文書の語注**

**1** ウェブページ **❶** product 製品　review レビュー、批評　contact 連絡　profile 紹介、プロフィール
**❷** corporation 企業、会社　manufacture 〜を製造する　a wide range of 〜 広範囲にわたる〜
cardboard ボール紙　specialize in 〜 〜を専門とする、〜に特化する　produce 〜を製造する
packaging 包装　printing 印刷　originally 元々は　division 部門　industrial 工業の
partner 共同事業者　〜-based 〜に本社を置く　wood 木の　manufacturer 製造業者
independent 独立した　establish 〜を設立する　headquarters 本社
satellite plant サテライト工場、分工場
**2** ウェブページ **❶** past ここ〜、過去の〜　least 最も〜でない　option 選択肢　durability 耐久性
consistency 一貫性　equal 匹敵するもの　place an order 注文する　custom あつらえの
helpful 役に立つ　customer 顧客　representative 担当者、代表
**❷** wrapping 包装　material 資材、材料　takeout テイクアウトの、持ち帰り用の　honestly 率直に
advertise 〜を宣伝する　experience 経験　manufacturing 製造業　reliable 信頼できる
supplier 供給業者
**❸** ever since 〜 〜以来ずっと　break off from 〜 〜から切り離される
personalized 個人仕様の、個人向けにした　provide 〜を提供する
win 〜 over 〜の心をつかむ、〜を引き入れる　year-long 1 年間の、1 年続く
contract 契約、契約書

Questions 186-190 refer to the following advertisement, e-mail, and receipt.

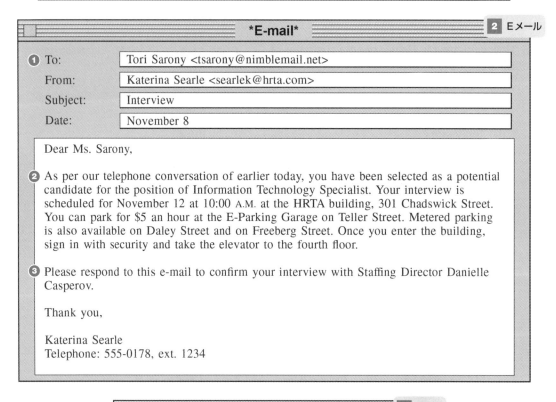

**1 広告**

❶ **Attention**

❷ The Harrison Regional Transit Authority (HRTA) is currently hiring skilled applicants for the following positions:

❸ • Electrical Engineers (Job #452)

    • Structural Engineers (Job #453)

    • Information Technology Specialist (Job #454)

    • Safety Architects (Job #455)

❹ Applicants must have at least five years' experience in a field related to the position they are applying for. Learn more about position requirements by visiting the HRTA Employment Portal, www.hrta.com/employment.

**2 Eメール**

**\*E-mail\***

❶ To:      Tori Sarony <tsarony@nimblemail.net>

From:      Katerina Searle <searlek@hrta.com>

Subject:      Interview

Date:      November 8

Dear Ms. Sarony,

❷ As per our telephone conversation of earlier today, you have been selected as a potential candidate for the position of Information Technology Specialist. Your interview is scheduled for November 12 at 10:00 A.M. at the HRTA building, 301 Chadswick Street. You can park for $5 an hour at the E-Parking Garage on Teller Street. Metered parking is also available on Daley Street and on Freeberg Street. Once you enter the building, sign in with security and take the elevator to the fourth floor.

❸ Please respond to this e-mail to confirm your interview with Staffing Director Danielle Casperov.

Thank you,

Katerina Searle
Telephone: 555-0178, ext. 1234

**3 領収書**

❶ **E-Parking Garage**
**Receipt**

❷ Date: Friday, November 12
Time in: 9:43 A.M.
Time out: 11:40 A.M.
Paid: $10
Charge Credit Card: Tori Sarony

問題186-190は次の広告、Eメール、領収書に関するものです。

**お知らせ**

ハリソン地方交通局（HRTA）は現在、以下の職を対象として熟練した技術を持つ応募者を採用中です。

・電気技師（職番号452）
・構造工学技術者（職番号453）
・情報技術専門職（職番号454）
・安全設計者（職番号455）

応募者は、自身が応募する職に関連する分野で最低5年の経験を持っていなければなりません。HRTA雇用ポータルサイトwww.hrta.com/employmentにアクセスし、職の要件についての詳細をご確認ください。

---

受信者：Tori Sarony <tsarony@nimblemail.net>
送信者：Katerina Searle <searlek@hrta.com>
件名：　面接
日付：　11月8日

Sarony 様

本日先ほどの電話での会話の通り、あなたは情報技術専門職の採用候補者として選ばれました。あなたの面接は11月12日の午前10時に、チャズウィック通り301番地のHRTAビルにて予定されています。1時間当たり5ドルで、テラー通りのオンライン管理型駐車場に駐車することができます。パーキングメーター式駐車スペースも、デーリー通りやフリーバーグ通りにてご利用いただけます。ビルに入ったら、警備部でご署名の上入館し、エレベーターに乗って4階へお越しください。

このEメールに返信し、人事責任者のDanielle Casperovとの面接を確定してください。

よろしくお願いいたします。

Katerina Searle
電話：555-0178、内線番号1234

---

**オンライン管理型駐車場**
**領収書**

日付：11月12日、金曜日
入庫時刻：午前9時43分
出庫時刻：午前11時40分
精算料金：10ドル
クレジットカード決済：Tori Sarony

**186** According to the advertisement, how can people find out more about HRTA employment?

(A) By dropping by the main office
(B) By calling an office number
(C) By e-mailing Human Resources
(D) By visiting a Web site

広告によると、人々はどのようにしてHRTAの雇用についての詳細を知ることができますか。

(A) 本社を訪れることによって
(B) 事務所の番号に電話することによって
(C) 人事部にEメールを送ることによって
(D) ウェブサイトにアクセスすることによって

**正解 D** 広告について尋ねているので、**1**の内容を確かめる。ハリソン地方交通局 (HRTA) による広告**1**の**④**2〜3行目に「HRTA雇用ポータルサイトwww.hrta.com/employmentにアクセスし、職の要件についての詳細を確認してほしい」とあるので、(D)が正解。
(A) **2**の**E**メール**②**にHRTAビルの所在地の説明があるが、面接会場の案内をしているだけである。drop by 〜「〜に立ち寄る」、office「事務所」。
(B) **2**の最後に電話番号の記載があるが、電話で雇用の詳細を説明するとは述べられていない。
(C) **2**の**③**でEメールに返信して面接を確定するように指示されているだけである。e-mail「〜にEメールを送信する」、Human Resources「人事部」。

**187** What is the purpose of the e-mail?

(A) To follow up on a job application
(B) To confirm reservation of a parking space
(C) To request some references
(D) To answer questions about building safety

Eメールの目的は何ですか。

(A) 求人応募の件で追って連絡すること
(B) 駐車場の予約を確認すること
(C) 推薦状を依頼すること
(D) ビルの安全性についての質問に答えること

**正解 A** **2**のEメールは、HRTAのSearleさんがSaronyさん宛てに書いたもの。**①**の件名に「面接」とあり、Searleさんは**②**1〜2行目で「本日先ほどの電話での会話の通り、あなたは情報技術専門職の採用候補者として選ばれた」と述べ、以降で面接の日時と場所、利用可能な駐車場、入館手続きについて説明している。よって、SaronyさんはHRTAの職に応募し、Searleさんが選考の次の段階として面接を案内していると判断できるので、(A)が正解。follow up on 〜「〜について追加連絡・追跡調査をする」、application「応募」。
(B) Searleさんは利用可能な駐車場を知らせているだけで、その予約確認はしていない。reservation「予約」、parking space「駐車場」。
(C) 推薦状については記述がない。request「〜を頼む」、reference「推薦状、照会先」。
(D) Searleさんはビルの所在地や入館手続きについて述べているだけである。

**188** What is suggested about Ms. Sarony?

(A) She goes to work by bus.
(B) She currently works in Harrison City.
(C) She has at least five years of experience in information technology.
(D) She is currently studying engineering.

Saronyさんについて何が分かりますか。

(A) バスで通勤している。
(B) 現在、ハリソン市内で働いている。
(C) 情報技術において最低でも5年の経験がある。
(D) 現在、工学を勉強している。

**正解 C** Saronyさんは、**2**の**①**のTo欄より、Eメールの受信者。**2**の**②**1〜2行目で、「本日先ほどの電話での会話の通り、あなたは情報技術専門職の採用候補者として選ばれた」と述べられ、面接への案内がされている。また、人材募集広告である**1**の**④**1〜2行目には、「応募者は、自身が応募する職に関連する分野で最低5年の経験を持っていなければならない」と明記されている。採用候補者に選ばれて面接を受ける予定のSaronyさんは、この応募要件を満たしていたと判断できるので、(C)が正解。
(A) (B) Saronyさんの通勤手段や現在の勤務地に関する記述はない。
(D) Saronyさんが現在、工学を勉強していると判断できる記述はない。engineering「工学」。

**189** Who will Ms. Sarony meet at the HRTA building?

(A) A safety inspector
(B) The director of staffing
(C) A transportation specialist
(D) An electrical engineer

Saronyさんは HRTA ビルで誰と会う予定ですか。

(A) 保安検査員
(B) 人事責任者
(C) 輸送の専門家
(D) 電気技師

> 正解 **B** ❷のEメールの❷2～3行目で、Searleさんは Sarony さんに、面接が HRTA ビルで行われると説明した後、❸で「このEメールに返信し、人事責任者の Danielle Casperov との面接を確定してほしい」と依頼している。よって、Sarony さんは HRTA ビルでの面接で、人事責任者の Danielle Casperov という人物に会う予定だと判断できる。Staffing Director を言い換えた (B) が正解。
> (A) Searle さんは Sarony さんに❷の❷5～6行目で、ビルに入ったら警備部で署名して入館するよう指示しているだけである。inspector「検査員」。
> (C) transportation「輸送」。
> (D) ❶の❸に、HRTA が募集している職の一つとして電気技師が記載されているだけである。

---

**190** Where did Ms. Sarony go to find parking for her car?

(A) To Chadswick Street
(B) To Teller Street
(C) To Daley Street
(D) To Freeberg Street

Saronyさんは、自分の車の駐車場を見つけるためにどこへ行きましたか。

(A) チャズウィック通り
(B) テラー通り
(C) デーリー通り
(D) フリーバーグ通り

> 正解 **B** HRTA の Searle さんは❷のEメールの❷2～3行目で、Sarony さんの面接を11月12日の午前10時に行う予定であると知らせ、続く同4行目で「1時間当たり5ドルで、テラー通りのオンライン管理型駐車場に駐車できる」と説明している。一方、❸の領収書の❶の見出しには「オンライン管理型駐車場」とあり、❷の日付は11月12日になっており、「クレジットカード決済: Tori Sarony」とある。入出庫時刻からも、これは Sarony さんが11月12日に面接に行ったときに駐車した際の領収書であると判断できる。オンライン管理型駐車場はテラー通りにあるので、(B) が正解。
> (A) ❷の❷2～3行目より、HRTA ビルがある通り。
> (C)(D) ❷の❷4～5行目より、パーキングメーター式駐車スペースがある通り。

---

文書の語注

**1 広告**
❶ attention 知らせ、案内 ★本来の意味は「要注意」で、人目を引きたい告知などに使われる見出し
❷ regional 地方の　transit 交通機関、通行　authority 当局、権威　currently 現在
hire ～を雇用する　skilled 熟練の、特殊技術を有する　applicant 応募者　position 職
❸ electrical engineer 電気技師　structural engineer 構造工学技術者　information technology 情報技術
specialist 専門職、専門家　safety 安全性　architect 設計者、建築士
❹ at least 少なくとも　experience 経験　field 分野　related to ～ ～に関連した
apply for ～ ～に応募する　requirement 要件　employment 雇用　portal ポータル (サイト)

**2 Eメール**
❶ interview 面接
❷ as per ～ ～の通り、～により　conversation 会話　select ～ as … ～を…に選ぶ
potential 可能性のある、潜在的な　candidate 候補者　be scheduled for ～ ～に予定されている
building ビル、建物　park 駐車する　an hour 1時間当たり
e-parking garage オンライン管理型駐車場 ★IT で自動管理された駐車場
metered parking パーキングメーター式駐車スペース　available 利用可能な　once いったん～したら
enter ～に入る　sign in 署名して入る　security 警備 (部門)　floor 階
❸ respond to ～ ～に返事する　confirm ～を確定する、～を確認する　staffing 人員配置
director 責任者　ext. 内線番号、内線 ★extension の略

**3 領収書**
❶ receipt 領収書
❷ paid 精算済みの　charge カード払い、付け　credit card クレジットカード

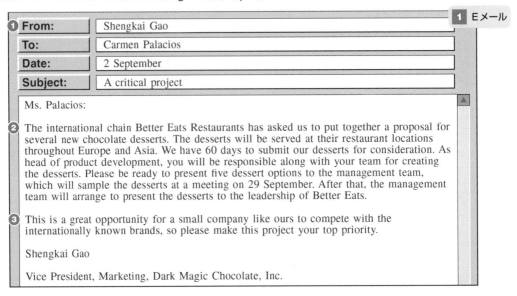 
Questions 191-195 refer to the following e-mail, report, and form.

**1** E メール

| From: | Shengkai Gao |
|---|---|
| To: | Carmen Palacios |
| Date: | 2 September |
| Subject: | A critical project |

Ms. Palacios:

The international chain Better Eats Restaurants has asked us to put together a proposal for several new chocolate desserts. The desserts will be served at their restaurant locations throughout Europe and Asia. We have 60 days to submit our desserts for consideration. As head of product development, you will be responsible along with your team for creating the desserts. Please be ready to present five dessert options to the management team, which will sample the desserts at a meeting on 29 September. After that, the management team will arrange to present the desserts to the leadership of Better Eats.

This is a great opportunity for a small company like ours to compete with the internationally known brands, so please make this project your top priority.

Shengkai Gao

Vice President, Marketing, Dark Magic Chocolate, Inc.

**2** 報告書

## *Dark Magic Chocolate, Inc.*
### Taste Test Results
Report Date: 29 September

| Product | Rating | Summary of Taster Comments |
|---|---|---|
| 1. Cherry chocolate 3-layer cake | 9 | Excellent, but will require us to find a reliable source for the cherries |
| 2. Chocolate flan | 10 | Faultless execution, highest scores in each measure |
| 3. Maple chocolate cream pie | 8 | A genuine surprise, a successfully unique flavor combination |
| 4. Organic flourless chocolate cake | 6 | A bit dry and dense, but will appeal to health-conscious diners |
| 5. Double chocolate layer cake | 7 | Not a unique creation, but very rich, a strong statement in flavor and texture |

**3** 用紙

| From: | Department of Purchasing, Better Eats Restaurants |
|---|---|
| To: | Orders Department, Dark Magic Chocolate, Inc. |

15 December

Please ship the following products and bill us at your convenience.

| Quantity | Item |
|---|---|
| 8,800 | Cherry chocolate 3-layer cake |
| 8,000 | Chocolate flan |
| 7,500 | Maple chocolate cream pie |
| 6,000 | Organic flourless chocolate cake |

Thank you.

問題191-195は次のEメール、報告書、用紙に関するものです。

送信者：Shengkai Gao
受信者：Carmen Palacios
日付：　9月2日
件名：　重要な計画

Palacios さん

世界的なチェーンである Better Eats レストランが当社に、複数の新しいチョコレートデザートの提案を取りまとめるよう依頼してきました。そのデザートは、ヨーロッパおよびアジア全域にある同レストランの店舗で提供される予定です。当社のデザートを審議のために提出するまで60日あります。商品開発部長として、あなたにはご自身のチームと共にそのデザートの開発を担当してもらいます。5つのデザートの選択肢を経営陣に発表する準備を整えてください。経営陣はそのデザートを9月29日の会議で試食する予定です。その後、経営陣は Better Eats の上層部にデザートを提案する手はずを整えます。

これは当社のような小規模企業にとっては世界的有名ブランドと競い合う絶好の機会なので、本計画を最優先事項としてください。

Shengkai Gao

マーケティング本部長、Dark Magic Chocolate 社

**Dark Magic Chocolate 社**
**試食テスト結果**
報告日：9月29日

| 商品 | 評価 | 試食者の意見の要約 |
|---|---|---|
| 1. 3層のチェリーチョコレートケーキ | 9 | 素晴らしいが、チェリーの信頼できる供給元を見つける必要あり |
| 2. チョコレートのフラン | 10 | 欠点のない出来栄えで、各基準において最高点 |
| 3. メープルチョコレートクリームパイ | 8 | 正真正銘の驚きであり、うまく独自性を出した風味の組み合わせ |
| 4. 小麦粉不使用の有機チョコレートケーキ | 6 | 少しぱさついてどっしりしているが、健康志向の食事客に響くだろう |
| 5. 2層のチョコレートケーキ | 7 | 独創的なものではないが、非常に濃厚で、風味と食感に強い主張がある |

**差出人**：購買部、Better Eats レストラン
**宛先**：　受注部、Dark Magic Chocolate 社

12月15日

以下の商品をご発送の上、ご都合の良いときに当社にご請求ください。

| 数量 | 商品 |
|---|---|
| 8,800 | 3層のチェリーチョコレートケーキ |
| 8,000 | チョコレートのフラン |
| 7,500 | メープルチョコレートクリームパイ |
| 6,000 | 小麦粉不使用の有機チョコレートケーキ |

よろしくお願いいたします。

**191** What is the purpose of the e-mail?

(A) To alert a colleague about a project
(B) To launch an advertising campaign
(C) To promote an employee to a new position
(D) To praise a department for its excellent work

Eメールの目的は何ですか。

(A) 計画について同僚に注意喚起すること
(B) 広告キャンペーンを開始すること
(C) 従業員を新しい職位へ昇格させること
(D) 素晴らしい業績について部署を称賛すること

> 正解 **A** ❶のEメールは、❶のヘッダー部分と本文の内容より、Dark Magic Chocolate 社のマーケティング本部長である Gao さんが、商品開発部長の Palacios さん宛てに書いたもの。❶の件名に「重要な計画」とあり、Gao さんは❷1～2行目で、世界的なチェーンの Better Eats レストランから複数の新しいチョコレートデザートの提案を依頼された、と切り出し、同3～5行目で、Palacios さんとチームでそのデザート開発を担うよう指示している。また❸でも、この計画を最優先事項とするよう強調している。よって、Gao さんは同じ会社に勤める Palacios さんに対し、デザート開発の重要な計画に注意を促すためにこのEメールを書いたと判断できるので、(A) が正解。alert ～ about …「～に…について注意喚起する」、colleague「同僚」。
> (B) launch「～を開始する」、advertising「広告」、campaign「キャンペーン」。
> (C) promote ～ to …「～を…へ昇格させる」、employee「従業員」、position「職位」。
> (D) 部署の業績を称賛する記述はない。praise「～を称賛する」。

**192** What is suggested about Dark Magic Chocolate, Inc., in the e-mail?

(A) It is based in Asia.
(B) It has retail locations throughout the world.
(C) It is less known than its competitors.
(D) It has won several awards.

Eメールの中で、Dark Magic Chocolate 社について何が分かりますか。

(A) アジアが本拠地である。
(B) 世界中に小売店舗を持つ。
(C) 競合会社よりも知られていない。
(D) 複数の賞を受賞したことがある。

> 正解 **C** Dark Magic Chocolate 社の Gao さんが書いたEメールである❶の❸に、「これは当社のような小規模企業にとっては世界的有名ブランドと競い合う絶好の機会なので、本計画を最優先事項としてほしい」とある。よって、Dark Magic Chocolate 社は同業他社よりも知名度が低いと分かるので、(C) が正解。competitor「競合会社」。
> (A) ❶の❷2～3行目より、Better Eats レストランがアジアに店舗を構えていることは分かるが、Dark Magic Chocolate 社の本社所在地は不明である。be based in ～「～に本社を構える」。
> (B) ❶の❷1～3行目より、Better Eats レストランが世界に広く店舗を持つことは分かるが、Dark Magic Chocolate 社の店舗についての記載はない。retail「小売の」。
> (D) 受賞歴についての記述はない。award「賞」。

**193** Who most likely provided the comments in the report?

(A) Customers of Better Eats Restaurants
(B) A panel of famous pastry chefs
(C) Managers at Dark Magic Chocolate, Inc.
(D) Employees at a local restaurant

誰が報告書の意見を提供したと考えられますか。

(A) Better Eats レストランの顧客
(B) 有名パティシエから成る審査員団
(C) Dark Magic Chocolate 社の経営陣
(D) 地元のレストランの従業員

> 正解 **C** ❷の報告書は❶の見出しより、Dark Magic Chocolate 社の試食テスト結果についてで、日付は9月29日。同❷にはデザート商品についての試食者による意見の要約が記載されている。一方、Dark Magic Chocolate 社の Gao さんが書いたEメールである❶の❷5～6行目に、「5つのデザートの選択肢を経営陣に発表する準備を整えてほしい。経営陣はそのデザートを9月29日の会議で試食する予定だ」とある。よって、9月29日付の❷の報告書は、同社の経営陣がデザート商品を試食して述べた内容を報告していると考えられるので、(C) が正解。provide「～を提供する」。
> (B) panel「審査員団」、pastry chef「パティシエ、ケーキ職人」。

**194** In the report, what concern is expressed about the cherry chocolate 3-layer cake?

(A) It is too sweet.
(B) It requires a specific ingredient.
(C) It might be too expensive for most diners.
(D) It must be shipped in special containers.

報告書の中で、3層のチェリーチョコレートケーキについてどのような懸念が示されていますか。

(A) 甘過ぎる。
(B) 特定の材料を必要とする。
(C) 大部分の食事客には高価過ぎる可能性がある。
(D) 特殊な容器で輸送されなければならない。

正解 **B** ❷の報告書の❷で、3層のチェリーチョコレートケーキについての意見として、「素晴らしいが、チェリーの信頼できる供給元を見つける必要あり」と、その材料の入手先についての懸念が述べられている。よって、(B) が正解。concern「懸念」、express「～を表明する」。require「～を必要とする」、specific「特定の」、ingredient「材料」。
(A) (C) (D) 甘さ、値段、輸送についての言及はない。
(D) ship「～を輸送する」、container「容器」。

**195** What rating was received by the product that was NOT ordered by Better Eats Restaurants?

(A) 6
(B) 7
(C) 8
(D) 9

Better Eatsレストランによって注文されなかった商品には、どのような評価が付けられましたか。

(A) 6
(B) 7
(C) 8
(D) 9

正解 **B** ❸の用紙は、Better Eats レストランの購買部から Dark Magic Chocolate 社の受注部に宛てられたものであり、❷で商品の発送と請求を依頼しているので、商品の注文用紙だと判断できる。❷の報告書の❷に記載された5つのデザート商品のうち、❸の❸で注文されていないものは「2層のチョコレートケーキ」だけである。❷で、「2層のチョコレートケーキ」が受けた評価は7なので、(B) が正解。
(A) (C) (D) いずれも、Better Eats レストランによって注文された商品が受けていた評価の数字。

---

文書の語注

**1 Eメール** ❶ critical 重要な　project 計画
❷ international 国際的な　chain チェーン (店)　put together ～ ～を取りまとめる　proposal 提案
serve ～ (飲食物) を提供する　location 店舗、所在地　submit ～を提出する　consideration 検討
head (部署などの) 長、責任者　development 開発　be responsible for ～ ～に責任がある
along with ～ ～と共に　create ～を創作する　be ready to do ～する準備が整っている
present ～を発表する、～を提案する　option 選択肢　management 経営 (陣)
sample ～を試食する　arrange to do ～する手はずを整える　leadership 上層部、指導者層
❸ opportunity 機会　compete with ～ ～と競争する　internationally 国際的に　brand ブランド、銘柄
top priority 最優先事項　vice president (本) 部長　marketing マーケティング
～, Inc. ～社　★ incorporated の略

**2 報告書** ❶ taste 風味、味　test テスト、試験　result 結果
❷ rating 評価　summary 要約　taster 試食者　comment 批評、意見、コメント
cherry チェリー　3-layer 3層の　require ～ to do ～に…することを求める　reliable 信頼できる
source 源　flan フラン ★カスタードやチーズなどを詰めた菓子　faultless 欠点のない
execution 出来栄え　score 点数　measure 基準、尺度　maple メープル風味
genuine 正真正銘の　surprise 驚き　successfully うまく、首尾よく
unique 独自の、独特な、他にない　flavor 風味　combination 組み合わせ　organic 有機栽培の
flourless 小麦粉不使用の　dry ぱさついた　dense 密度の高い、どっしりした
appeal to ～ ～の心に訴える　health-conscious 健康志向の　diner 食事客　double 2重の
layer 層　creation 作品、創作物　rich 濃厚な　statement 主張　texture 食感

**3 用紙** ❶ department 部署　purchasing 購買　order 注文
❷ ship ～を発送する　bill ～に請求する　at one's convenience ～の都合のよいときに
❸ quantity 量　item 商品、項目

Questions 196-200 refer to the following evaluation forms and e-mail.

**❶** **Power Tool Distributors, Inc.** ◆ 1 評価用紙

**Annual Employee Performance Review**

**❷** **Employee Name:** Max McKenna　　**Employee ID:** 59421

**Date of Hire:** January 10　　**Date of Annual Review Meeting:** December 15

**❸**
| Annual Review Meeting Time (Choose one): | ☐ 8:00 A.M. | ☐ 9:00 A.M. |
| --- | --- | --- |
| | ☐ 10:00 A.M. | ☐ 11:00 A.M. |

**❹** **NOTE TO EMPLOYEES:**

Your personnel manager will complete an Employee Evaluation Form, rating your work performance in four categories. You will receive a copy of this form two days prior to your meeting. Please be prepared to review this information with your manager on the day of your appointment.

◆ 2 評価用紙

**❶** **Employee Evaluation Form for Max McKenna**

**❷**
| | Needs Improvement | Meets Standards | Exceeds Expectations |
| --- | --- | --- | --- |
| Planning and Organization | | X | |
| Customer Focus | | | X |
| Communication with Team | X | | |
| Overall Quality of Work | | X | |

**Manager comments:**

**❸** Max's good planning and organizational abilities have helped his team reach objectives. The feedback from customers with whom he has interacted has been noticeably strong, so he deserves credit for the recent gains in one-time buyers becoming frequent and loyal customers.

**❹** Max needs to provide clearer instructions to team members. An apparent instance of miscommunication arose in November that resulted in a replacement part for an important client not being shipped on time. Max should take measures to prevent such situations in the future.

**❺** Max has a proven aptitude for helping callers who are experiencing technical issues. I am convinced that he could contribute even more if he were to take courses on our more advanced products. I plan to speak with him about this type of professional development opportunity during our scheduled meeting.

◆ 3 Eメール

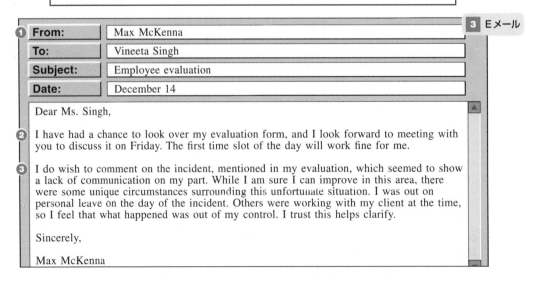

**❶**
| From: | Max McKenna |
| --- | --- |
| To: | Vineeta Singh |
| Subject: | Employee evaluation |
| Date: | December 14 |

Dear Ms. Singh,

**❷** I have had a chance to look over my evaluation form, and I look forward to meeting with you to discuss it on Friday. The first time slot of the day will work fine for me.

**❸** I do wish to comment on the incident, mentioned in my evaluation, which seemed to show a lack of communication on my part. While I am sure I can improve in this area, there were some unique circumstances surrounding this unfortunate situation. I was out on personal leave on the day of the incident. Others were working with my client at the time, so I feel that what happened was out of my control. I trust this helps clarify.

Sincerely,

Max McKenna

問題 196-200 は次の 2 枚の評価用紙と E メールに関するものです。

**Power Tool Distributors 社**
**従業員の年間勤務評定**

従業員名：Max McKenna　　従業員 ID：59421
雇用日：1 月 10 日　　　　年間評定面談日：12 月 15 日

| 年間評定面談時刻 | □ 午前 8 時 | □ 午前 9 時 |
|---|---|---|
| （1 つを選択）： | □ 午前 10 時 | □ 午前 11 時 |

**従業員への注意事項：**
各人の人事管理者が従業員評価用紙に漏れなく記入し、4 つの区分における皆さんの仕事ぶりを評価します。皆さんは自分の面談の 2 日前にこの用紙を 1 部受け取ります。面談当日にその情報を管理者と検討する準備を整えておいてください。

**Max McKenna の従業員評価用紙**

| | 改善が必要 | 基準を満たしている | 期待を上回る |
|---|---|---|---|
| 計画力と組織力 | | X | |
| 顧客志向 | | | X |
| チームとの意思疎通 | X | | |
| 総合的な仕事の質 | | X | |

**管理者のコメント：**

Max の優れた計画力と組織作りの能力は、彼のチームが目標を達成するのに寄与しました。彼が接した顧客からの反応は極めて好ましいものであり、1 回限りの購入客が常連のひいき客になって最近利益を上げた点において、彼は評価を受けるに値します。

Max はチームのメンバーに対し、もっと明確な指示を出す必要があります。伝達ミスと思われる事例が 11 月に発生し、重要顧客向けの交換部品が予定通りに発送されないという事態になりました。Max は今後、そのような状況を防ぐための対策を講じるべきです。

Max には、技術的問題が生じて電話をかけてきた顧客の手助けに関して実証済みの能力があります。私は、彼が当社のより先進的な製品に関する講習を受ければ、なお一層貢献できるようになると確信しています。私は予定されている面談において、この種の職業能力開発機会について彼と話すつもりです。

---

送信者：Max McKenna
受信者：Vineeta Singh
件名：　従業員評価
日付：　12 月 14 日

Singh 様

私は自分の評価用紙に目を通しており、それについて話し合うために金曜日にあなたとお会いするのを心待ちにしています。当日の最初の時間枠なら、私は都合がつきます。

私はぜひとも、評価用紙で言及された、私側の意思疎通不足を示すと見受けられた出来事について意見を述べたいと思います。私はこの分野で向上できると確信していますが、幾つかの特殊な事情がこの残念な事態を取り巻いていました。私はその出来事の当日、私用休暇で不在だったのです。あのときは他の人々が私の顧客に対応していたので、起きたことは私の力の及ぶ範囲外だったと感じています。これでその件がより明確になると信じています。

よろしくお願いいたします。

Max McKenna

**196** According to the second evaluation form, what has Mr. McKenna done successfully?

(A) Developed new products
(B) Increased company sales
(C) Led a team
(D) Prepared items for shipping

2枚目の評価用紙によると、McKennaさんは何をうまく行いましたか。

(A) 新製品の開発
(B) 会社の売り上げの増加
(C) チームの統率
(D) 発送用の商品の準備

> **正解 B**　2 2枚目の評価用紙は❶のタイトルより、McKennaさんについての勤務評価だと分かる。2の❸2～4行目に、「彼が接した顧客からの反応は極めて好ましいものであり、1回限りの購入客が常連のひいき客になって最近利益を上げた点において、彼は評価を受けるに値する」とある。よって、McKennaさんは会社の常連客の獲得に貢献して利益を増やしたと分かるので、そのことを「会社の売り上げの増加」と表した(B)が正解。successfully「効果的に、成功裏に」。increase「～を増加させる」、sales「売り上げ」。
> (A) 2の❺3～5行目で職業能力開発機会が言及されているが、製品開発についての記載はない。
> (C) 2の❹1行目に、「チームのメンバーに対し、もっと明確な指示を出す必要がある」とある。
> (D) 2の❹1～3行目で、顧客向けの部品が予定通りに発送されなかった事態が言及されている。

**197** In what department does Mr. McKenna most likely work?

(A) Financial Services
(B) Human Resources
(C) Customer Service
(D) Product Manufacturing

McKennaさんはどの部署で働いていると考えられますか。

(A) 金融サービス部
(B) 人事部
(C) 顧客サービス部
(D) 製品製造部

> **正解 C**　2の評価用紙の❷の表から、McKennaさんは「顧客志向」において、「期待を上回る」という評価だったと分かる。また、2の❸2～4行目より、McKennaさんが常連客の獲得に貢献したと分かり、同❺1～2行目にも「Maxには、技術的問題が生じて電話をかけてきた顧客の手助けに関して実証済みの能力がある」とある。よって、McKennaさんは顧客に対応する部署に勤めていると判断できるので、(C)が正解。
> (A) financial「金融の」。
> (B) ❶の❹2～3行目に、各従業員の人事管理者が評価用紙に記入するとの言及があるが、McKennaさんが人事部で働いていることを示す記載はない。Human Resources「人事部」。
> (D) 2の❹1～3行目に部品の発送についての記載があるだけである。manufacturing「製造」。

**198** What will Mr. McKenna most likely do on December 15?

(A) Discuss training opportunities
(B) Submit a report
(C) Ask to have his work site inspected
(D) Describe his progress on a project

McKennaさんは12月15日に何をすると考えられますか。

(A) 研修の機会について話し合う
(B) 報告書を提出する
(C) 自分の作業現場の点検を依頼する
(D) 計画の進捗を説明する

> **正解 A**　McKennaさんの評価用紙である1 2の「年間評定面談日」の日付および❹4～5行目より、McKennaさんは12月15日に人事管理者と年間評定面談をする予定だと分かる。一方、2の評価用紙の❺2～3行目で、人事管理者は「私は、彼が当社のより先進的な製品に関する講習を受ければ、なお一層貢献できるようになると確信している」と書いており、続く同3～5行目では、面談の間にこの種の職業能力開発機会について話し合う計画が述べられている。よって、McKennaさんは12月15日の人事管理者との面談で、研修の機会について話し合うと判断できるので、(A)が正解。training「研修」。
> (B) 報告書の提出についての言及はない。
> (C) ask to do「～するよう依頼する」、have ～ done「～を…してもらう」、work site「作業現場」、inspect「～を点検する」。
> (D) describe「～を説明する」、progress「進捗」。

**199** When will Mr. McKenna attend a meeting?

(A) At 8:00 A.M.
(B) At 9:00 A.M.
(C) At 10:00 A.M.
(D) At 11:00 A.M.

McKennaさんはいつ面談に出席しますか。

(A) 午前8時
(B) 午前9時
(C) 午前10時
(D) 午前11時

> 正解 **A**　❸Eメールは❶のヘッダーより、McKennaさんからSinghさんに宛てたもので、件名に「従業員評価」とある。同❷1〜2行目で、評価用紙に目を通し、金曜日にSinghさんに会うのを心待ちにしていると述べているので、McKennaさんはSinghさんとの従業員評価の面談に臨む予定だと分かり、同2行目に「当日の最初の時間枠なら、私は都合がつく」と書いている。❶評価用紙の❸「年間評定面談時刻」の欄から、面談日の最も早い時間枠は午前8時開始だと分かるので、(A) が正解。

---

**200** According to the e-mail, what would Mr. McKenna like Ms. Singh to do?

(A) Promote him to a higher-level position
(B) Help him develop better planning skills
(C) Change the day of a meeting
(D) Reconsider an aspect of his performance

Eメールによると、McKennaさんはSinghさんに何をしてほしいと思っていますか。

(A) 彼をより高位の職に昇進させる
(B) 彼がより優れた計画力を養うことを支援する
(C) 面談の日程を変更する
(D) 彼の仕事ぶりの一面を再考する

> 正解 **D**　❸Eメールの❸1〜2行目で、McKennaさんは、「評価用紙で言及された、私側の意思疎通不足を示すと見受けられた出来事について意見を述べたい」と切り出している。続く同2〜5行目で、休暇不在により、その出来事に対処できなかった理由を説明した後、「これでその件がより明確になると信じている」と締めくくっている。よって、McKennaさんはSinghさんに、評価用紙で言及された事例について補足説明することで、自分の仕事ぶりへの評価を再考してほしいと考えていると判断できるので、(D) が正解。reconsider「〜を再考する」、aspect「面、見方」。
> (A) promote「〜を昇進させる」、higher-level「より高位の」、position「職」。
> (B) ❷の❺3〜5行目で、職業能力開発機会についてMcKennaさんと話す、と言及があるだけ。
> (C) ❸の❷2行目より、Mckennaさんは面談日時には問題がないと分かる。

**文書の語注**

**1** 評価用紙　❶ annual　年に1度の　　performance　仕事ぶり、業績　　review　評定
❹ note　注記　　personnel　人事の　　manager　管理者、責任者
complete　〜（用紙など）に漏れなく記入する　　rate　〜を評価する　　category　区分
a copy of 〜　1部の〜　　prior to 〜　〜より前に　　be prepared to do　〜する準備が整っている
review　〜を検討する、〜を見直す　　appointment　会う約束
**2** 評価用紙　❷ improvement　改善　　meet　〜（基準など）を満たす　　standard　基準　　exceed　〜を上回る
expectation　期待　　organization　組織すること　　focus　焦点を当てること　　overall　総合的な
❸ organizational　組織の　　ability　能力　　reach　〜に到達する　　objective　目標　　feedback　反応、意見
interact with 〜　〜と交流する、〜と触れ合う　　noticeably　著しく　　deserve　〜に値する
credit　称賛、功績　　recent　最近の　　gain　利益、獲得　　one-time　1回限りの　　buyer　購入者
frequent　常習的な、頻繁な　　loyal　常連の、忠実な
❹ instructions　〈複数形で〉指示　　apparent　一見〜らしい　　instance　事例
miscommunication　伝達の不備　　arise　発生する　★aroseはariseの過去形
result in 〜　〜という結果になる　　replacement　交換　　part　部品　　ship　〜を発送する
on time　予定通りに　　take a measure　策を講じる　　prevent　〜を防ぐ
❺ proven　実証済みの　　aptitude　能力　　caller　電話をかける人　　technical issue　技術的問題
be convinced (that) 〜　〜だと確信している　　contribute　貢献する　　course　講習
advanced　先進的な　　professional　職業上の　　development　開発　　opportunity　機会
**3** Eメール　❷ look over 〜　〜に目を通す　　look forward to doing　〜することを心待ちにする
discuss　〜について話し合う　　time slot　時間枠　　work for 〜　〜（人）にとって都合がよい
❸ wish to do　〜することを願う　　comment on 〜　〜について意見を述べる　　incident　出来事
lack　不足　　on one's part　〜による　　circumstances　〈複数形で〉事情、状況　　surround　〜を取り巻く
unfortunate　残念な　　on leave　休暇中で　　personal　個人的な
out of one's control　〜（人）には制御できない　　trust (that) 〜　きっと〜だと思う　　clarify　〜を明確にする

# MP3 音声ファイル一覧表

| 章 | ファイル番号 | コンテンツ |
|---|---|---|
| CHAPTER 1 速読のための基礎トレーニング | 01 | 文書① Task 3 |
| | 02 | Task 4 |
| | 03 | 文書② Task 3 |
| | 04 | Task 4 |
| | 05 | 文書③ Task 4 |
| | 06 | 文書④ Task 4 |
| | 07 | 文書⑤ Task 3 |
| | 08 | 文書⑥ Task 3 |
| CHAPTER 2 文書タイプ別 速読演習 | 09 | Unit 1 文書A Step 3 |
| | 10 | Step 5 |
| | 11 | 文書B Step 3 |
| | 12 | Step 5 |
| | 13 | Unit 2 文書A Step 3 |
| | 14 | Step 5 |
| | 15 | 文書B Step 3 |
| | 16 | Step 5 |
| | 17 | Unit 3 文書A Step 3 |
| | 18 | Step 5 |
| | 19 | 文書B Step 3 |
| | 20 | Step 5 |
| | 21 | Unit 4 文書A Step 3 |
| | 22 | Step 5 |
| | 23 | 文書B Step 3 |
| | 24 | Step 5 |
| | 25 | Unit 5 文書A Step 3 |
| | 26 | Step 5 |
| | 27 | 文書B Step 3 |
| | 28 | Step 5 |
| | 29 | Unit 6 文書A Step 3 |
| | 30 | Step 5 |
| | 31 | 文書B Step 3 |
| | 32 | Step 5 |
| | 33 | Unit 7 文書A Step 3 |
| | 34 | Step 5 |
| | 35 | 文書B Step 3 |
| | 36 | Step 5 |
| | 37 | Unit 8 文書A Step 5 ① |
| | 38 | ② |
| | 39 | 文書B Step 5 ① |
| | 40 | ② |
| | 41 | Unit 9 文書A Step 5 ① |
| | 42 | ② |
| | 43 | ③ |
| | 44 | 文書B Step 5 ① |
| | 45 | ② |
| | 46 | ③ |

| 章 | ファイル番号 | コンテンツ |
|---|---|---|
| CHAPTER 3 実践テスト | 47 | Q147-148 |
| | 48 | Q149-150 |
| | 49 | Q151-152 |
| | 50 | Q153-154 |
| | 51 | Q155-157 |
| | 52 | Q158-160 |
| | 53 | Q161-163 |
| | 54 | Q164-167 |
| | 55 | Q168-171 |
| | 56 | Q172-175 |
| | 57 | Q176-180 ① |
| | 58 | ② |
| | 59 | Q181-185 ① |
| | 60 | ② |
| | 61 | Q186-190 ① |
| | 62 | ② |
| | 63 | ③ |
| | 64 | Q191-195 ① |
| | 65 | ② |
| | 66 | ③ |
| | 67 | Q196-200 ① |
| | 68 | ② |
| | 69 | ③ |

※Chapter 3の実践テストの音声は、パッセージ部分のみで、設問と選択肢の音声は含まれていません。2文書問題と3文書問題の①～③はパッセージ番号を示しています。

# 実践テスト
# 解答用紙

REGISTRATION No. 受験番号

| | | | | | | |
|---|---|---|---|---|---|---|

フリガナ

NAME 氏名

**READING SECTION**

## PART 5

| No. | ANSWER |
|-----|--------|
| | A B C D |

## PART 6

| No. | ANSWER |
|-----|--------|
| | A B C D |

| No. | ANSWER |
|-----|--------|
| 147 | A B C D |
| 148 | A B C D |
| 149 | A B C D |
| 150 | A B C D |

## PART 7

| No. | ANSWER | No. | ANSWER | No. | ANSWER | No. | ANSWER | No. | ANSWER | No. | ANSWER |
|-----|--------|-----|--------|-----|--------|-----|--------|-----|--------|-----|--------|
| | A B C D | | A B C D | | A B C D | | A B C D | | A B C D | | A B C D |
| 151 | A B C D | 161 | A B C D | 171 | A B C D | 181 | A B C D | 191 | A B C D | | |
| 152 | A B C D | 162 | A B C D | 172 | A B C D | 182 | A B C D | 192 | A B C D | | |
| 153 | A B C D | 163 | A B C D | 173 | A B C D | 183 | A B C D | 193 | A B C D | | |
| 154 | A B C D | 164 | A B C D | 174 | A B C D | 184 | A B C D | 194 | A B C D | | |
| 155 | A B C D | 165 | A B C D | 175 | A B C D | 185 | A B C D | 195 | A B C D | | |
| 156 | A B C D | 166 | A B C D | 176 | A B C D | 186 | A B C D | 196 | A B C D | | |
| 157 | A B C D | 167 | A B C D | 177 | A B C D | 187 | A B C D | 197 | A B C D | | |
| 158 | A B C D | 168 | A B C D | 178 | A B C D | 188 | A B C D | 198 | A B C D | | |
| 159 | A B C D | 169 | A B C D | 179 | A B C D | 189 | A B C D | 199 | A B C D | | |
| 160 | A B C D | 170 | A B C D | 180 | A B C D | 190 | A B C D | 200 | A B C D | | |

# 公式 TOEIC® Listening & Reading　Part 7 速読演習

-----------------------------------------------------------------------------------------------------------------

2022 年 12 月 6 日　第 1 版第 1 刷発行
2023 年 2 月 25 日　第 1 版第 2 刷発行

著者　　　　　　ETS

制作協力　　　　湯舟 英一（東洋大学教授）

編集協力　　　　株式会社 エディット
　　　　　　　　株式会社 WIT HOUSE

表紙デザイン　　山崎 聡

発行元　　　　　一般財団法人 国際ビジネスコミュニケーション協会
　　　　　　　　〒 100-0014
　　　　　　　　東京都千代田区永田町 2-14-2
　　　　　　　　山王グランドビル
　　　　　　　　電話　(03) 5521-5935
　　　　　　　　FAX　(03) 3581-9801

印刷・製本　　　シナノ印刷株式会社

-----------------------------------------------------------------------------------------------------------------